U0113821

国家社科基金特别委托项目
"中国南方侵华日军细菌战研究"成果

罪证

侵华日军常德细菌战
史料集成

张 华 / 编

中国社会科学出版社

图书在版编目(CIP)数据

罪证：侵华日军常德细菌战史料集成/张华编.—北京：中国社会科学出版社，2015.8（2016.1 重印）

（侵华日军常德细菌战研究丛书）

ISBN 978 - 7 - 5161 - 6841 - 7

Ⅰ.①罪…　Ⅱ.①张…　Ⅲ.①日本—侵华—生物战—史料—常德市　Ⅳ.①K265.606

中国版本图书馆 CIP 数据核字（2015）第 193550 号

出 版 人	赵剑英
责任编辑	武　云　李　森
责任校对	纪小峰
责任印制	李寡寡

出　　版	中国社会科学出版社
社　　址	北京鼓楼西大街甲 158 号
邮　　编	100720
网　　址	http://www.csspw.cn
发 行 部	010 - 84083685
门 市 部	010 - 84029450
经　　销	新华书店及其他书店

印刷装订	北京君升印刷有限公司
版　　次	2015 年 8 月第 1 版
印　　次	2016 年 1 月第 2 次印刷

开　　本	710×1000　1/16
印　　张	17
插　　页	2
字　　数	290 千字
定　　价	49.00 元

凡购买中国社会科学出版社图书，如有质量问题请与本社营销中心联系调换

电话：010 - 84083683

编者的话

本书是一部关于侵华日军对常德实施细菌战的史料集。尽管日本军国主义者在其败降之际,销毁了其反人类的罪证,烧掉了他们在中国的大部分档案资料,但是,中国档案记录的其在常德实施细菌战罪行的史料却无法销毁,仍然大量存在。这就使我们有可能把这些史料呈现给广大读者。它是目前国内对常德细菌战史料最为详尽地收集和整理的成果。

一、本书主要是日军在常德实行残酷的细菌战,残杀常德人民的历史档案资料和文献资料,按照资料来源和资料性质,共分三个部分:一是中国史料,包括常德市武陵区档案馆、湖南省档案馆、中央档案馆和中国第二历史档案馆等的档案,以及历史报刊的相关报道、相关人物的回忆录等。二是外国史料,包括日本的《井本日志》、《金子顺一论文集》中的相关记录,日本细菌战部队老兵的证词;苏联的相关史料,主要是《伯力审判材料》中的原日本细菌战部队成员的供词和原苏联检察官的公诉词;美国史料,主要是美国收集的常德细菌战的情报和调查报告等。三是相关文献,包括日本东京地方法院对常德细菌战事实和常德细菌战危害认定的判决书,以及日本学者对常德细菌战的重要研究论文等。

二、本书各部分资料基本按照资料在历史上产生的时间顺序编排。

三、本书尽量保持档案资料原貌,包括文字的标题格式,只适当删节了无关部分,外国资料绝大部分系译文。凡有原文者,均按原文进行了校正,有些原始资料影印后再配文字说明;档案原件中有些数据当时为人工计算,存在一些小的误差,编者一仍其旧。为了更好地说明档案的内容与性质,本书在相关档案中插入了一些原始资料的影印件。

四、本书尽量多选用原始档案文献,或者在同一件事上,多用几件材料,给读者提供研究、鉴别、判断的余地。

五、本书资料经严格核对,对于资料中的讹误字、脱漏字在其后用

"[　]"号注出改正字、填补脱漏字,无法辨认之文字用"□"号表示。资料中编者说明用"〈　〉"号注出。

六、为帮助读者正确理解有关史料,编者加写了一些编者按或注释,注释中的数字一般用阿拉伯数字,资料则保持原貌。

七、本书编辑过程中,得到了各级档案馆的大力支持,提供了有关档案,在此表示感谢。

八、湖南文理学院历史专业 2012 级学生刘翀,2013 级学生周靖、吴娟、许春梅等参加了本书的文字录入工作,英文翻译工作由编者负责。

九、本书的编选原则和体例是编者和湖南文理学院细菌战罪行研究所所长陈致远教授共同商定。

十、本书在选材、翻译、编排、整理等方面可能存在的缺点和问题,请读者批评指正。

2014 年 6 月,我们湖南文理学院细菌战罪行研究所获得国家社科基金特别委托项目"中国南方侵华日军细菌战研究(湖南及周边地区)"(14@ZH025)的课题立项。为了完成好这一课题,我们在纪念中国人民抗日战争暨世界反法西斯战争胜利 70 周年之际,出版"侵华日军常德细菌战研究丛书"一套,本书是该丛书中之一种。其他几种是:《纪实:侵华日军常德细菌战》、《控诉:侵华日军常德细菌战受害调查》、《伤痕:中国常德民众的细菌战记忆》。其中《伤痕》一书,由日本东京女子大学文化人类学教授聂莉莉撰著。

编　者

2015 年 5 月 30 日

目　　录

第一部分　中国史料

一　常德市武陵区档案馆藏文献 ……………………………………（3）

常德县警察局第十五次局务会议 ……………………………（3）

常德县政府防御鼠疫组织卫生运动通知 …………………（4）

常德县政府宣传《防御鼠疫》小册子的训令 …………………（4）

常德县防疫会议记录 …………………………………………（5）

常德县警察局第二十五次警务会议 ………………………（6）

常德防疫处三十一年度第二次会议记录 …………………（7）

常德防疫处设计委员会第二次会议记录 …………………（11）

常德防疫处三十一年度第三次会议记录 …………………（13）

常德防疫处设计委员会第三次会议记录 …………………（16）

湖南省湘西防疫处第一次防疫会议记录 …………………（18）

常德各界防疫宣传筹备会议记录 …………………………（20）

湖南省湘西防疫处宣传周筹备处第一次会议记录 ………（21）

湖南省湘西防疫处座谈会记录 ……………………………（23）

调查三十年敌机在常德投掷细菌证明书 …………………（26）

二　国内其他档案馆藏相关档案 …………………………………（27）

防制敌机散播鼠疫菌实施方案 ……………………………（27）

湖南常德发现鼠疫经过 ……………………………………（29）

敌机于常德首次投掷物品检验经过 ………………………（31）

红十字会救护总队第二中队民国三十年十一月份工作报告 ………（33）

常德鼠疫调查报告书 ……………………………………………（41）

关于常德鼠疫:致金宝善的报告 ………………………………（53）

日本在华实施细菌战 ……………………………………………（57）

第二中队部民国三十一年四月份工作报告 ……………………（60）

常德鼠疫及控制方案的报告 ……………………………………（63）

防治湘西鼠疫经过报告书 ………………………………………（81）

湖南省防治常德桃源鼠疫工作报告 ……………………………（107）

榊原秀夫笔供 ……………………………………………………（121）

三　战时防疫联合办事处相关疫情报告 ………………………（122）

三十一年一月至四月份《疫情简报》第六期 …………………（122）

三十二年十一月上旬至十一月下旬《疫情简报》第十期 ……（125）

三十一年三月上旬《疫情旬报》第一号 ………………………（125）

三十一年三月中旬《疫情旬报》第二号 ………………………（127）

三十一年四月上旬《疫情旬报》第四号 ………………………（127）

三十一年四月中旬《疫情旬报》第五号 ………………………（128）

三十一年四月下旬《疫情旬报》第六号 ………………………（129）

三十一年五月上旬《疫情旬报》第七号 ………………………（130）

三十一年五月下旬《疫情旬报》第九号 ………………………（132）

三十一年十二月上旬《疫情旬报》第二十六号 ………………（132）

三十一年十二月中旬《疫情旬报》第二十七号 ………………（133）

密三十一年四月六日《鼠疫疫情紧急报告》第二十七号 ……（134）

密三十一年四月二十一日《鼠疫疫情紧急报告》第二十九号 …（134）

密三十一年四月二十九日《鼠疫疫情紧急报告》第三十号 ……（135）

密三十一年五月五日《鼠疫疫情紧急报告》第三十一号 ………（136）

密三十一年五月十四日《鼠疫疫情紧急报告》第三十二号 ……（136）

密三十一年五月二十七日《鼠疫疫情紧急报告》第三十三号 …（137）

密三十一年六月五日《鼠疫疫情紧急报告》第三十四号 ………（137）

密三十一年六月十五日《鼠疫疫情紧急报告》第三十五号 ……（138）

密三十一年七月八日《鼠疫疫情紧急报告》第三十六号 ………（139）

密三十一年十二月四日《鼠疫疫情紧急报告》第三十七号 ……（139）

密三十一年十二月二十一日《鼠疫疫情紧急报告》第三十八号 …（141）

四　历史报刊相关报道 ·································· （142）

1941 年 11 月 20 日《国民日报》 ····················· （142）

1941 年 11 月 27 日《国民日报》 ····················· （142）

1941 年 12 月 20 日《解放日报》 ····················· （143）

1942 年 4 月 22 日《桃源民报》 ····················· （144）

1942 年 6 月 11 日《大公报》 ······················· （145）

1942 年 6 月 16 日《国民日报》 ····················· （147）

1950 年 1 月 8 日《人民日报》 ······················· （148）

1950 年 2 月 5 日《人民日报》 ······················· （149）

1950 年 2 月 10 日《滨湖日报》 ····················· （150）

1950 年 2 月 11 日《新湖南报》 ····················· （152）

1950 年 2 月 12 日《新湖南报》（二则） ··············· （154）

五　回忆录 ··· （157）

关于日本帝国主义强盗在常德市施放鼠疫细菌的滔天罪行的

回忆 ·· （157）

日寇在常德进行鼠疫细菌战经过 ····················· （162）

我所知道火化鼠疫死尸的情况 ······················· （167）

第二部分　外国史料

一　美国史料 ······································· （173）

给美国大使馆武官处威廉·梅耶上校的信 ··············· （173）

给美国大使馆武官处威廉·梅耶上校的信 ··············· （174）

华中——日本在湖南省常德发动细菌战 ··············· （175）

二　苏联史料 ······································· （182）

731 部队细菌产生部部长川岛清在伯力审判法庭的供词 ········· （182）

川岛清在苏制中国地图上证实常德细菌战的手迹 ········· （183）

苏联公诉人公诉词 ································· （184）

三　日本史料 ……………………………………………………（185）

《井本日志》:常德细菌战的实施 ………………………………（185）

《金子顺一论文集》:731部队1940年至1942年鼠疫跳蚤作

战概见表 ………………………………………………………（187）

我在731航空班的经历 …………………………………………（189）

第三部分　相关文献

《东京地方法院就侵华细菌战国家赔偿请求诉讼案一审判决书》

节录 ……………………………………………………………（197）

关于731部队细菌战诉讼一审判决的批判探讨 ………………（203）

细菌战诉讼一审判决的意义及今后的诉讼焦点 ………………（209）

中国(常德)发生的鼠疫同日军细菌战的因果关系 …………（227）

《井本日志》的发现及其内容的真实性和价值 ………………（247）

《金子顺一论文集》的发现及其意义 …………………………（256）

第一部分　中国史料

一　常德市武陵区档案馆藏文献

编者按：武陵区档案馆藏常德细菌战档案为原常德县公安局移交档案。该批档案反映日军军机投放鼠疫跳蚤前常德各机关采取的预防措施、日军军机投放鼠疫跳蚤后各级机关为应对鼠疫所开之各种会议记录，由此可见日军实施常德细菌战后，中国政府采取的鼠疫防控措施。因此，来自武陵区档案馆的这批档案弥足珍贵。

常德县警察局第十五次局务会议
1941 年 2 月 13 日

地　　点：本局会议室
出席人员：本局各科室、队、所职员二十六人
主　　席：张炳坤
记　　录：陈海观
（甲）报告事项
主席报告：（略）
行政科工作报告：一、二、三、四（略）
五、常德县政府通令为敌机在金华散放鼠疫杆菌仰注意防范。
六、七、八、九（略）

档案号：100—3—171

常德县政府防御鼠疫组织卫生运动通知

1941 年 4 月 24 日

查卫生建设关系民族健康、国家强威、亦为本省三十年度中心工作之一，兹为加强效率起见，定于本月廿四日下午四时在本府召开各机关团体卫生会议，讨论防御鼠疫及组织县卫生运动促进委员会及一切卫生进行事宜，届时即希贵局派员出席讨论，共策进行为荷。

此致警察局

常德县政府启四月（廿四日）

档案号：100—3—224

常德县政府宣传《防御鼠疫》小册子的训令

1941 年 8 月

令警察局，县商会、卫生院、总工会，各乡卫生所、救济院、各警所，陈家嘴警所，黄土店乡公所，沅安、长庚、启明镇公所。

案准：

湖南省卫生处耒卫三字第二四九二号代电检送《防御鼠疫》小册二十本，希予宣传。□由准此。除分别颁发及分令外，合行检发是项。小册一本，令仰知照、广为宣传为要。附发《防御鼠疫》小册一本

此令

县长：郑达

档案号：100—3—224

常德县防疫会议记录

1941 年 11 月 8 日

地　　点：县政府会议室

时　　间：三十年十一月八日下午四时

出席者：三民主义青年团常德分团部袁长理、总司令部喻铉、红十字会二中队魏炳华、沅安镇龙丕金、国民兵团曾纪敬、金朝章、王雨亚、保安第四大队曾昭月、中医公会顾三庐、警察局李柏年、县商会李步云、水警第二队（原五分局）刘子阳、卫生院方德诚、启明镇龙凤麒、长庚镇王先金、防空指挥部刘止孝、县党部徐惠陶、李峻

主　　席：郑达（王秘书雨亚代）

记　　录：金朝章

　　　开会如仪

　　　报告事项（略）

讨论事项：

（一）查敌机于本月支日，在本市散播米麦、棉质、纸等物甚夥，经广德医院化验，确含有鼠疫杆菌。应如何积极防疫案，以策安全案。

决议：

（1）加急电湖南省政府及卫生处，乞速派医师并携带药品、器材来常以资防范；

（2）即日举行防疫大扫除；

（3）举行防疫宣传大会（与国父诞辰纪念合并举行），由县府严令各镇公所，饬每户派一人参加，并由卫生院及广德医院派人出席讲演；

（4）由卫生院及广德医院编拟防疫特刊，请《民报》、《新潮日报》义务刊登，并拟制标语分发各机关团体缮贴；

（5）推定县政府、卫生院、县商会、三镇，首先筹制捕鼠器壹仟俱，款由商会筹垫，三镇公所负责推销；

（6）依照县政府捕鼠竞赛办法，定于本月三十日起，举行捕鼠竞赛，按成绩优劣，分别奖惩（由社会科李科长主办）；

（7）推由警察局在东门外觅借空屋一所，以作临时隔离医院，请由卫生院、广德医院、红十字会负责治疗；

（8）俟省府疫苗发下，定期举行防疫注射。

（二）应否组织防疫委员会请公决案。

决议：

（1）组织常德县防疫委员会，公推请专员公署欧专员、师管区赵司令、县政府郑县长、防空指挥部彭参谋长、县党部熊书记长、青年团贺书记、警察局张局长、卫生院方院长、县商会郑主席、广德医院、红十字会、中医公会顾主席、国民兵团曾副团长为防疫委员。

（2）组织简则，请卫生院方院长拟定。

档案号：100—5—168

常德县警察局第二十五次警务会议
1941 年 12 月 10 日

地　　点：东门外分驻所

时　　间：十二月十日上午九时

出席人员：共计十五人

主　　席：张炳坤

记　　录：李柏年

开会如仪

主席报告：

今天开第二十五次警务会议，陈家市警察所长及厅局总务科长因事未参加。关于工作方面，城区发现鼠疫传染迅速，极为危险。现正积极预防，各所均已知道。闻关庙街有鼠疫病人抬回石公桥、黄土店死亡，将来传染可虞，应积极预防此种疫症。如不注射防疫针，死亡率甚大。各所须切实注意，如有疫亡人口，须加检验，多用石灰深埋。尤其要发动捕鼠以防鼠蚤传染。其次，分区治安问题（从略）。

档案号：100—3—171

常德防疫处三十一年度第二次会议记录

1942 年 3 月 13 日

地　　点：专员兼区保安司令公署

时　　间：三十一年三月十三日午后六时

出席人员：总务股股长戴九峰　　　常德县县长

　　　　　总务股副股长陈朱黼　　专署一科科长

　　　　　总务股副股长周鹤天　　县府主任秘书（缺席）

　　　　　财务股股长欧阳扶九　　湖南省银行常德分行经理（请假）

　　　　　财务股副股长郑宗元　　常德县商会主席

　　　　　财务股副股长孙德祺　　专署二科科长（请假）

　　　　　财务股副股长徐忠贞　　县府财政科长

　　　　　宣传股股长贺燧初　　　青年团常德分团主任（罗世泮代）

　　　　　宣传股副股长文杰　　　新潮报社记者

　　　　　宣传股副股长蔡筱庵　　常德民报社记者

　　　　　情报股长张炳坤　　　　常德警察局局长

　　　　　情报队队长洪铲　　　　长庚镇镇长

　　　　　情报队队长龙丕金　　　沅安镇镇长

　　　　　情报队队长田兆畹　　　启明镇镇长（罗肇夫代）

　　　　　纠察股股长童祥龙　　　统一检察所所长（缺席）

　　　　　纠察股副股长袁茂廷　　水警第三队队长

　　　　　纠察股副股长罗文杰　　常德军警稽察处处长

　　　　　补给股股长熊刚毅　　　常德县党部书记长

　　　　　补给股副股长彭慎之　　常德防空指挥部主任参谋

　　　　　隔离医院院长方德诚　　隔离医院副院长王瀚伯

敦请参加人员：常益师管区司令赵锡庆

　　　　　　　卫生署专员伯力士

　　　　　　　卫生处科长孔麒

　　　　　　　卫生处卫生稽察梅朝章

　　　　　　　广德医院巴牧师

　　　　　　　广德医院医师谭学华

卫生署防疫第十四队队长马植培

卫生工程队刘珍

列席人员：总工会代表谢汉章

专员兼保安司令公署副官黄克常

主　　席：专员兼处长

记　　录：欧阳维瑶

开会如仪

（甲）报告事项

一、军事委员会三十年十二月十九日兵字第二零零七号皓侍参电。

二、伯力士专员鼠蚤检查结果。

三、省卫生处防治鼠疫计划。

四、伯专员对常德防治鼠疫之建议。

五、防疫处各股工作进行之经过。

（乙）讨论事项

一、往来本埠之船舶货物等应如何管理以免传染鼠疫案。

办法：

1. 由本埠运出之货物，应严格检查，破旧棉质物品应洗干净；

2. 准备输出之粮食、棉花等，应储存市外之堆栈，绝对不许运入城内；

3. 限令驶来本埠之船只，应于靠码头或岸时迅速卸货，每晚九时以后，停泊河中，载货时亦然；

4. 本埠来往之客轮及船只亦须同样办理；

5. 每晚九时以后，各项船只如不能停泊河中时，至少应留两丈之水面，不靠岸或码头；

6. 上项办法，由防疫处布告饬遵，由纠察股负责执行，违者严惩。

决议：照案通过。

二、检疫工作应如何实施案。

办法：

1. 于本埠水陆交通要道设置检疫站，对往来旅客施以检疫，如发现疑似鼠疫病人，即送留验所留验，其余一律予以鼠疫疫苗注射，已受注射者，须出示注射证，始得通过；

2. 离常旅客之行李货物，经检视后，认为可以运出者，发给放行证，无证者概不放行；

 3. 检疫站暂设皇木关、落路口、北门、小西门等四处；

 4. 检疫工作由检疫队担任，函请海关及纠察股协助。

决议：照案通过。

三、应如何训练保甲长及协助之军警以利防疫工作案。

办法：

 1. 本城保、甲长须一律予以防疫训练四小时；

 2. 三镇分别举行，由防疫处令饬各镇公所定期召集训练，抗不受训者严惩；

 3. 军警训练由保安队及警察局各选士兵及警察各五十名，在各队局训练防疫要点四小时，水警队亦应派警参加；

 4. 由防疫处请设计委员会高级医务人员担任讲授；

 5. 受训完毕之军警，随时派出协助防疫工作。

决议：照案通过。

四、应采何种有效方式以加强防疫宣传案。

办法：采用墙壁防疫漫画、壁报、街头剧、传单及不定期特刊等方法，由宣传股设计进行，费用由防疫处拨发。

五、普通防疫注射应如何推进案。

办法：

 1. 本城居民，除孕妇、婴儿及重病者外，一律予以鼠疫疫苗注射；

 2. 防疫注射以挨户实施为原则，由保、甲长领导，军警协助，按户籍名册一一举行注射后登记姓名，发给注射证；

 3. 第二次注射后，加盖印章为凭，方免再受注射；

 4. 注射日期由保、甲长预先通知，借故躲避或故意违反者，由县府勒令疏散或封闭其住宅；

 5. 注射后，由县府指派干员按户籍册查验注射证，无证者押解附近之医务机关，补行注射，并查明原因分别惩处。

决议：照案通过。

六、疫情调查及尸体处置应如何办理案。

办法：

 1. 病家，保、甲长，中西医，均应随时报告疫情，违者严惩；

 2. 本城居民患类似鼠疫病者，应立即报告警察所转报疫情调查队，以便派医师诊断与治疗；

　　3. 调查队如认为可疑，应速设法送隔离医院医治；

　　4. 患病死亡者，应即报告警察所，转报调查队派员前往调查，如认为可疑，即送隔离医院检验，如确系鼠疫死亡者，即送火葬炉火葬，否则发掩埋证由家属埋葬；

　　决议：照案通过。

　　七、鼠疫病家如何处理案。

　　办法：

　　1. 患鼠疫病人须送隔离医院医治；

　　2. 病者家属须一律入留验所留验，但非肺鼠疫病人，每家得准留一人；

　　3. 病家由消毒队彻底消毒，并改良环境卫生。

　　决议：照案通过。

　　八、隔离病人与留验者之管理与给养应如何办理案。

　　办法：

　　1. 隔离病人与留验者之管理，由警察局派警负责；

　　2. 隔离病人之给养，由隔离医院担负；留验者之给养，至必要时设法筹措。

　　决议：照案通过。

　　九、本处总务股事务繁杂兼职人员无法顾及拟专用干事一人请公决案。

　　决议：设专任干事一人，月支薪一百二十元，由防疫处经费项下开支。

　　十、捕鼠捐应否继续捐募案。

　　决议：查照原案继续捐募。

　　散会

档案号：100—3—171

常德防疫处设计委员会第二次会议记录

1942 年 4 月 11 日

地　点：本处

时　间：中华民国三十一年四月十一日午后六时

出席人：张元祜、赵锡庆（庄庆霖代）、戴九峰、王瀚伯、肯德、
　　　　伯力士、方德诚、石茂年（马植培代）

列席人：康宁、高建章、龙丕金、李春吾、张炳坤、邓汉

主　席：专员兼处长张元祜

记　录：邓汉

开会如仪

（甲）报告事项

一、主席报告，昨日法院西街三十四号发现最危险之肺鼠疫，此项疫患可由病者说话与呼吸及飞沫传染，死亡率百分之百，换言之，即凡患此疫者都无幸免。幸检疫得力、发觉尚早，否则由一人可传至千万人而无止境。□下，除将病家极力消毒外，各检疫负责人员，应特别加紧□□□□特别注意疑似病人之报告，以免蔓延（余略）。

伯力士专员报告（另附表）

（乙）讨论事项

一、凡可疑之病人，应一律送隔离医院检验□□（伯力士专员提）。

决议：原则通过。

办法：加强隔离医院之设备，由隔离医院拟具计划，提交全体会议讨论之。

二、检疫工作如何加强严格执行案（伯力士专员提）。

决议：原则通过。

办法：

1. 调派武装士兵两百名请伯力士专员训练之；

2. 制备防疫臂章，发给工作人员佩戴以资识别。

三、捕送死鼠化验工作，东门外继续办理，但死鼠须用瓦罐密封，同时每只死鼠加给奖金，其他各处死鼠一律暂行停止化验案（伯力士专员提）。

决议：照案通过。

办法：

1. 自四月十二日起，东门外所送死鼠，须用瓦罐密封，每只改发奖金壹元五角；

2. 其他各处所捕死鼠，自四月十二日起，概由各户用开水烫死再用火烧灭。

四、暂请停止火葬疫尸，改用公墓办法案（伯力士专员提）。

决议：通过。

办法：

1. 于东门外隔离医院附近设立鼠疫公墓，由警察局负责勘定地址并由防疫处布告周知；

2. 公墓备价征用民地；

3. 公墓公葬疫尸规则及管理办法另定之。

五、学校停课及旅馆、剧院、浴堂、饮食店、妓院及各公共场所停业一星期，以防传染案（伯力士专员提）。

决议：原则通过。

办法：

1. 先由警察局及各镇公所转知各学校及各该业作停止准备；

2. 如再发现肺鼠疫时即行命令停止。

六、隔离医院留验人伙食请供给案（方兼院长提）。

决议：

1. 由隔离医院拟定办法提交全体会议讨论之；

2. 暂由卫生院向防疫处借三百元以维现状。

七、本处工作时间应如何规定案。

决议：

1. 每日下午四时前，在乌龙巷专署郊外办公处办公；

2. 五时至十时在城内府前坪开源银号办公。

八、防疫处全体会议何时举行案。

决议：定四月十四日下午六时在城内专员公署举行。

散会

常德防疫处三十一年度第三次会议记录

1942 年 4 月 14 日

时　　间：四月十四日下午六时

地　　点：本处

出席人：张元祜、赵锡庆、梅朝章、刘禄德、曾昭月、方德诚、郑宗元、贾正卿、张炳坤、陈朱黼、文杰、高建章、邓汉、马俊光、康宁、伯力士、魏炳华、刘凤岗、何德金、龙培金、戴九峰、万镇国、马植培、刘珍、欧阳扶九、徐惠陶、黄克常、孙德祺

主　　席：专员兼处长张元祜

记　　录：邓汉

开会如仪

（甲）报告事项

一、工作报告（略）。

二、伯力士专员报告（见另表）。

（乙）讨论事项

一、已遵照省颁防疫计划成立设计委员会请追认案。

决议：

1. 追认；

2. 加聘卫生处梅主任朝章、卫生巡逻工作队刘队长禄德为本处设计委员会设计委员。

二、设计委员会组织规程已拟就请讨论案。

决议：推戴总务股长九峰、伯力士专员、王副院长瀚伯、梅主任朝章、陈副股长朱黼五人审查，由戴股长召集。

三、违反防疫行政处罚暂行办法应如何拟定案。

决议：按照违警罚法、保甲法规、卫生法规惩处。

四、制定鼠疫死亡掩埋证、灵柩通行证，以防疫尸搬运他处案。

决议：

1. 印发鼠疫死亡掩埋证，交检疫主持人梅朝章主任负责办理；

2. 灵柩通行证仍照向例，由警察局发给之。

五、第六战区司令长官陈（陈诚——编者注）指示本处防疫办法八项应如何切实遵行案（附陈司令长官原电）。

决议：

1. 第一至四项，历次会议均有决议，各有关单位应照案切实施行；

2. 第五项本会本年第二次会议已有决议案，因人力财力均感缺乏，尚未实施，今再决定（a）请伯力士专员、梅主任朝章、方院长德诚、刘队长凤岗、马队长植培等五人详拟计划，提会讨论；（b）由常益师管区、保安第四大队，各派士兵一百名，请伯力士专员训练，先行担任一星期之检疫；（c）电请霍总司令（霍揆彰——编者注）派兵两连，担任检疫工作。

3. 第六项由方院长德诚、王副院长瀚伯，迅拟加强计划，提会讨论。

4.（a）第七项除加紧厉行灭鼠外，人民应自动献金防疫，免其蔓延，以救全常德人民财产；（b）如至万不得已时，即遵照电令办理（即烧毁房屋而不惜）。

5. 第八项通知驻常各部队遵照，但担任防务之部队不在此例。

六、各方派来之医务人员，其工作应如何分配案。

决议：交设计委员会办理。

七、本处以疫情严重、工作紧张、事务极繁，迭经决议加强组织应否实行案。

决议：

1. 人事之加强，照设计委员会第一次会议第二次决议案办理；

2. 经费由防疫处拟具三个月之防疫计划与预算，呈请省府发给，其不足之数由地方负担之。

八、各镇公所经收捕鼠捐限期（十五）日将已收捐款及捐簿，悉数交总务股查收案。

决议：令各镇公所遵办。

九、本处谋工作之迅速便利应如何实施案。

决议：

以后会议讨论各案，俟会议记录印发后，各有关单位即应照案施行，不另行文，以省手续。

（丙）临时动议

一、病家消毒及封门与启封等事请规定办法案（梅主任动议）。

决议：

1. 败血性鼠疫与腺鼠疫之病家，消毒时除留一人守屋外，其他人口均应离开，消毒后仍可居住；

2. 肺鼠疫病家，所有同居人口均应留验七日，房屋全部消毒后亦应封闭七日后，方可启封居住；

3. 消毒由卫生工程队负责办理之；

4. 病家封门及启封，均由卫生处梅主任负责；

5. 封条及布告，由本处印发交梅主任负责使用。

二、防疫注射证应指定专人负责案。

决议：由王副院长瀚伯负专责分发，以资划一。

散会

伯力士报告表于右

（一）解剖鼠只总数 228 只

　　　阳性 110 只

　　　染疫率 48.3%

（二）鼠疫病例已经证实者

　　　腺型 3 例

　　　败血型 4 例

　　　肺型 1 例

　　　疑问 1 例

（三）鼠疫病例发现地点

1. 关庙街

2. 北门

3. 东门外

〈以上为伯力士报告内容〉

陈司令长官原电

防疫处张兼处长：

据报，常德鼠疫复发，为患甚烈。业经饬据第四防疫大队长彭达谋拟具防治办法八项，核尚可行，兹抄录如下；

卯支电奉悉，谨拟就防制鼠疫办法如下：

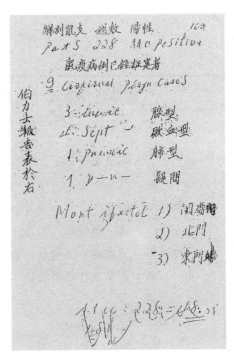

伯力士报告手迹扫描件

资料来源：《常德防疫处三十一年度第三次会议记录》（1942 年 4 月 13 日），常德市武陵区档案馆藏，档案号：100—3—171。

（1）常德已成立之临时防疫处,继续集中防制鼠疫行政大权,指挥督率所有医务人员从事防疫。由集团军总部协助强制执行一切;

（2）技术方面,由卫生署伯力士主持指挥各项技术工作;

（3）常德全城厉行检疫,所有军民均应强制执行鼠疫注射;

（4）江中船舶一律不准靠岸;沿江边设置船码头十个,以离岸二丈为合格;通岸之跳板中间,须有防鼠设备,夜间须将跳板拆除;

（5）通往他县之各大道,须有健全之检疫站,附设留验所;

（6）强化隔离医院治疗工作;

（7）利用各种方法灭鼠,技术方面认为有效时,拟不顾一切实行焚烧房屋;

（8）军队须离城十里以上方可驻扎,时刻注意灭鼠,运来军米切实防备有鼠类潜匿。除饬该队调派防疫人员,克日前来协助外,希参酌办理为要施。陈诚卯灰思。

档案号：100—3—171

常德防疫处设计委员会第三次会议记录

1942 年 4 月 18 日

地　　点：专员兼区保安司令公署

时　　间：三十一年四月十八日午后六时

出席委员：赵锡庆、张元祜、戴九峰、肯德、方德诚、刘凤岗、刘禄德、梅朝章、石茂年、王瀚伯

列席人员：周家骥、马植培、魏炳华、陈朱繡

主　　席：张兼主任委员元祜

记　　录：邓汉

开会如仪

（甲）报告事项

一、总务股工作报告（从略）。

二、肯德委员报告桃源最近防御鼠疫情形。

三、石委员茂年报告,由芷江来常经过及常城疫情严重,应努力扑灭。

四、王委员瀚伯报告隔离医院四月份解剖疫尸情形。

五、方委员德诚报告卫生院最近防疫工作情形。

（乙）讨论事项

1. 鼠疫公墓如何建筑请推定人员设计案。

决议：公推周工程队长家骥会同张局长炳坤办理。

2. 沿河停船码头十处业由水警队、警察局勘定请派员查看案。

决议：公推周工程队长家骥、公署黄主任副官克常带邓干事汉、张局长炳坤、袁队长茂廷复勘报核。

3. 宣传计划已由宣传股草拟请研究案。

决议：

（1）原则通过；

（2）实施保宣传会。

4. 对于疫区应如何办理案。

决议：关庙街、五铺街、法院西街、长巷子等四处先彻底改善其环境卫生。

5. 肺鼠疫又复发应如何防止传染案。

决议：

（1）疫区学校迁移；

（2）戏院、电影院、浴堂于明日（十九日）暂行停业，候命复业。

6. 注射证、掩埋证拟改由石委员茂年负责分发使用案。

决议：通过。

7. 防疫工作人员识别证如何制备案。

决议：宣传用袖章约一百枚，士兵用臂章约三百枚均由防疫处制发。

8. 戴总务股长九峰因公忙不能兼任工作请辞总务股长案。

决议：慰留由陈副股长朱黼代理。

9. 隔离医院对于鼠疫病人应随时报告案。

决议：由防疫处制定报告表式发交隔离医院遵办。

10. 石委员茂年现已来常关于防疫医务及技术等工作拟请其统一指挥以专责成案。

决议：通过。

湖南省湘西防疫处第一次防疫会议记录

1942 年 8 月 17 日

时　　间：民国三十一年八月十七日下午五时

地　　点：专员公署

出 席 人：张元祜、伯力士、邓一毵、肯德、戴九峰、熊刚毅、陈震、
马植培、蔡国良、张炳勋、刘善卿、陈正□、关□行、翁
昭、蔡筱□、姚明□、龙正□、姚吉阶、雷凌汉、颜□民、
陈懋先、黄德□

主　　席：张元祜

记　　录：王器

开会如仪

（甲）报告事项：

（一）主席报告：

现值秋令，潜在常德鼠疫杆菌爆发堪虞，且霍乱各县已有发现。本处
原定在八月一日开始普遍预防注射，因疫苗没有运到。现在疫苗已运到，
当然［按］照预定计划实施，以免湘西民众罹厉疫之惨。今天，我们要
研究的有两个问题：（1）就是要检验老鼠以明疫源潜伏之情形。原来规
定各镇捕送老鼠检验之办法，均未能切实做到。（2）就是普遍预防注射
的问题，如何才能彻底做到，请各位充分发表意见，以利进行。

（乙）讨论事项：

（一）现届秋天，亟应加紧检验老鼠以明疫源潜伏之情形，应如何加
紧捕鼠以资严防案。

决议：

（1）由常德县政府严令各镇镇长督饬保、甲按照原定每镇应捕缴老
鼠最少十只之办法，切实办理。如保、甲长不能遵□，由县政府惩办。

（2）举行捕鼠运动。发动全城捕鼠运动，实行一甲一日最少捕送□
只，送由镇公所收转，如甲长办理不力，惩办甲长。关于□□□不遵捕缴
□□□管甲长报由镇公所严办。

（二）秋季鼠疫之亟应早为预防。关于预防注射，应采何种方式始能
达到普遍注射之目的案。

决议：

（1）限城区各镇公所以保为单位□□造具户口名册，呈送防疫处按照名册办理。

（2）预防注射工作开始日，首先注射各机关公力人员。在每次注射时，□通知机关长官领导全体员丁集合注射，以为人内鼠疫预防，注射之倡导，再以保为单位□□□注射倡导，注射地点设府坪前街。□场先由沅安镇开始注射。

（3）普遍注射时派武装兵若干管制交通，封锁各要道，然后由甲长劝导民众循环注射。

（4）流动军民注射处由各检疫点切实办理。

（5）注射时切实注意消毒。如因重病及孕妇、婴儿、老弱不能即行注射者，由注射人员斟酌情形办理之。孕妇由女工人员斟酌办理。

（三）预防注射，□行捕鼠□条；拟先举行各界防疫宣传周，以利工作案（熊刚毅、邓汉提）。

办法：

（1）举行常德各界防疫宣传周，由防疫处召集筹备会举行之。

（2）宣传周之宣传□要为防御鼠疫之预防注射报厉行捕鼠二事。

（3）宣传周经费由筹备会呈请湘西防疫处补助之。

（4）筹备处办公地点□□□□□□□。

决议：

（丙）临时动议：

本处为媒□□□起□□□□会报案。

决议：

（1）每星期□□□□□□□一次。

（2）地点在大西门外本处。

（3）本会议记录□□□单位主管应□□□□□到会，另行通知。

散会

档案号：100—3—171

常德各界防疫宣传筹备会议记录

1942 年 8 月 20 日

时　间：三十一年八月二十日下午五时

地　点：城内专员公署会议厅

出席人：邓一趈、唐中鼎、彭国华、熊谷生、袁长理、邓汉、文杰、
姚松涛、甘希□、王寿荣、张□□、孙筠林、吴范芹、李醒
春、刘止孝、黄昌立、李□正、鲁有晋、蒋芹、李步云、龙
□金、向□涔、何际武、张长水

主　席：邓汉

记　录：周海清

开会如仪

（甲）报告事项（从略）

（乙）讨论事项：

一、防疫宣传周之名称应如何规定请公决案。

决议：定名为"常德各界防疫宣传周"。

二、防疫宣传周筹备之组织机构应如何决定案。

决议：先组设筹备处，以各机关出度人员为当然筹备委员。继分股推
行人员办事。另□筹备主任一人，副主任二人组成之。

三、防疫宣传周之游艺大会是否可能举行请公决案。

决议：由筹备处另行开会决定，在事实可能上研究办法。

四、筹备主任：本处处长；筹备副主任：戴县长、熊书记长。

（1）总务股：股长，湘西防疫处总务组副组长继焱。

原股长：常德县政府社会科长李□。

（2）宣传股：股长，常德县党部宣传□□□□武。

常德县民众教育馆□馆长。

副股长：三民主义青年团常德分团部宣传股查股长，湘西防疫处派员
协办。

（3）布置股：股长，常德县警察局长张炳坤。

副股长，常德县商会郑主席宗元。

（4）纠察股：股长，军警稽查处派专人负责。

副股长，保四大队派专人负责，湘西防疫处纠察队。

五、防疫宣传周内之工作应如何执行。

议决：由筹备处于明（廿一）日召集□□讨论决定。

六、防疫宣传周经费如何规定案。

议决：以不超过贰仟元为原则，在防疫处经费项下支出。

七、防疫宣传周之工作日期从何日开始请公决案。

议决：从八月二十六日开始工作。

八、防疫宣传周筹备处工作人员立办公地点如何决定请公决案。

议决：□副主任等各股负责人员均于明（廿一）日早八时集中东门外育□□□□本处开始工作（并决定□八月廿一日□□□□□□）。

散会

档案号：100—3—171

湖南省湘西防疫处宣传周筹备处第一次会议记录

1942 年 8 月 21 日

时　间：三十一年八月二十一日上午八时

地　点：东门外湘西防疫处办公室

出席人：邓汉、张继焱、何际武、袁长理、孙筠林、盛克俊、姚松
　　　　汉、李步云

主　席：张继焱

记　录：张垲瑞

开会如仪

（甲）报告事项：（从略）

（乙）讨论事项：

一、总务工作应如何分配案。

决议：

1. 暂分文书、财务、庶务三席，各聘用干事一人至二人；

2. 文书由县政府派科员一人，书记一人，财务由防疫处王科员器辅助，庶务由防疫处刘副官熊负责。

二、宣传股工作应如何分配案。

决议:

1. 分文字、漫画、戏剧三部,各聘干事一人至三人;

2. 特刊、宣传册由县党部负责,标语、宣言、戏剧由青年团负责,漫画、壁报民教馆负责;

3. 宣传材料向防疫部接洽、搜集,并由防疫处宣传组派员协助;

4. 漫画干事由民教馆彭庆云负责,戏剧干事由青年团黄第祥及民教馆黄昌立、李租懋负责,壁报由民教馆盛克俊、县党部张贤才、蔡筱庵负责。

三、布置股及纠察股工作人员应如何推定案。

决议:

1. 布置股推警察局姚松涛、刘凤祥及县商会李步云负责。

2. 纠察股推军警稽查处甘希宁及保四大队派员负责。

四、各股经费应如何规定案。

决议:

1. 总务股暂定五百元;

2. 宣传股暂定八百元;

3. 布置股暂定二百元;

4. 准备金五百元(非准筹备会定不得动支)(各股经费预算各股造具呈核)。

五、防疫宣传周工作日程应如何确定案。

决议:

第一日(廿六日)将举行宣传大会(由总务组通知)

第二日(廿七日)发行防疫宣传特刊(由县党部负责)

第三日(廿八日)开始各机关团体学校防疫注射(由防疫处负责)

第四日(廿九日)开始民众防疫注射(由防疫处负责)

第五日(卅日)举行捕鼠竞赛运动(由县政府主持)

第六日(卅一日)举行防疫宣传(由青年团、民教馆负责筹备)

第七日(卅二日)〈原文如此〉举行防疫宣传结束会议(本处主席负责)

六、大会主席团应如何指定案。

决议:推张专员、赵司令、戴县长、熊书记长、贺主任组成大会主席团并推张专员为主席团主席。

七、请推促全场总指挥及大会司仪人员案。

决议：推曾副团长为全场总指挥，唐经品为大会司仪。

八、大会时间及地点请决定案。

决议：决定将本八月二十六日下午五时在公共体坛举行。

九、大会应如何热烈举行案。

决议：请县政府转饬三镇公所民众热烈参加，至少每户一人。

散会

档案号：100—3—171

湖南省湘西防疫处座谈会记录

1943 年 3 月 7 日

时　　间：三十二年三月七日下午四时

地　　点：假本市鼎新电灯公司

出席人：刘洸汉（常德警备司令）

　　　　戴九峰（常德县县长）

　　　　余笑云（绅士）

　　　　陈岳浦（本处咨询委员）

　　　　林国兴（本处咨询委员）

　　　　胡德森（本处咨询委员）

　　　　周友庆（本处咨询委员）

　　　　李敬芳（本处咨询委员）

　　　　郑宗元（常德县商会主席）

　　　　顾三庐（常德中医界主席）

　　　　张贤才（常德县党部代表）

　　　　袁长理（三民主义青年团常德分团部代表）

　　　　张炳坤（常德警察局局长）

　　　　陈士权（湘保四大队大队长兼本处纠察队队长）

　　　　袁茂廷（水警第三队队长）

　　　　黄潮如（新潮报社副社长）

　　　　何德奎（常益师管区司令部代表）

伯力士（本处顾问）

章瑞生（本处督察长）

张继焱（本处秘书）

谭作成（本处总务组组长）

袁国良（本处卫工组组长）

张侃（本处隔离医院院长）

刘善卿（本处常德检疫站长）

夏忠林（常德中心卫生院代表）

周熙（本处科长）

周海清（本处科员）

周先明（启明镇镇长）

龙丕金（沅安镇镇长）

长庚镇第一保

长庚镇第四保

长庚镇第七保

长庚镇第八保

长庚镇第九保

沅安镇第一至十保

启明镇第一至三保、第六至十四保

卫生署医防十四队

主　席：张元祐

记　录：周海清

开会如仪

（甲）主席报告

今天本处召集防疫座谈会，有左列四点意义：

（一）现在时当春令，为防止鼠疫再度爆发，应再行普遍预防注射，以策安全。

（二）中央卫生署对湘西鼠疫情形极为注意，所以此次送来的鼠疫疫苗等项药品，价值昂贵，约在百万元之谱［数］，际此欧亚战争激烈之时，来源缺乏，运输困难，且此项药品，有时间性，故须及时应用，以期无负中央关怀湘西鼠疫之盛意。

（三）本处于去年冬季举行此项注射工作时，民众多有畏惧规避者，殊属不明利害。要知鼠疫一旦爆发，传染最速，到了病急之时，再来医治服药那就迟了，本处施行预防注射，就是"防重于治"的意义。

（四）过去本处施行注射工作时，系采用挨户注射、设站注射、交通管制强迫注射三种方式。因为一、二两种方式，均未收到相当效果，最后才用第三种方法实行强迫注射。但是效果仍然不佳，不仅规避者多，而且怨言不少。本处为谋注射工作推行顺利起见，特请各位来此商讨，除此三种方式以外，有无其他更较妥善的方式，或者此三种方式以何种为最妥，务请各位多多发表良好的意见，是则本处之所希望也。

（乙）各方代表意见：

（一）常德警备司令部刘司令洸汉意见：

1. "防疫如作战"，防疫工作应以军事上之非常办法处置之，故预防注射亦须严格执行。

2. 宣传工作不够，亟应加强宣传力量及劝导方式。

3. 捕鼠工作仍应采用开奖办法，不必待省方核准，希望继续速办。

4. 注射工作人员态度要慈蔼，随时利用机会予民众以讲解。

5. 未经注射民众不发给购盐证。

（二）常德县政府戴县长九峰意见：

1. 先应召集保甲长切实宣传、劝导，然后再由保甲长取出户口册，照册按户注射，如保甲长自认无控制民众的能力，即报告防疫处实行强迫注射。

2. 交通管制，受注射者多为路过之人，对于本市民众实无多大效果，不如暂缓实行。

3. 捕鼠奖券除电层峰请速核准外，仍设法继续举行，奖金暂由三镇分摊。

4. 各保甲如自动参加注射，成绩良好时应请予以奖励。

（三）启明镇周镇长先明意见：

1. 保甲长应挨户宣传。

2. 购盐证并未注明姓名，故凭购盐证实施注射最易发生流奖。

3. 注射证应与身份证同等重视。

4. 挨户注射若干保后，应举行注射证之检查。

5. 开奖经费可仿照去岁捕鼠奖惩办法征集罚金。

（丙）综合各方意见，决定办法：

（1）先行通知各机关造具名册，函请防疫处派员前往注射，以为示范。

（2）三镇各保分别召集保民大会，由防疫处派员出席演讲（启明镇：九、十两日，沅安镇：十一、十二两日，长庚镇：十三、十四两日）。

（3）以保为单位，按照户口册实行挨户注射，先从启明镇开始，沅安、长庚两镇次之。

（4）挨户劝导注射，如成绩不佳时，继则强迫注射，最后实行交通管制。

（5）工作人员态度，务须和蔼，手续尽量完备，特别注重卫生，以一针一人为原则。

（6）捕鼠奖券决于明（八）日起继续举行，经费在未奉准前，暂由三镇分摊。

散会（下午七时）

档案号：100—3—17

调查三十年敌机在常德投掷细菌证明书[*]
常德县警察局
1946 年 6 月 1 日

证明：

常德县城区于民国三十年十一月四日上午九时许寒雾朦朦之际，有敌机一架侵入市空，在八百公尺左右之高度盘旋约达一小时之久，投下棉花、纱布、谷麦等类物件甚多。市区中心如青阳阁、关庙街、杨家巷、鸡鹅巷及大西门等处散落最多，又附城之永安乡、妈妈桥一带亦落有上项谷麦、棉花等。当经化验确系传播鼠疫细菌。在数日之后，上列各该处居民有患鼠疫病死者达二□□人。后经□□防制，于半年后绝灭是实。□□证明者□□局长姜瑶琴。

档案号：100—3—225

———————————

[*] 1941 年 6 月 1 日，湖南省卫生处派王昌年来常德调查 1941 年 11 月 4 日日军飞机"投掷鼠疫杆菌情事"，常德县警察局出具了此"证明书"。——编者注

二　国内其他档案馆藏相关档案

防制敌机散播鼠疫菌实施方案
1940 年 12 月战时防疫联合办事处委员会议决议案

一、调查根据浙境情报，暴敌似有采用违背人道的细菌兵器之可能。应即由卫生署、军医署、中国红十字会总会救护总队部等机关派员会同国联医官前往调查，俟确切证实后，即行发表对外宣传，但同时应积极准备各种防制办法。

二、制备预防用鼠疫疫苗。

（一）卫生署应饬中央及西北两防疫处立即开始制造鼠疫疫苗以供各方面之采用。

（二）卫生、军医两署于可能范围内备相当数量之疫苗分存各地。

（三）由红十字会总会向国外大量募集以补救国内制备力量之不足。

三、制备治疗用鼠疫血清。

查中央、西北两防疫处现未制造是项血清。其制造费时，成本亦昂，应着手逐渐出品由卫生、军医两署分发储备。红会方面更应向国外募集，俾早得实用与多量储备。

四、充实检验设备。

（一）关于各地方细菌检疫设备之充实由卫生署办理。

（二）关于军政部各防疫队细菌检疫设备之充实由军医署办理。

五、准备捕鼠、灭蚤、注射、消毒等器材。

由卫生署、军医署及红十字会总会救护总队部等机关从速贮存下列各种器材：

（一）只举办毒饵杀鼠方法，仅适用于未有鼠疫流行之地方，其已经流行之地应用氰酸气以便同时灭蚤。故碳酸钡及氰酸均应大量购备。

（二）防治鼠疫工作人员应用之防蚤服装，如特种面罩、手套、长靴等。

（三）其他器材如消毒用药、注射器等。

六、人员准备。

除各省地方主管卫生机关应有专员负责处理应付细菌兵器之各种技术外，卫生署之医疗防疫队、军政部之防疫队及红会总会救护总队均应有是项专门人员以便随时派遣。

七、印刷刊物。

（一）由卫生署卫生实验处卫生教育系印刷关于鼠疫之通俗刊物分交卫生署、军医署印发。

（二）战时防疫联合办事处已请国联医官伯力士编成《鼠疫防治实施办法》，应即译成中文分交卫生署、军医署及红会总会救护总队印发以供防疫人员之用。

八、研究工作。

（一）由卫生、军医两署指定人员研究细菌兵器之防制方法并应通力合作以赴事功。

（二）关于防制鼠疫之环境卫生部分，亦应指派人员从速拟定方案。

（三）由卫生署卫生实验处化学药物系注意调查毒杀鼠蚤药品之原料并研究其制造。

九、制定章程。

（一）防制暴敌散播病原菌办法。

（二）敌机所散播者经证明为鼠疫菌或蚤类时之紧急处置办法。

（三）厉行疫情报告，依照战时防疫联合办事处规定之各初站于发现鼠疫病人第一例时应即电告。

十、筹措经费。

（一）卫生署、军医署各就防制敌人应用细菌兵器各种设施所需经费请拨专款。

（二）各省地方应尽可能酌拨防制细菌兵器各种设施之经费。

中国第二历史档案馆藏，档案号：372—703

湖南常德发现鼠疫经过

（谭学华医师*来函摘要）

1942 年 3 月 1 日《国立湘雅医学院院刊》第 1 卷第 5 期

《国立湘雅医学院院刊》编者按：谭学华医师系本院第十二届毕业，既非细菌学专家，而又于设备简陋情况之下，对此次常德发现鼠疫工作倍极努力。此种精神，殊堪嘉许，因志出之，想亦各地毕业同学之所乐闻欤。

去岁十一月四日清晨，有敌机一架至常德市空，低飞三周并未投弹，惟掷下谷麦等物甚多。敌机离去后，防空指挥部、警察局及镇公所收集敌人投下之谷麦少许，送至广德医院请求检查。该院谭学华医师，查视谷麦之内并无跳蚤，遂作以下各种检查：

以谷麦少许，浸洗无菌生理盐水中，十五分钟后，以离心器得沉淀质。将沉淀质作涂抹片，经革兰氏染法，在浸油显微镜下检查，除大多数革兰氏阳性杆菌外，并有少数两极着色杆菌——疑似鼠疫杆菌。

第二步宜作细菌培养。惟该院限于经费，尚无此种设备。谭医师乃自一肝硬化患者取出腹水三十公撮，分装于三个无菌试管内。以二试管培养敌机所投下之谷麦，而其余一试管培养自一粮商处所取来之谷麦，以资对照。此三管均置于温箱内，经二十四时，取出检视，见含有粮商处取来谷麦之试管，其液较清；而其他含有敌机投掷谷麦之试管其液较浊。取此浊液作涂抹片，用革兰氏染法，除革兰氏阳性杆菌外，又有两极着色之杆菌，用测量镜量其大小，平均为 1.5×0.5 兆分米，对照培养液内则无此种细菌。

十一月五日，常德各有关机关，召开防疫座谈会。谭学华医师代表广德医院出席，提议以下各事：（一）敌机所投之谷麦，除收留小部分严密封存，留待专家检验外，其余一律清扫焚灭；（二）急电省卫生处，请派专门人员，来常德检验以便证实及协助防疫；（三）扩大鼠疫宣传；（四）速设隔离所。

---

* 谭学华医师时任广德医院副院长，他与检验师汪正宇最先检验了日军军机投掷物。——编者注

十二日有一疑似鼠疫患者至广德医院求诊，病例简述如下：

病例一：患者女性，年十二，住常德关庙街。于十一日晚八时忽发寒战，继以高热、头痛，全身不适。检查见患者面带病容而神智［志］不清，左耳下淋巴腺肿大，并有触痛。体温华氏105度，脉细而弱，每分钟115次，肝脾皆可扪及。白血球12050，中性者88%，血片内未发现疟疾或其他寄生虫；但有少数两极染色杆菌。当将患者留院诊治，严密隔离。除一般疗法外，每四小时，口服磺胺0.5公分。至午夜，体温增高至华氏106度，脉搏每分钟116次，呼吸47次。翌晨，病势更剧，皮肤现紫色。自静脉取血作涂抹片，检得两极染色杆菌甚多，至晨八时，心脏及呼吸衰竭而死。自起病迄死亡仅共36小时。

尸体解剖，左耳下淋巴腺稍肿大。腹内无渗液，肠系膜稍有淤血，肝脏肿大，并有淤血斑点。脾脏肿大约两倍于常人，表面有出血点。肾脏有水肿状态，肾盂有出血点。胸腔未剖开。故心脏未得检查，以脾血作涂抹片。见有多数两极染色杆菌（此片曾经长沙湘雅医院吕静轩医师及中国红十字会陈文贵医师检查，皆认为此两极染色杆菌系鼠疫杆菌）。

病例二：患者男性，二十五岁，工人，住常德北门内皂角湾，于十一月十二日忽发高热，头痛，神智［志］不清，及鼠蹊腺肿痛。十四日到广德医院求诊，由右鼠蹊腺抽出血液，作涂抹片。发现甚多两极着色杆菌（此片亦曾经陈文贵医师鉴定）。患者于即日下午死亡。

病例三：患者男性，五十八岁，住启明镇，于十二日晚发病，十三日鼠蹊腺肿大，红十字会第二中队派员至此患者家中调查，自其肿大之鼠蹊腺抽液，作涂抹片，送广德医院调查，发现多数两极染色杆菌。当日下午七时四十分死亡。

病例四：患者女性，二十七岁。住城内长清街。十一日发高热，十三日死亡，十四日自肝内取出血液作涂抹片，发现两极染色杆菌。

以上所述，系常德发现鼠疫之经过情形，卫生当局已采取相当措置，以防疫事蔓延矣。

湖南省档案馆藏，档案号：67—1—333

敌机于常德首次投掷物品检验经过

汪正宇

1942 年 12 月重庆医药技术专科学校《医技通讯》创刊号

民国三十年十一月四日清晨，敌机一架□到常德市空，往返低飞，投下谷麦等物甚多，后来由防空指挥部、警察局及乡镇公所各送来由敌机投下的谷麦等物少许，并无跳蚤在内，来院请求检验。当时我们就想到除敌人用一种神经战术，使吾人恐怖外，那最可能的便是散布传染性的细菌了。若是散布细菌？那么便是鼠疫杆菌。其理由很明简：

（一）鼠疫为一种最可怕的传染病，其传染甚速，并且死亡率高；（二）所投下的谷麦等物，均为鼠类的食料；（三）本地之鼠甚多，便于鼠疫的传播；（四）据报载，敌人曾在浙江衢州等处投掷过鼠疫杆菌，所以此次亦有可能。我们虽然不是细菌专家，尤其对于素来罕见的鼠疫，其证实颇为困难，然而职责所在，并为了大众的安全和暴露敌人残忍卑劣的行为，故自不量力地不揣冒昧将那些谷麦等物来检验一下。我们的检验方法也许不合乎规定，有影响到所得的结果，然而我们已经尽了我们最大的努力了！

我们检验的方法是这样：第一步，将敌机所投下的谷麦少许浸洗于无菌生理盐水中，十五分钟后，以纱布数层过滤——滤去谷物等，滤液以离心器使其沉淀，取其沉渣作涂抹片，固定后以革兰氏染色法染色，在显微镜下检查之，除大多数革兰氏阳性杆菌外，并间有少数两极着色阴性杆菌，所以我们起先所揣想的，至此益增疑虑。但是为求确实起见，第二步的方法就是细菌培养。说起来真惭愧，我们这个小医院的化验室，因为人力财力的关系，故近几年来，我们多做细菌培养的工作，而临时又很难预备适当的培养基。在此无法可施的时候，想到了我们病房中住有一位患肝脉硬化病的病人，她的腹腔内积水甚多，故只好取点腹水暂时应用。我们用无菌的方法取出三十公撮腹水，分装于三个无菌试管中，用两个试管培养敌机所投下的谷物，其余一个则取普通杂粮作同样培养，以作对照。置培养基于温箱内经过二十四小时后检视，在用作对照试验的杂粮管中，其液较清；而由敌机所投下的谷麦培养试管内其液较浊。取此种浊液再作涂片，同样用革兰氏染色法染色，在显微镜下发现多数革兰氏阴性两极着色之杆菌，乃用测微器量其大小，平均为 1.5×0.5 兆分。再取对照培养液作同样检查，则只见很多革兰氏阳性杆菌，但没有两极着色的杆菌，因此我们的疑虑更深。

我们自此次谷麦培养液内发现可疑的两极着色杆菌，更进一步地研究其致病力。家鼠一时很难捉到，豚鼠此地又无饲养者，故只好以现成白兔两头，供作试验，虽知其对于鼠疫不易感染，然姑一试之。先经两日的观察，二兔的生活状况和食量并无差异，同时测量其体温均在华氏一百零二度至一百零三度之间。及于十一月十日上午将前项敌机投下的谷麦培养液半公撮，加无菌生理盐水一公撮，注射于甲兔腹部皮下；另以同样无菌生理盐水，注射于乙兔以作对照，此后二兔分居。甲兔在注射后体温增高至华氏一百零四度，而乙兔则否，以后则无（其）它特别变化，所以此项实验即行停止。

十一月十一日，有多人传言城内某地一带多有死鼠发现和急症病人在起病后一二日内即行死亡！我们很想求得此等死鼠或患者来院查验，但死鼠终无人送来。十二日晨有女孩（约十二岁）一名，由其母伴送来院求治，曾经敝院医师详细检视与询问病之起因，有类似鼠疫病症状；或怀疑系疟疾（恶性者），即检查其血液，结果：白血球一万二千零五十个（每立方毫米中）；中性多核细胞百分之八十八，淋巴细胞百分之八，单核细胞百分之四；在血膜上未发现疟原虫，及其他血内寄生虫等，惟间有少数两极着色杆菌，与前检验敌机投下的谷麦所查出之两极着色杆菌一样，故即将患者收留，予以严密的隔离。至十三日晨，病势转剧，当取其臂静脉内血液作涂抹片，用瑞戉氏（Wragnisstain）染色法染色，检得两极着色杆菌甚多，与 MANSON——BILHARZ 二人所著的《热带病学》第二二二页所载鼠疫杆菌图谱完全相似。患者旋于是日上午八时许因心脏衰竭而死。

是日下午四时，由红十字会救护分队肯德医师，与敝院医师施行尸体解剖，其体内淋巴腺微肿而红，肝充血，脾大色深，肾肿，心肺及浆膜粘膜肌肉多有出血之瘢；旋将脾内血液抽出少许，接种于琼脂平皿内培养，并作血液涂抹片，染色，同样见两极着色杆菌，与在静脉内取血所作的涂抹片查得者完全相同；十四日将琼脂平皿培养生长的细菌集落作涂抹片染色镜检，均为两极着色革兰氏阴性杆菌。其脾血抹片曾寄给长沙湘雅医院吕静轩医师请其检查，亦认为类似鼠疫杆菌，后再经红十字会细菌学系主

　　任陈文贵医师亲自检查该患者之血液涂抹片等，亦确定为鼠疫杆菌无疑。

　　根据以上各项检查结果，及临床上的一切症状，最后乃认为败血性鼠疫。

　　从此以后，来求诊者络绎不绝，经检视诊查，均似鼠疫一类病例，淋巴腺肿大，有触痛，抽取其液作涂抹片，染色检查，亦同样发现两极着色类似鼠疫杆菌。随机会同当地卫生机关，电请卫生署派专家莅常德确定，并防止其流行。

　　卫生署派来鼠疫专家伯力士博士驻常作长期检验——首先捕抓老鼠解剖，被发现有鼠疫杆菌者，在百分之八十以上；同时创办鼠疫专门训练班，余亦曾参加受训。

　　此次常德虽遭这惨无人道的万恶日寇投下无情的鼠疫杆菌，然而能够幸免于（一再）流行，不能不归功于各防疫机关的努力，与发现之早和预防之速了！

　　　　　　　　　　转引自邢祁、陈大雅《辛巳劫难》，中共中央
　　　　　　　　　　党校出版社1995年版，第70—73页。

红十字会救护总队第二中队民国三十年十一月份工作报告[*]

中队长　钱保康

1941年12月2日

　　查11月份4日上午6时雾气蒙蒙之际，敌机一架于常德城郊往返低飞三周，投下谷麦絮状等物，警报解除后，由常德县警察局及镇公所将敌机所散布之谷麦等收集稍许，送至广德医院。经该院谭学华及检验室技士汪正宇□□□□□本人除派魏炳华视导员前往常德调查外，并偕肯德队长于6日至广德医院研究。据谭医师声称："将送来谷麦等以无菌之生理食盐水浸洗，经15分钟以沉淀器沉淀作涂抹标本，以革兰氏染色镜检，发现多数革兰氏阳性杆菌及少数两极染色杆菌，再将剩余之麦粒培养于腹水

---

　　* 中国红十字会救护总队第2中队在1941年11月常德鼠疫发生前驻防在常德，其中队部设在德山，其所属的5个分队也驻防在常德周边各地。常德鼠疫发生后，该中队积极参加防疫工作，其中队长钱保康写成的这份11月工作报告（简称《钱保康报告》），是反映常德鼠疫防疫历史情况时间最早的一份档案文献，十分珍贵，具有极高的史料价值。——编者注

内（因一时无其他培养基），同时向粮行另取麦粒作同样之梯状资作对照。该培养之麦粒经 24 小时后检视，由粮行取来麦粒所培养之试管其液较清，而敌机散布之麦粒所培养者，其液较浊。取此混浊液镜检发现多数革兰氏阳性杆菌及少数阴性两极染色杆菌，以测量镜量其长度平均为 1.5 微米，宽度为 0.5 微米，再取对照培养液镜检结果，则无此种杆菌发现。"当时将所制标本检视一过，即有下列问题：1. 该项细菌若为革兰氏阳性则可疑为肺炎双球杆菌但无薄菌膜。2. 该项革兰氏染色标本不明显或系染液配制不善或系技术不合。总之，常德无设备完全之检验室，而我等医师均属临床者。除一面请派专员外，只能尽我等之努力负此职责。不问敌机该日大雾低飞之极大危险，其用意何在？而所检验之细菌实有类似鼠疫之疑，虽细菌学不能以形态为凭，但祈为证明以前事先预防未致大错。乃派魏炳华视导员常驻常德卫生院作调查工作，更期作进一步之研究。拟征求豚鼠作动物试验，但该项动物本市无畜养者，即家鼠亦不能匆忙捕得，殊为憾事。

8 日，县府召开防疫会议即派魏炳华出席，议决成立防疫委员会，预先成立隔离医院及捕鼠、宣传等各项要案。

11 日下午，民众谣传城郊附近颇有因急病而死亡者，乃传告警察局有急性可疑病者或死鼠发现，迅送广德医院留验。此时中队部各队均派在各部队服务，即距离较近之 472 队在 181 兵站医院因伤兵拥挤一时无法分配来。

12 日晨有患者蔡桃儿一名，送至广德医院求诊，本人得信后即晨与肯德队长前往该院检视，兹将该病者病历摘录于后：

"患者蔡桃儿，女性，12 岁[①]，常德人，居家住关庙街蔡洪胜炭行内，于 11 月 12 日入院。据其母口述，患者 11 日晚饭前尚觉平常，至 8 时许忽然发生寒战，继则高热头痛、周身不适及神志不安等症，但无呕吐腹泻及四肢痉挛等现状，体格检查其发育正常，营养尚佳，惟面带愁容、神志不清，但并非昏迷，皮肤干燥而带灰色，但无紫癜及黄疸，两耳患湿[疹]，左耳下腺肿大及有触痛外，其他各部之淋巴腺均无特殊变化，肺音清晰，心脏较弱，脉搏细速，每分钟 115 次，脾脏肿大，离肋缘约二指半宽，肝脏亦能摸及，头项不强直，克氏征为阴性，白血球数增至

---

① 亦有档案写作 "11 岁"。——编者注

12050，噬中性细胞为88%，淋巴细胞8%，单核细胞4%，无疟疾原虫及其他血内寄生虫，但发现少数两极染色杆菌，将患者严密隔离。入院时之体温为华氏105度，脉搏每分钟112次，呼吸每分36次，除给以大量饮水及液体食物和用冷敷法以退热外，并每4小时给以口服磺胺0.5克碳酸钠1克（一日三次），及无菌1%红汞10公撮由静脉注射。"

以上各种症状均为败血症之症候，本人因无其他助手，乃令魏炳华加紧在城区调查有无其他类似病人，并令472队刘伦善偕卫生院刘善荣前来常德协助调查工作。

13日晨，该患者病情增剧，皮肤发现紫癜，神智［志］不清，惟体温稍降至103度，此时于其静脉血液内检得两极染色杆菌甚多，与MAN-SON——BILHARZ二人所著的《热带病学》第222页所载之鼠疫杆菌图谱相同，患者于是日上午8时因心脏衰弱而死，自起病至死亡仅相隔36小时。

尸体解剖所见：13日下午4时实行尸体解剖，由肯德、谭学华施行，尸体皮肤带灰黯色，外视无特殊现象，仅左耳下腺稍肿大外，其他淋巴腺尚无变化，在腹中腺部位至脐下部剖开皮肤及皮下组织腹膜均呈光辉色，切开腹膜腹腔，内无渗出液潴溜，惟稍在淤血，存在于肠系膜间，肠作暗红色，微鼓，肝脏肿大，约在肋下三指有间质变性及淤血斑，胆囊肿大如鸡蛋大，脾脏肿大红两倍于正常，甚软，表面有出血点，脾髓如稀糜，肾脏有水肿状态，肾盂内含出血点，关于淋巴腺未见其肿大现状，即将脾内血液抽出少许放入琼脂基培养，并作血液涂抹片，在此涂片上又见有多数之两极染色杆菌，与在静脉血内所见者完全相同。

根据上述病状及各种检验结果疑为败血型鼠疫。

13日晚，所派前往调查之魏炳华视导员在启明镇四保三甲一户发现可疑病人，据称："患者聂述生，男性，年58岁，于12日发病，有高热等症，13日鼠蹊淋巴腺肿大，即抽取淋巴液作涂抹片而返。"（魏视导员对于标本涂抹及消毒手续均甚明了）将其涂片镜检之发现与前者比较，同样杆菌甚多，随即行走递送隔离，但患者于是日下午7时40分死亡，立即通知卫生院前往消毒。

14日晨，本人与肯德队长尚在德山总司令部（洞庭湖警备司令部——编者注），忽得卫兵转报有死者棺木抬过查询，始知系由常德送回之急性病者死亡,乃即前往葬地查询,据尸父称死者蔡玉珍①,女性,27岁,寄居东门内长清街,不知门牌,死者于 11 日发病,有高热等病状,其他情形不明,于 13 日晚抬送德山时死亡。乃即开棺检验,尸体表面略带灰色,无淋巴腺肿大及其他现象。不便作尸体解剖,即抽取肝脏血液少许,镜检发现少数两极染色杆菌。

14 日下午,至广德医院,据报今晨在门诊处又发现病例一,患者余老三经抽取淋巴液检验证实,再将蔡桃儿脾脏血液之琼脂培养作涂抹镜检,所有两极杆菌均为革兰氏染色阴性。

以上各种检验工作并无专家主持,又无完整设备可检,为临床论据的检验工作,自不能十分详尽,但于 3 日内发现同样病例 4 人,均于同等情况下死亡,而涂片检验已得革兰氏阴性两极染色杆菌,则常德流行鼠疫殆无可疑。乃分别电告大队部,派遣专员协助防疫(至于电文报告或有文句不妥处,但本中队部迭请增聘秘书文书人才,均经回批不准,本人集医务事务会计交际于一身,实无暇修饰文句)。

14 日,第六战区长官部卫生处长抵德山,是日,会同总司令部刘毓奇主任、军委会俄籍卫生顾问司威威巴克及肯德队长等商讨防疫纲要,举凡管理、预防、隔离工程、疗治、检疫、宣传、器材等项,均经论及,至于工作人员,常德甚为稀少,为迅速扑灭疫病起见,乃决定先行将本中队各队暂予调回常德,从事防疫工作,候中央或各地卫生人员派到后再行回返,部队工作业继。令调 111 队设置北站,472 队设置西站,647 队设置南站,572 队协助隔离医院工作。

16 日下午,会同陈处长、刘主任赴湖南第四区专员公署谒见欧专员冠并请郑县长及卫生院方院长聚集决定一切防疫问题,并解除工作上之困难,计议决定要案如次:

1. 隔离医院明日起改在东门外徐家大屋,令民众从速迁移,以便布置。

2. 由欧专员即日下令派警察局张局长为疫情情报股股长,三镇镇长为情报队长,督促各保甲长将疫情逐日报告。

3. 于防疫大队未到之前,暂由红会派队在卫生院协助检验工作,步骤既定,虽一时人员不齐,只能尽最大之努力调驻常德附近之 472 队全力

————————

① 有档案亦写作"蔡玉贞"。——编者注

从事调查检验工作，连日虽有急病死亡者，但检验均未证实。

本中队各队先后集中常德计472队于11月17日移驻常德，522队于17日到达，111队及731队全体于19日到达，642队于29日到达，均在指定地点工作。为便易调查病患起见，支配各队于各城门设立免费治疗所，中队部为指挥便利，亦由德山迁驻城中高山巷91号办公，凡警察局送来之病死报告，均经中队部转饬各队前往死者之所在地，详细调查，并派472、642各队之一部分担任船舶检疫。

其他卫生机关到此间者，计湖南省卫生处副处长邓一趋于20日到达，卫生署第2路大队长石茂年于18日到达，军政部第4防疫大队第4中队于23日到达，卫生署第14医防队于22日到达，军政部第9防疫大队第3中队于27日到达。

连日各队展开从事调查及预防工作。

延至24日晚，又发现病例一，适值陈文贵一行抵此，该病例于送至隔离医院时死亡，25日以后即将该死者作剖验培养及动物试验等工作，经证实死者系鼠疫致死（详见陈文贵检验报告）。

常德防疫委员会于11月20日改组为常德防疫处，由欧专员冠兼任防疫处长，各方医务人员为设计委员，推湖南省卫生处副处长邓一趋为主任委员（附组织系表一份），常德卫生院院长方德诚兼隔离医院院长，本会522队协助隔离医院工作。

拟定12月6日举行常德全市清洁大检查，本会各队全体参加工作。

各队预防注射工作，因总队部带来疫苗至12月1日由陈文贵交下，故于12月2日开始注射。

兹将各队工作情形摘录于后：

第111队——该队随暂×师驻澧县大踪堰帮助该师野战医院工作，该院因初移新地址，设院诸多不完备，而院址零乱，该队立即着手该院之整理布置，其工作计：（1）先将该院内病人25人设置病床，开始医疗护理及各种检验等工作。（2）环境卫生。将院内外清理及下水道之疏通，建筑合理，加盖新蹲位厕所一处。（3）设特别营养室一大间。（4）继续开始帮助筹建该院之灭虫站。

11月15日，该队接到本会队部电令调常预防鼠疫工作，该队即遵于是月之17日率队启程于19日到达常德，设置于北门外，作疫病死亡调查检验工作，21日起开始设立民众免费门诊处，以利调查疫情，北门距疫区较远，疫病幸未波及，该队因队员较少故，工作甚为忙碌。

第 472 队——该队原在 181 兵站医院工作，其时 10 月份前言作战负伤者已悉数运到常德，故该队对于负伤员兵之医疗工作甚形繁忙，连日计施行大手术 40 余人，重伤病室之伤员 145 人，均由该队负责敷伤，待至 11 月 14 日常德类似鼠疫病人发现数起，乃令该队来常协助调查检验工作。而该队待该院大部分伤兵转院后，迅即于 17 日迁驻东门外卫生院作调查检验工作，24 日移驻西门，教育民众并设立民众免费门诊处，且在西门附近实施调查疫情，并担任上南门桃源轮埠检疫工作，堪称努力。

第 522 队——该队原驻公安××师工作，于本月之 28 日赴师部洽谈建立灭虫站 6 所，派员赴闸口监制灭虫箱，并在该师野战医院协助环卫工作，设立门诊，并建立该院灭虫站，邵队长于 17 日来常德提取公物时，适本中队因常德发现鼠疫正调派各队来常工作，故留该队长留常，协助472 队刘伦善队长检验调查工作及协助地方布置医院，住东门外卫生院，一面令全体队员迅即开赴常德。其时（11 月 15 日至 22 日）该队部正在公安苏家渡领导当地保甲清洁街道改良村镇环卫，故队员于 26 日晚始全部抵常驻东门外隔离医院附近韩家大屋工作，该队长为隔离医院改善厕所两处，疏通沟渠，并附近调查病人门诊治疗计内外科 131 人，该队队员较少，甚形忙碌。

第 642 队——该队原住郑家驿 136 兵站医院工作，因前方伤兵渐渐后送，该院收容伤病兵 600 余人，故该队工作忙冗，连日施行手术 30 余人，并担任重伤室之敷伤室治疗工作，该队接到本中队部命令后，因一时伤兵拥挤无法脱身，故须整理病房，候重伤转出一部分后，迄于 22 日出发 29日到达常德，设立民众免费门诊处，于南站调查病人以得疫情之真相，并在下南门轮埠实行检疫工作，甚为努力。

第 731 队——该队原在安乡×××师工作，上月初因前线伤兵均已后运，故曾一度协助第七收容所敷伤及手术等工作至 11 月 5 日，全队迁回三汊河×××师野战医院工作，肯德队长于 11 月 11 日来中队接洽队务，商讨工作方针，翌日得到常德发现类似鼠疫病人之消息后，该队长即随往常德调查。

15 日，电令该队队员来常工作，迄 19 日全体队员兼程到达，即分配于东门外设立民众免费门诊处协助调查疫情。

魏炳华视导员暂在中队部服务，该员自 10 月 29 日报到后即协助办理各种统计工作，自11月12日常德发现类似鼠疫病例后，即终日奔走于疫区及其附近调查病患死亡，殊着劳绩。

兹附呈常德防疫处组织系统表一份，疫情调查病死经检验证实统计表一份，疫情调查未经检验证实病患统计表一份。

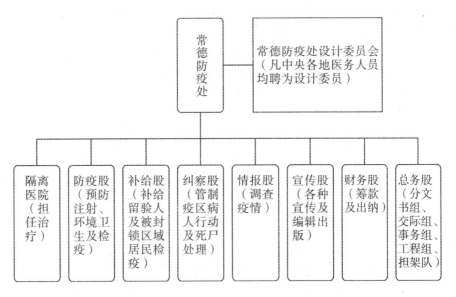

常德防疫处组织系统表

中华民国红十字会总会救护总队部第二中队部疫情调查病死经检证实统计表

民国三十年（1941）十二月二日　　　　　　　　　　　　中队长　钱保康

月 \ 日	姓名	性别	年龄	地址	调查者	备考
11 \ 12	蔡桃儿	女	12	关庙街蔡洪胜柴炭行	广德医院	住广德医院病故经检验详情载报告
11 \ 13	蔡玉珍	女	27	常德常清街	本会第二中队部	病例不明于德山检验尸体
11 \ 13	聂述生	男	58	启明镇四保三甲一户	魏炳华	
11 \ 13	徐老三	男	25	甘露寺杨家巷五保五甲五户	魏炳华	原住常德北门皂角庵
11 \ 27	龚超胜*	男	28	关庙街十八号	李庆杰	
	合计			五名		

编者按：有档案亦将"龚超胜"写作"龚操胜"、"龚超盛"。

中华民国红十字会总会救护总队部第二中队疫情调查未经检验证实病患统计表

民国三十年（1941）十二月二日　　　　　　　　　　　　　　　　中队长　钱保康

月＼日	姓名	性别	年龄	地址	调查者	检查结果	备考
11＼12	夏幼梅	男	47	鸡鹅巷文家巷六保一甲十户	魏炳华	非鼠疫	病故
＼	李锡臣	男	17	鸡鹅巷六甲五户天胜馆	魏炳华	非鼠疫	病故
＼	陈张氏	女	20	北门外土桥街十一保八甲十六户	第472队	非鼠疫	
11＼16	杨正林	男	45	海会寺六甲四户	第472队	非鼠疫	
11＼19	杨楷	男	34	关庙街十六号	第472队	经检验？	查472队刘伦善陪验，经石茂年剖验，又522队邵公鼎魏炳华等
＼	胡钟发	男	45	关庙街帮钟发诊所	卫生院	检验？	经石茂年剖验
11＼26	满维贤	男	36	大西门外十七保六甲	第472队	非鼠疫	病故
＼	蔡李氏	女	56	长庚街四保三甲	第472队	非鼠疫	
11＼26	罗邓氏	女	52	清平乡四保八甲三户	第472队	非鼠疫	
＼	饶寿会	女	22	清平乡四保八甲五户	第472队	非鼠疫	原住沅安镇七保二甲
＼	陈吴氏	女	26	清平乡四保十二甲	第472队	非鼠疫	
＼	梅周氏	女	40	清平乡四保十一甲一户	第472队	非鼠疫	
＼	郭焕章	男	63	长庚镇十一保十二甲甲长	第472队	非鼠疫	
＼	刘黄氏	女	22	长庚镇十一保十二甲六户	第472队	非鼠疫	
11＼27	周嘉珍	女	19	启明镇十保四甲九户	第522队	非鼠疫	
＼	刘袁氏	女	22	启明镇十保六甲二十户	第522队	非鼠疫	
＼	张熊氏	女	33	启明镇十保九甲	第522队	非鼠疫	
＼	朱新和	男	35	小西门外义民收容所	第472队	非鼠疫	
11＼27	王倪氏	女	27	南站码头船上	第522队	非鼠疫	
＼	张熊氏	女	27	皇经阁五十八号	第731队	非鼠疫	

续表

月 \ 日	姓名	性别	年龄	地址	调查者	检查结果	备考
\	魏云阶	男	30	下南门问事处	第731队	非鼠疫	
\	丁德珊	男	54	北门内皂角庵	第111队	非鼠疫	
11 \ 28	胡秦氏	女	28	关庙街四十三号	第111队		
\	刘大发	男	4	大西门外二十四号	第472队	非鼠疫	
11 \ 29	张氏	女	75	长庚镇八保十八甲临三户	第472队	非鼠疫	
\	张玉林	男	48	长庚镇十二保四甲	第472队	非鼠疫	
	合计			26名			

贵阳市档案馆藏《救护总队档案》，档案号：40—3—3

常德鼠疫调查报告书

陈文贵[*]

1941 年 12 月 12 日

报告（中华民国三十年十二月十二日于军政部战时卫生人员训练总所、中国红十字会总会救护总队部）：

窃职奉命组织湖南常德鼠疫调查队，当即率领教官兼医师刘培、薛荫奎及助教兼检验技术员朱全纶、丁景兰等，随带应用检验器材、疫苗及治鼠疫特效药品等，于本年十一月二十日自总部出发，于十一月二十四日安抵常德。当晚即发现一疑似鼠疫死亡病例，经作尸体解剖、细菌学检查及动物接种等实验，证实确属真正腺鼠疫。

职队在常时曾与驻常德各防疫机关，商讨处理鼠疫办法，并分发各负责机关鼠疫疫苗及色芳雪麝等。旋因无新病例继续发生，乃率全队队员于十二月二日离常德，六日抵筑[①]；携归染色标本涂片、由鼠疫死亡尸体培养之鼠疫杆菌纯菌种及敌机投掷之谷麦等物，备为研究之用。

---

[*]　陈文贵是当时我国权威鼠疫专家，他在常德鼠疫发生 12 天后奉命率领一个鼠疫调查队到达常德，在常德进行了 8 天的细菌学调查检验，之后写出了该调查报告，是研究常德鼠疫极重要的史料。——编者注

①　筑，贵阳之简称。时军政部战时卫生人员训练总所、中国红十字会总会救护总队部驻贵阳。——编者注

谨呈总所主任、总队长林①

军政部战时卫生人员训练总所检验学组主任、中国红十字会总会救护总队部检验医学指导员陈文贵呈

附呈

查陈文贵医师由常德带回之鼠疫研究标本材料，业经职等详细检查，认为确系鼠疫杆菌无误，至其报告书之结论亦表同意。

谨呈总所主任、总队长林

军政部战时卫生人员训练总所防疫学组主任、中国红十字会总队部医防指导员施正信呈，军政部战时卫生人员训练总所检验学组高级教官、中国红十字会总会救护总队部检验医学指导员林飞卿呈

一　绪言——鼠疫疑窦之引起

民国三十年十一月四日晨五时许，敌机一架于雾中在常德上空低飞，掷下谷麦、絮纸、毡棉及其他不明之颗粒状物多种，分落鸡鸭巷②、关庙街及东门一带。迨午后五时，警报解除，始由军警搜集散下物一并焚毁，且留送一部分交广德医院用显微镜检验，其染片结果，凡在常德之医务人员均认为类似鼠疫杆菌。今经陈文贵医师复查染片结果，不能确定为鼠疫杆菌，自是遂起疑窦，故在常工作之医务人员群相警惕，均恐鼠疫之降临。

二　疑似及已证实之鼠疫病例之报告（附表）

敌机抛掷谷麦等物后，在当时虽无任何不幸事件，迨第一可疑病例于十一月十一日出现。此例为十一岁之幼女，住关庙街附近，当日骤发高烧，翌晨入广德医院求治，除发烧外，病体不呈其他异状，血片检验显有类似鼠疫杆菌。患者于十三日晨死亡，解剖尸体则见可疑之鼠疫病理变化，内脏涂片亦发现有类似鼠疫杆菌（病例一，见表）。

又十一月十三日续发现一死亡病例，寓东门常清街。后经询悉，病者于十一日曾发高烧，十三日病亡，当作肝脏穿刺术，作涂片标本，在镜下

---

① 指军政部战时卫生人员训练总所主任，中国红十字会总会救护总队部总队长林可胜。——编者注

② "鸡鸭巷"为"鸡鹅巷"之误。——编者注

检视亦有类似鼠疫杆菌（病例二，见表）。

嗣后于东门附近，又相继发现第三、第四两病例，皆于十二日发病，呈高烧、鼠蹊腺肿大（横痃）等症状，淋巴腺穿刺液涂片检查，均有类似鼠疫杆菌，其一于十三日死亡，他一于十四日死亡（病例三、四，见表）。

第五病例于十八日发病，有高烧、谵妄、横痃等病象，十九日入隔离医院，当晚即病死，虽经尸体解剖，据云无特殊病理变化（病例五，见表）。

第六病例为龚操胜，年二十八岁，男性，寓关庙街，二十三日晚骤发高烧，四肢无力，继发横痃，二十四日晚病亡。其时适军政部战时卫生人员训练总所检验学组主任陈文贵医师于是日抵常德，即经举行尸体解剖、细菌培养及动物接种等实验，由各种检查之结果，均证实为真正腺鼠疫无疑（病例六，见表及附录之甲）。

常德腺鼠疫六病例研究与调查结果简表（详情见附录甲与附录乙）

病例	病人姓名	性别	年龄	寓址	发病日期	结果	临床及试验室之检查	诊断	检视医师
1	蔡桃儿	女	11	A区	1941.11.11	死亡 1941.11.13	高烧，血片——有类似鼠疫杆菌（瑞氏染色）——有类似鼠疫杆菌	鼠疫	谭学华（广德医院）。尸体解剖者：谭学华与钱保康（红十字会救护第二中队长）
2	蔡玉贞	女	27	B区	1941.11.11	死亡 1941.11.13	高烧，检验时已死亡。肝脾涂片（瑞忒氏染色）——有类似鼠疫杆菌	鼠疫	肯德（红十字会救护队队长）
3	聂述生	男	58	B区	1941.11.12	死亡 1941.11.13	高烧，鼠蹊淋巴腺肿大，淋巴腺穿刺涂片（瑞染）——有类似鼠疫杆菌	鼠疫	钱保康（本部第二中队长）
4	徐老三	男	25	B区	1941.11.12	死亡 1941.11.14	高烧，鼠蹊淋巴腺肿大，淋巴腺穿刺涂片（瑞染）——有类似鼠疫杆菌	鼠疫	方德诚（常德卫生院长）、谭学华医师

续表

病例	病人姓名	性别	年龄	寓址	发病日期	结果	临床及试验室之检查	诊断	检视医师
5	胡钟发	男		A区	1941.11.18	死亡 1941.11.19	高烧，谵妄，鼠蹊淋巴腺肿大，尸体解剖结果肝脾涂片（革兰氏染色）——未查出鼠疫杆菌		方德诚。尸体解剖者：谭学华与石茂年（卫生署第二路防疫大队长）
6	龚操胜	男	28	A区	1941.11.23	死亡 1941.11.19	高烧，软弱无力，右鼠蹊淋巴腺肿大。尸体解剖——脾肿大，肝脾及肠之表面有色斑，胸腔及心包膜积水，心血、右鼠蹊淋巴腺、肝及脾之涂片（革兰氏及石炭酸硫堇紫染色法），发现鼠疫杆菌，并由培养及鼠试验证实	腺鼠疫	李庆杰（军医署第四防疫大队技正）。尸体解剖者：陈文贵、刘培、薛荫奎（卫训所及红会救护总队部）。细菌培养及动物试验主持者：陈文贵

以上六病例均为久居常德城或其附近者之湖南人，截至完成本报告书时止，无新病例发生。

结论：据病例及涂片检验之结果，第一、二、三、四、五病例均似腺鼠疫，第六病例则经证实确为腺鼠疫。

三　调查与探讨之所得

（甲）普通情况：

常德南滨沅江，东倚洞庭。昔者公路未废，北通鄂境，东贯长沙，西达桃源及湘西各重镇。今则公路破坏，其最近公路站为郑家驿，距常德西南凡六十公里，仅可通船舶，其他水路交通，东可经洞庭往长沙入鄂，西缘沅江通沅陵、芷江，故除利用民船外，仅可由小路直达常德耳。

常德夏季酷热，冬则严寒，今当十一月间已入冬季气候，在调查时该地气温约在华氏表四十至五十度之间。

常德素为湘北商业中心，自抗战以还，迭遭空袭毁坏，复加公路废弃，今日商业遂一落千丈矣。

（乙）常德医务机关：

广德医院——为美国教会医院，设有病床一百张。县卫生院——设有门诊部。隔离医院——设病床五十张，该院系于常德鼠疫发生后成立。

（丙）死亡统计：

常德人口现约五万余，其死亡率向无确实统计，过去曾为地方性霍乱流行中心之一，逐年皆有霍乱流行。

据称在敌机散掷谷麦等物之前，人口死亡率并无激增现象，自第一可疑病例发现后，县卫生院得到警局及棺木店之协助，曾对全城死亡作确切之调查，有记录可稽。自十一月十二日起至二十四日止，共死亡十七人，内包括鼠疫死亡者六人，至其他病例之死亡原因则未详。

（丁）环境卫生：

常德全城之环境卫生状况，甚为恶劣，且屡遭轰炸，被毁灭之房屋甚多，目下城内房舍多为木制，最易为鼠类潜匿。

"A"区——关庙街与鸡鸭（当为"鹅"——编者注）巷一带，地当市中心，房宇栉比，街衢狭隘而不洁，曾视察鼠疫死亡寓所，发现室内阴暗，空气阻塞，无地板设置，垃圾散积屋隅，鼠洞随处可见，其他房屋亦大同小异。

"B"区——东门一带。此区房舍虽较稀疏，但居民多系贫寒之家，屋内尤欠整洁，至其环境卫生则与"A"区无甚差别也。

据云于鼠疫发生之前后，鼠类之死亡，并未显示增多，曾置一印度式捕鼠笼于一鼠疫死亡家，凡三夜，但无所得；此外，曾收集鼠类约二百余头（其来源地区则未注明），经解剖检验，并未发现鼠疫传染之病理变化，又将特别之捕蚤笼多个置于该鼠疫死亡者之室内，结果毫无弋获。

四　检讨及结果

（甲）常德是否有鼠疫？

（一）经陈文贵医师研究一鼠疫病例之结果，证实该病例确系腺鼠疫（按：陈医师曾在印度作鼠疫专门研究）。此病例为二十八岁之男性，十一月十九日始由乡间来城，二十三日发病，二十四日曾经李医师诊视，有高烧及横痃等病症，当晚即病亡，尸体解剖鉴定为鼠疫致死。鼠蹊淋巴腺、心血、肝及脾之涂片、细菌培养及豚鼠接种试验，均证实诊断无误（详情见附录甲）。

（二）十一月十一日至二十四日常德之有鼠疫流行，此可由上述之第一至第五疑似病例而断定。或谓此五病例，无一经细菌学方法及动物试验证实者，但其发烧及横痃之病历，淋巴腺、肝或脾涂片检验所发现形态学上类似鼠疫杆菌之结果，病程之迅速（咸于发病后二十四至四十八小时内死亡），均证实其为鼠疫者，鲜有疑问焉。此外大多数病例之发病日期皆在同一时日。综上所述，可证实腺鼠疫确已于十一月十一日（敌机散掷谷麦后之第七日）后在常德流行。此数病例之各种涂片标本，后经陈文贵医师复查，认为确有类似鼠疫杆菌。

（乙）鼠疫从何而来？十一月四日晨，敌机散掷谷麦等物是否与此有关？

欲解答此问题，应检讨三种可能起因，兹分别解述于下：

（一）敌机散掷谷麦等物前，常德有鼠疫否？

（二）常德鼠疫能否由国内邻近疫区传入？

（三）常德鼠疫是否因敌机散掷有传染之谷麦等物所致？

（一）常德向非疫区。在昔全球鼠疫大流行及国内鼠疫流行时，非特湘北一隅，即华中区域从未波及，至鼠疫之自然发生，则向未所闻，故常德本地鼠疫复炽之说不攻自破。

（二）根据传染病学之原理，鼠疫蔓延，恒沿粮食运输线。船舶因载货物，鼠类易于藏匿，而该项船舶若常往来于鼠疫港口，如福建、广东沿海各港口，首当其冲，先为鼠疫侵入，自是得以逐渐蔓延内地。我国现在以福建、浙江两省及江西毗连闽浙交界地带，为鼠疫盛行之区，距常德最近之疫区为浙江衢县，去常凡二千公里（按：衢县鼠疫，起于去岁，亦疑由敌机投掷传染性之物件所致），以目前国内交通情形而论，鼠疫由浙江衢县远播至常德，实为事实上所不可能。且上述之六病例，均久居常德有年，据探询所知，彼等于病前并未远行他处。又常德为产米之区，粮食之运输，常往外送而不由外来也。故此次常德鼠疫之流行，当系起自该城本身，而非由国内其他疫区所传入。

（三）舍上述二端，吾人认为敌机散掷传染物而致鼠疫流行之说，极为可能。缘由列述如下：

1. 所有病例悉来自敌机散掷谷麦等物最多之区域。

2. 敌人所掷下谷麦等物内，依推论所得，似藏鼠疫传染性之鼠蚤，其当时未被清道夫或收集人发见者，大约有二因：

（1）一般市民，无鼠疫传染常识，未料及敌人散播此危险物，故未予注意。

（2）是日常德竟日警报（由晨五时至午后五时），迄警报解除后，始收集及扫除谷麦等物，鼠蚤当早已跳走，潜藏于附近气候适宜之屋内矣。

3. 传染性物可致鼠疫之途，不外有三：

（1）敌机所散掷之谷麦等物，可先用鼠疫杆菌沾污，鼠类食之，可致传染，如是由鼠而蚤，由蚤而人，致发生流行。此法似不甚可能，或未成功，其理由有二：

I. 所收集之谷麦等物曾作培养及动物试验，结果并未发现鼠疫杆菌（见附录三）。

II. 自敌机掷下谷麦等物后，常德鼠类之死亡，并无激增之明证。

（2）已受鼠疫传染之蚤，随同谷麦等物掷下后，因谷麦之诱惑，鼠类趋之，而该蚤乘机得附鼠身，于是可引起鼠类鼠疫之流行，自是由鼠而蚤，辗转相传，以及人类。此种理论，虽属可能，似又未于调查时见诸事实，因为：

I. 前述六病例，皆于敌机掷下谷麦等物后十五日内发病，普通人类鼠疫恒起于鼠类鼠疫流行两星期之后，且鼠类鼠疫亦须相当时期方能流行（约两星期）。

II. 常德鼠疫爆发前及其流行期内，并无鼠类鼠疫发生之线索及证明。

假设敌机确实掷下已受鼠疫传染之鼠蚤，鼠疫能否在鼠类流行实赖当时鼠体上鼠蚤之多寡或印度鼠蚤之指数而定。换言之，若值鼠类鼠疫盛行之时，此指数恒高。常德平时鼠类之印度鼠蚤指数，则未经考查，但因斯时气候寒冷，可预知印度鼠蚤指数当不致过高，而使鼠类鼠疫能迅速传播。今常德鼠类是否受传染则无法断定，惟须继续研究方可解答此点。

（3）抑有传染性之蚤随同谷麦等物由敌机掷下后，该蚤一部分直接咬人而致鼠疫流行。根据此次研究及调查所得，吾人对此种传染法，似已获得较完全之证据：

I. 腺鼠疫潜伏期（由蚤咬受传染日起至发病日止）为三至七日，间有八日或至十四日者。此六病例之四，其潜伏期最多为七或八日。此点显然表示患者于敌机掷下谷麦后不久即被该蚤咬刺，约在十一月四日或五日左右。第一病例于十一月十一日发病，恰在敌机散掷谷麦等物后之第七日；第二病例亦然；第三、第四病例则于十二日起病（敌机散掷谷麦等物后之第八日）。第五病例则于十八日发病；第六病例已证实为腺鼠疫矣，按该病人于十九日始至常德，住四天（十一月二十三日）即发病，假若患者于十九日到常时即被该蚤咬刺受染，适为敌机散掷谷麦等物后之第十五日。在比较长时期内有传染性之鼠蚤是否能生存？答曰：然。盖已受鼠疫传染而又饥渴之鼠蚤，在适宜环境中，虽不吸血亦可生存达数星期之久。

Ⅱ．所有六病例，皆寓居于敌机散掷谷麦等物最多之区域内（见附录丁《常德腺鼠疫六病例在城区分布图》）。

根据前述各节，获得结论如下：

1. 十一月十一日至二十四日间常德确有腺鼠疫流行。

2. 鼠疫传染来源系由敌机于十一月四日晨掷下之鼠疫传染物，内有鼠疫传染性之蚤。

五　附录

（甲）腺鼠疫病例临床及尸体解剖记录：

病者姓名：龚操胜

解剖日期：民国三十年十一月二十五日

解剖地点：常德县隔离医院（由东门外徐家大屋改建）

解剖者：陈文贵

助理：薛荫奎、刘培

记录者：李庆杰

病例简史：死者男性，年二十八岁，生前寓关庙街前小巷十八号，过去在外佣工，于本年十一月十九日因其母病卒返埠。其母死因未明（或为结核病）。据云生前削瘦并经常不适，是夜十一时骤发高烧、头痛、疲乏等症状，二十四日晨觉右侧腹股沟痛疼，乃以膏药敷之，午后四时作呕，病况渐剧。七时，军政部第四防疫大队技正兼战时卫生人员训练所第四分所防疫学组主任李庆杰医师应召往诊，是时该病者已一息奄奄。当时诊视病者患高热，右侧腹股沟淋巴腺肿胀及有触痛，按病历及病象颇似腺鼠疫，遂劝告送往隔离医院，但不料病者于未搬入以前，即在晚八时许死亡。该尸体则由警士监护，于十时送达卫生院，在该院施行全身衣被床褥灭蚤消毒，洗取膏药，以无菌手续施行心脏及右侧腹股沟淋巴腺穿刺，采得标本少许，用以及时培养。惟因时已入深夜，光线不适，故尸体解剖不得不延于次晨行之，暂将该尸体入棺钉盖，送存隔离医院太平间内。

解剖结果：

1. 一般状况：死者中等身材，体质瘦弱。

2. 皮肤：面色稍紫，唇部尤著，全身皮面无溢血斑点，无蚤咬伤痕，右腿腘部发现有类似疥疮之皮肤病。

3. 淋巴腺：右侧腹股沟淋巴腺肿大，肠系膜淋巴腺亦稍肿大。

4. 胸腔所见：肺肉眼所见，无显明变化，胸腔内两侧各有积水约二十毫升，心包膜内有渗液约二十毫升，心肌颓软而未肥大，以无菌手续由右心房穿刺心脏得心血数毫升，接种于血液琼脂斜面培养基上。

5. 腹腔所见：肝微坚实，脾较常态肿大约二倍，肾无变化，肝、脾、小肠及大肠等之表面皆有出血斑点，腹腔内无液体积蓄。

细菌学检验结果：

采取右侧腹股沟淋巴腺、肝、脾各一部及心血少许，施行直接涂片培养及动物试验。

1. 直接涂片检查：所有涂片均以石炭酸硫堇紫及革兰氏法两种染之，但均先以一比一倍乙醚及无水酒精混合液固定，镜下检查，发现多数卵圆形两端着色较深之革兰氏阴性杆菌。

2. 培养检查：病者尸体心血、腹股沟淋巴腺、肝脾等，以无菌手续接种于血液琼脂斜面培养基上，置入盛有摄氏三十七度温水之广口保暖瓶中。培养二十四小时后，在培养基面上见有无数极微小灰白色不透明集落，皆为纯粹菌种，涂片染色镜检均为革兰氏阴性两端深染之卵圆形杆菌。

动物接种试验：

1. 豚鼠第一号：十一月二十五日下午三时将豚鼠右侧腹毛剃除，接取病者尸体之脾组织涂擦该剃毛腹皮处，使受人工感染（该脾组织曾经检验含有多数革兰氏阴性两端深染杆菌），于二十六日下午八时开始发现病状，至二十八日清晨该豚鼠死亡，计其潜伏期二十九小时，病程全经过约三十二小时。

剖验所见：

（1）皮肤：接种处皮肤肿胀发红。

（2）淋巴腺：两侧腹股沟淋巴腺均肿大，右侧较著且充血更甚。

（3）皮下组织：皮下组织水肿充血，接种部有出血现象。

（4）胸腔：脾肿胀充血，肝肾及胃肠消化道亦现充血。该豚鼠之心血、肝脾及腹股沟淋巴腺等一一取作涂片及培养检查：

染色标本镜下检视（石炭酸硫堇紫染色及革兰氏染色法）发现多数革兰氏阴性两端深染杆菌，与病者尸体内脏直接涂片同。

上记各项标本接种于血液琼脂斜面培养基上，培养二十四小时后，亦发现同样之纯菌种。

2. 豚鼠第二号：该豚鼠亦于十一月二十六日上午九时与第一号豚鼠同样处置后，以病者尸体之腹股沟淋巴腺涂擦接种之，病状开始发现于二十八日上午八时，潜伏期约四十七小时，历四十四小时后死亡（死于十一月三十日晨）。

剖验所见：其病理变化与第一号豚鼠相同，淋巴腺、脾肝等涂片检查，结果亦同。

3. 豚鼠第三号：用由患者尸体分离之纯菌种，即患者尸体心血培养于血液琼脂斜面上凡二十四小时所得，涂擦于刚剃毛之豚鼠左侧腹部，四十五小时后发现病状，至十一月三十日清晨即死，病程经过约四十小时。

剖验所见：肉眼检视一般病理变化，除淋巴腺及脾脏较著外。均皆与前两鼠相同。

豚鼠尸体之心血、淋巴腺、肝脾等涂片检查，结果亦与前同。

结论：根据病历经过，死后尸体解剖，细菌学培养及动物接种试验结果，证实该患者龚操胜确患腺鼠疫，且因鼠疫杆菌所致之败血性传染而死亡。

（乙）疑似鼠疫病例临床记录：

第一病例（蔡桃儿），病者女性，年十一岁，住关庙街蔡洪胜炭号内。据云于十一月十一日发病，于十二日晨七时由警局送往常德广德医院诊治。入院时由谭学华医师检视，发现患者神智［志］不清，体温升高至华氏105.7度，右耳有湿诊［疹］，淋巴腺未肿大，亦无触痛，肺部听诊有少许水泡音，腹部正常，血液涂片检视（瑞忒氏及革兰氏两种染色），发现形态学上类似鼠疫杆菌，遂将患者隔离并予以"色芳里迈"药片治之，至十三日晨，患者皮肤出现溢血斑点，一般状况更剧，再作血液涂片染色，检视结果同前且更显明，至当日上午八时即死亡。尸体剖检主要病象为左侧耳下淋巴腺肿大，无肺炎征象，肝脾肿大，表面有出血斑点，肾亦现出血现象，脾脏涂片检查结果与血片相同，曾由该院取脾髓培养，惟无确定报告。

第二例（蔡玉珍）①，女性，年二十七岁，住东门常清街。据家属云：于十一月十一日体温突然升高，于十三日即死亡。当十四日棺木经过德山时，为本部驻常肯德队长逢于途，查询其死因，疑为鼠疫，乃开棺检查，并抽肝脏液少许，涂片染色检视，发现形态学上类似鼠疫杆菌。

第三例（聂述生），男性，五十八岁，住常德东门附近启明镇四保三甲一户。于十一月十二日晚发高烧，十三日自诉腹股沟淋巴腺肿大及触痛，由本部驻常德第二中队长钱保康医师抽取肿大之腹股沟淋巴腺液涂片染色检视（瑞忒氏染色法），发现状似鼠疫杆菌，该病者于当晚七时四十分即死亡。

第四例（徐老三），男性，三十五岁，住东门外杨家巷永安街五保五甲五户。十一月十二日发高烧头痛，十四日上午由广德医院谭学华医师及常德县卫生院院长方德诚医师诊视，当即发现腹股沟淋巴腺肿大并有触痛，遂在广德医院作淋巴腺穿刺，抽取液质涂片染色检视（瑞忒氏染色法），发现状似鼠疫杆菌。

第五例（胡钟发），男性，住关庙街钟发医院。十一月十九日晨往常德卫生院求治，自称已染鼠疫，言时神色张皇，语无伦次，脉搏极速，温度并不甚高，腹股沟淋巴腺肿大，其他病状不详。当即送入隔离医院，至晚体温增高，并忽然死亡。死后由广德医院谭学华医师及卫生署医疗防疫总队部第二路大队长石茂年医师剖验尸体，发现死者全身皮肤呈深紫色，尤以胸腹部为甚，各部淋巴腺均未肿大，脾稍肿，腹部内脏无显明变化，脾汁涂片检查及培养试验，仅发现革兰氏阳性球菌及杆菌，惟须注意者，即检验员所用之培养基恐不适宜。

（丙）敌机在常德投掷谷麦等物检验记录：

标本系敌机于十一月四日上午五时在常德上空低飞投掷之物，于次日晨从街面收集保存，由投下之日至检查时已三十四天矣。

肉眼检查：检查物为大麦、米谷及不知名之植物种子。

培养检查：检查物放于无菌乳白内，加消毒生理盐水五毫升研磨之，然后将此混合物接种于血液琼脂斜面及硫酸铜肉浸汤琼脂斜面培养基上，两种培养基均培养于摄氏三十七度，经过二十四至四十八小时后，只发现葡萄状球菌、大肠杆菌及其他鉴定之中心性芽胞革兰氏阳性杆菌等污染杂

---

① 前病例简表写作"蔡玉贞"。——编者注

菌,未检出类似鼠疫杆菌之细菌。

动物接种试验:取上述麦谷研磨两毫升,于十二月八日上午九时注射接种于豚鼠皮下,该豚鼠于十二月十一日深夜死亡,但从未显示著明病象。

豚鼠解剖检验:

十二日晨豚鼠剖验,接种处局部化脓,全部皮下组织出血,腹股沟淋巴腺未肿大,肝脾及心脏正常,由淋巴腺、脾肝等涂片检查,并无类似鼠疫杆菌,仅发现革兰氏阳性及其他革兰氏阴性杆菌。

豚鼠尸体之心血及淋巴腺、脾肝等培养之结果,则查出大肠杆菌及少许革兰氏阳性含有中心芽胞杆菌,未检得鼠疫杆菌。

结论:

据细菌培养及动物接种试验,该项谷麦等标本中未发现鼠疫杆菌。

(丁)常德腺鼠疫六病例在城区分布图

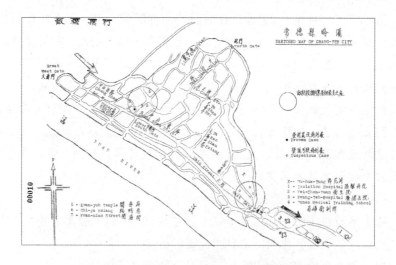

常德腺鼠疫六名病例在城区分布图(据原档案扫描)

A区——关庙街一带;B区——东门一带:瑞染——瑞忒式染色法。

中国第二历史档案馆藏,档案号372—2—16。

关于常德鼠疫：致金宝善的报告

伯力士[*]

1941 年 12 月 30 日

敬启者

我就常德的鼠疫情况作如下报告：

（1）常德居民一致称，1941 年 11 月 4 日晨出现并反常地进行低空飞行的飞机，在县城内一定地区撒布了如下文所述及的混有某种物质的相当大量的谷物。

（2）11 月 12 日，一名 12 岁的少女因高烧呓语，病情危重，住进当地的教会医院，于次日死亡。死后经解剖，发现颈部左侧淋巴肿大，但是由于当地多有人患湿诊［疹］，因此认为或许是由于地方流行的皮肤病导致淋巴肿大。尽管如此，反映鼠疫菌少量存在的大量革兰氏阴性杆菌，确实在用少女生前的血液和死后的脾脏所制成的涂片标本中有所发现。

（3）在上述首次病例之后，又相继出现 6 个病例。6 个病例都经过显微镜检查得到确认，还有 1 个病例是通过培养和动物实验得到确认的。最后一个病例记录为 12 月 20 日。6 名患者中的 5 人均患有鼠蹊部淋巴腺肿大，第六人估计是败血性鼠疫。上述全部病例说明，共有 7 人感染，他们全都是常德居民。

（4）此外，记录中还有许多可疑的病例，进行追踪调查结果，于 11 月 19 日死亡的一名患者实际上似乎是死于鼠疫（败血性）。

（5）检查了从飞机投下的谷物中收集到的少量谷物，未得到肯定结论（大部分谷物被尽快收集并烧毁）。12 月 23 日，我以个人名义看到了用上述物质制成的两个肉浸汤培养液。在我的监督下，用上述培养液和二次培养液制成涂片标本，其中革兰氏阳性杆菌和球菌占优势。另一方面，

＊ 伯力士（Robert Pollitzer, 1885—1986），奥地利籍犹太人，鼠疫专家。1921—1930 年参加伍连德领导的"东北防疫总处"防治鼠疫等的工作，1931—1937 年随伍连德到上海参加中国海关检疫工作。抗战爆发后受聘为中国政府卫生防疫顾问。1940—1941 年参加浙江衢州、义乌等地防治鼠疫的工作。常德细菌战发生后，受中国卫生署派遣于 1941 年 12 月 21 日来到常德调查和指导防疫。本文是他 12 月 30 日写成的呈递给中国卫生署长金宝善的报告（简称《伯力士报告》）。现存美国国家档案馆。——编者注

革兰氏阴性杆菌未明确显示鼠疫菌的特征。12月23日使用此类培养液和二次培养液合成的物体，感染的豚鼠至今仍然存活。

（6）然而，应该强烈指出，这些否定性的调查结果，决非排除11月4日的一系列攻击同继而在常德流行鼠疫之间的因果关系。关于这一因果关系必须注意以下诸点：

a. 鼠疫菌在人们确认其存在以前，一般难以在非生物上存活，而且和从该病例中发现的微生物一起培养后，也难以成长存活。我们不能因为在该培养液中未曾发现鼠疫菌，便排除了鼠疫菌本来就附着在谷物上的可能。

b. 此外，必须注意的是，飞机投下的谷物是否原来已被鼠疫菌污染，这看起来很重要，但实际并非具有决定意义的重要问题。印度的鼠疫调查团和其后的其他调查研究人员，曾对豚鼠等极其易于感染的啮齿类进行感染实验，这项实验尽管是在条件最好的实验室内，使被鼠疫菌污染的非生物同动物长时间接触，或用大量被鼠疫菌污染的物质喂食动物所进行的实验，大部甚至全部也都未获成功。利用由飞机投下的被鼠疫菌污染的物质，如果对人也采取同样的方法，则似乎不会获得更好的结果。

另一方面，必须承认如果飞机投下的物质起到了媒介疫蚤的作用，人将更加易于感染。因此，后者的过程（通过跳蚤传播），对于专家而言，参加细菌战无疑是更为理想的。于是我本人也倾向于该病例就是通过这一方法导致发病的。作为这一推论的支持者，有几名证人曾说，飞机除谷物之外，还投下棉花、碎布，以及纸和木片等各种其他物质。其中尤其是前两种，最能对跳蚤起到保护作用。

（7）关于最近流行的鼠疫是因敌方行为引起的推论，如果再考虑到以下诸点，将更加受到支持。

a. 对于流行的时间和地点的观察与上述推论一致。

如上所述，最早出现的患者于11月12日住院。这是在一系列进攻的8天以后，尤其是如果含有疫蚤，那么它首先要叮咬人，这是一个令人信服的期间。另一方面，疫蚤甚至在数周或数月间仍有感染之可能，这已为人所知。

最早确认的6个鼠疫感染病例，分散居住在两个地区的人们中间，在这一地区散布着大量从飞机投下的物质。只有第七名患者生活在距上述地区有若干距离的地方。

b. 如果为了进行辩论，否定常德最近流行的鼠疫是由敌人行为引起的假设，那么，我们在说明此次流行的起因时将会感到困惑。关于这一点

应该考虑下列问题:

1. 近年来,在此次之前,湖南没有流行鼠疫的记录。自 1937 年末以来这一地区开展了彻底的防疫活动,不存在导致鼠疫发生的任何依据。

2. 能够设想感染鼠疫的最近地点是浙江省东部和江西省南部,从其中的任何一地到达常德最少需要 10 天。因此无论从哪里来,在到达常德之前都将会发病。这样外出的人反复换乘交通工具,途中还要在各种旅店住宿。他们至少在旅途中的某一时期必将使用他们自己的卧具。他们似乎不可能和疫蚤一同或在其影响下移动。

3. 常德和浙江或江西处于完全不同的河川交通线上的地点,所以不存在感染的老鼠或跳蚤有可能随着船只移动的交通问题。

4. 常德地区盛产大米和棉花,所以认为感染的老鼠和跳蚤是随着上述商品从其他地区运进的想法是不合道理的。

c. 根据我们在浙江和江西的观察,最近确认,腺鼠疫在中国的流行,尽管不是全部,但其中大半在流行之前都曾出现过极其明显的当地老鼠死亡现象,而在常德却未发现老鼠减少。我们无论如何也没有获得当地老鼠感染鼠疫的确凿证据。

(8)根据上述所有观察和考察,对于最近常德的鼠疫流行同 11 月 4 日飞机进攻的关联,几乎已无怀疑的余地。

(9)尽管已经再次确认最近 10 天间没有再接到有关新感染病例的报告,但却并未排除未来发生更多病例的可能性。

(10)如上所述,既然没有发现有关鼠疫的确凿证据,在当地的情况下,便不能确定老鼠是否同鼠疫流行有关。"印度"鼠蚤似乎被认为目前已罕见。另一方面,对于以下诸点必须注意。(a)鼠间鼠疫的病例——即使存在——目前罕见。(b)由于情况棘手(天候恶劣和空袭警报),我们只能检查数目极为有限的老鼠。为了对这一至关重要的关键问题做出决定,必须进一步延长时间,继续调查。

谨此报告

署名伯力士博士
国家卫生署传染病学家
资料来源:转引自《战争与恶疫》,
人民出版社 1998 年版,第 210—214 页。

参加常德防治鼠疫技术人员全体合影（1942年5月19日），二排中间系领常者为伯力士

图片来源：川籍收藏家樊建川提供。转引自刘雅玲、龚积刚《细菌战大诉讼》，湖南人民出版社2004年版，书前插图。

日本在华实施细菌战[*]

金宝善

1942 年 3 月 31 日

迄今为止，由于可资利用的应用型细菌武器试验结果尚属军事秘密，日军的细菌战还不为人所知。历史上存在敌人为了军事目的释放致病性细菌的先例。敌军撤退时，把患病的动物和其他染疫物质投入水井，污染水源，引起敌军的疫情流行。但是，这种水体污染可以通过把水煮沸或者用化学方法消毒的办法加以解决。中日战争之前，通过人工传播方式大面积扩散传染病的行为还没有被发现。然而，过去两年有足够的证据表明日军把我国人民用作试验材料进行细菌战。他们在中国使用飞机播撒鼠疫污染物质产生了重大鼠疫。事实如下：

1. 1940 年 10 月 29 日，浙江宁波第一次发生腺鼠疫。疫情持续了 34 天，共造成 99 人死亡。10 月 27 日，日军军机空袭宁波，在这个港口城市播撒大量小麦。当时无人洞晓敌人的意图，对从天而降的麦粒很好奇，也没有对麦粒做彻底检查。所有的牺牲者都是当地居民。实验室结果表明都是鼠疫。疫情爆发前没有发现大量死鼠，经过认真调查，也没有发现其他感染源。

2. 1940 年 10 月 4 日，一架日军飞机飞临浙江衢县，绕城一周后，在城西撒下了混合着跳蚤的米、麦。一些目击者看到了这一幕，其中一个姓胡的，他从自家附近的街上收集了一些米麦和死跳蚤到当地防空部队，然后由他们转送到省卫生实验室检验。实验室检验结果是"用细菌培养方法检验，但没有发现病原体组织"。然而，日军撒下物质 38 天后的 11 月 12 日，在发现大量米、麦粒的地区，发生了腺鼠疫疫情。持续 24 天造成了 21 人死亡。据历史文献记载，此地从未发生鼠疫。经过仔细调查，敌机撒下的物质就是疫情的源头，传播鼠疫的就是跳蚤。因为鼠疫是老鼠引

---

　* 根据金宝善此份报告，1942 年 4 月 6 日，负责英美外交事务的中国外交部主任委员王世杰举行了新闻发布会，向全世界公开了日军对华实施细菌战的真相。"Government Statements: Chinese Government Finds Evidence of Five Enemy Attempts at Bacterial Warfare", April. 9, 1942, WO188/680.——编者注

起的疾病，谷粒被用来吸引老鼠，然后让它们感染鼠疫跳蚤。非常遗憾，这些跳蚤没有认真检查。由于缺乏实验室设备，也没有对动物进行接种测试。要不然，那时就可以证明这些跳蚤是否染疫，这些铁的证据就可以指向日军。

3. 1940 年 11 月 28 日，当宁波、衢县的鼠疫疫情还在流行，3 架日军机飞临处于宁波和衢县之间的重要商业中心金华，投下了大量虾米大小的小颗粒物，这些东西被送到当地医院检查，这些小颗粒呈 1mm 直径的球状，白中泛黄，半透明状，表面发光。当它与玻璃片上的水接触，小颗粒立即膨胀两倍。把它置于少许水的试管中搅拌，它分裂成白色的小薄片，然后形成悬浮物。对这些小颗粒物进行微生物检验，发现大量的阴性杆菌，有些伴有明显的两极污染和丰富的纠缠形式，因此它是具有鼠疫杆菌的形态特征的鼠疫致病组织。当置于琼脂营养液中培养，显示革兰氏阴性杆菌生长；由于实验室缺乏条件，没有进行接种试验。国家卫生署收到金华令人震惊的报告后，立即派遣防疫处长容启荣和前国联防疫委员会委员、防疫学专家伯力士博士以及其他专家现场调查。1941 年 1 月上旬，专家组抵达金华，检查了 26 个小颗粒，证实了此前的判断，但是伯力士博士的接种试验为阴性。很难说这个结果是由于时间流逝以及小颗粒的保存方法存在问题引起的，这是证实鼠疫杆菌存在的关键试验。金华没有发生鼠疫，这表明日军的特殊试验失败了。

4. 1941 年 11 月 4 日，大约是凌晨 5 点，一架日军机抵达湖南常德城上空，雾很大，飞得很低。敌机没有投下炸弹，而是投下一些米粒、麦粒、碎纸、破棉絮，还有一些不明物体。有一些目击者，其中包括广德医院监督巴天民牧师和其他一些在常德的外侨。下午 5 点，警报解除，当地警察收集了一些日机投下的物品送广德医院检查，显示与报道的鼠疫杆菌类似的微生物组织。一周之后的 11 月 11 日，第一例鼠疫案例得到证实，当月又出现了 5 例，12 月 2 例，迄今为止，最后一例是 1942 年 1 月 13 日。11 月的 6 例中之一用细菌学培养方法和动物接种试验确诊了。根据曾经在印度接受过特殊训练的细菌学家陈文贵博士和前国联防疫学委员会成员、国家卫生署专家伯力士博士的调查，常德鼠疫因为如下强大证据证实为日军行动所引起：

a. 常德此前从未发生鼠疫。尽管在中国其他地区曾经发生鼠疫，地处华中地区的湖南常德从未罹患此疫。

b. 现在流行的鼠疫从临近疫区传入的说法没有流行病学依据。从流行病学上讲，鼠疫沿老鼠喜食的谷物运输线路扩散，最近的疫区浙江衢县无论是陆路还是水路离此地 2000 公里，而且，常德是粮食丰产区，向其他地方输出粮食而不是进口粮食。此外，发生在常德的所有案例都是本地居民，从未远离此城。

c. 所有案例发生在敌机扔下物品的城区范围内，在谷粒之中躲藏了染疫的跳蚤。由于警报持续 12 小时，加上没有认真寻找，在现场没有发现跳蚤，结果跳蚤已经遁于他处。

d. 此前没有发现大量死鼠。11、12 月，捕获大约 200 只老鼠，但没有发现鼠疫证据，然而临近本年 1 月末 2 月初，受检的 78 只老鼠发现 18 只感染鼠疫。鼠疫是通过老鼠传染的疾病，通常是鼠间鼠疫然后发生人间鼠疫；此刻还没有发生鼠疫。敌机撒下的染疫的跳蚤首先攻击人然后攻击老鼠。

e. 在敌军投下物品后，15 天之内，6 例人感染病例，染疫跳蚤在适当条件下不吃喝也能存活数周，正常的潜伏期是 3—7 天，偶尔能够潜伏 14 天。时间因素也是一个强有力的证据。

5. 已经收到在绥远、宁夏和山西发生的严重疫情报告，截至本年 1 月最后一周的数据，出现 600 多例。根据西北前线军政当局的公报，敌军在疫区放生了大量病鼠。然而，考虑到绥远的鄂尔多斯常有鼠间鼠疫发生，该报告尚待证实。国家卫生署西北防疫处处长杨永年前往该疫区调查并帮助控制疫情。

迄今收集的无数事实表明，日军在中国发动细菌战。在浙江和湖南，他们从空中播撒染疫物质，引起了鼠疫爆发流行。如果认识到鼠疫除了引起民众的恐怖之外，将长期潜伏于疫区，并在未来数年引起鼠疫流行，敌军的非人道行为应受到严厉谴责。幸运的是，它的感染途径和防控方法已为人所知，若采取严格的防控措施，疫情是可控的。我们目前的困难是缺乏防控物质，最新进展是一些中国不能生产的治疗鼠疫的新药物已经到达。昆明的中央疾控中心现在能够大量生产鼠疫疫苗，西北防疫处提供生产疫苗的原材料。所有建筑物的防鼠和灭鼠行动成了基本防控措施，但是在战争状态下，上述措施不能完全到位。如果能够从国外获得大量灭鼠药，受到鼠患威胁的城市就能开展灭鼠运动。

国家卫生署署长金宝善

1942 年 3 月 1 日

美国解密档案："Japanese Attemptat Bacterial

Warfare in China"，R112，E295A，B11

第二中队部民国三十一年四月份工作报告

肯　德[*]

1942 年 4 月 30 日

（一）人事方面：

（a）各队分配之地点：

522 队工作于 87 军防地，642 队工作于 53 军防地，111 队及 472 队在常德从事防御鼠疫工作，731 队有队员 2 名从事常德鼠疫工作，尚有 2 名留中队部任门诊工作。魏视导员炳华亦在常德协助各队工作。

（b）472 队之刘队长前曾得帕拉肠热症，近已恢复健康，现工作于常德该队。731 队之王君继炽，已学毕鼠疫化验室工作，近返桃源。

（c）此月内所在常德队员，发生数起不当事件，余已分别惩罚，惟工作精神均甚良好，虽常德防疫会工作进展甚迟，亦不无影响也。

（二）各队工作状态：

111 队、472 队及 731 队一部，并魏视导员，均从事于常德鼠疫工作。522 队与 642 队推进各自军队之环境卫生及门诊事宜。同时重视注射预防针，大部分为牛痘苗及少数之鼠疫疫苗而已。于卫生工作，余等正实施推进各部队之灭虫、灭蚤工作及应用洗面淋器，每周卫生检查，蚊帐设备，厕所改良等事宜。731 队于桃源与长老会合作设一门诊处，由长老会供给房屋药品及少数之经费。每周就诊者，难民及 20 集团军之官员等甚形踊

---

　　[*] 亨利·肯特（Henry Kent），中文名肯德，奥地利人，1933 年维也纳大学毕业，1940 年，作为英国"国际医疗援华会"组织成员来华。此时担任中国红十字会救护总队第 2 中队长参加常德鼠疫的防控工作。——编者注

跃，凡疥疮均可免费与之洗浴，同时关于桃源鼠疫防御，亦积极推进，于中队部设鼠疫化验室一处，以为检验考察之需。

（三）战争状况及交通：

前线甚安静，前后方医院人数不多。118 及 82 师皆驻防常德附近，交通便利，以是尚无红会协助。

（四）材料库之情形：

关于药品，如宾尔弗散、酒精、索路弗拉米地均已用罄，希及时补助为盼。

（五）传染疾病：

桃源第 6 战区所属之第 1 军法执行分监部狱囚所患"回归热"至今尚未能铲除。魏视导员前曾赴 87 军视察卫生，该军环境卫生如：灭虫、灭疥工作尚称满意（疥疮百分比例约百分之十至十五）。该员视察环境卫生尚符相当之注意。惟其报告及调查工作，尚觉未能全部而已。

（六）鼠疫：

自 4 月 7 日起，余曾表示以后将视情形迅速推进，惟此一月之间，虽经无数会议及议决各项工作，似仍在进行。然于鼠疫蔓延速率作比，尚觉不足。盖因当局做事甚形迟缓，虽经白力士（即伯力士——编者注）及余之督促，效能仍觉不速。如：检疫设施，原决议藉助一营军队作为检验外围，结果至两星期之久，始有头绪，可见一斑矣。同时医务人员之组织无领导之人。石大队长（卫生署防疫大队长）仅于 4 月 20 日抵常德，至斯时起，伹希使现状有所改建，其他如宣传尚似不足（余曾有宣传策划书呈常德防疫处）。盖一般市民常识甚低，因之防疫政务困难重重，彼等且利用武力，凡动检查，注射及死亡病患之报告。以外防疫经费至今无着，政府之急救经费亦未从发下应用。

防疫会议屡经举行，余尝往来于防疫处与 20 集团军之间，盖第 6 战区陈长官曾令该集团军负责防疫事宜，以企实际有所收获。伯力士之意见，余亦发动使之决议，惟决议后往往延迟不得执行彻底，致阻疫政之顺利推行。

至今鼠疫已达百分之五十，而患鼠疫者有增无减（4 月份患者 25 名，内有肺鼠疫 2 名）。果鼠疫病者早送至隔离医院尚可救治，虽隔离医院设备不足，已有 6 名经诊治痊愈者内肺鼠疫 1 名。

近日情形：医务组织内已有石大队长负责，尤希李队长早日由黔经抵常德，协助石大队长处理事宜。一营兵士已在留验工作。5月1日即可下令市民强迫注射鼠疫疫苗。白力士正建议选基本队作消除全市老鼠之壮举。盖常德老鼠如能在热季间消灭，鼠疫亦可绝迹，最近当有卫生署之重要人员抵常，以企有所建树。

桃源现已设防疫分处。以阻止常德鼠疫传播至大后方，防疫队与余所组之化验室每日检查老鼠，以观桃源是否波及情事。731队王队员曾经派赴白力士处学习化验室工作。至今技术超群，堪为优良之助手，于桃源检验老鼠90只仅两个疑似例片，经白力士复验，结果亦不能断定。盖因非经特种染色或动物注射则不能决断其有无也。余等于桃源正进行工作，欲选一标准例片以为证实。水上交通检查由桃源153兵站医院及卫生院负责，余等为负有注射疫苗及检举病患死亡报告等工作，对旅客市民之统制与宣传均甚注意。余曾著文经登载常德、桃源各报纸，以为鼠疫疫政之解释，并时作鼠疫预防之演讲。

余每周赴常德参加会议，处理各队在常工作事宜及研究各项问题约二三日。其余时间则从事桃源防疫事宜及推进20集团军环境卫生。余曾于总部纪念周作1次公开之演讲，并著成战地医务改进之我见小册，分发各部队医务官长以外731队。指导事宜如技术方面及道德方面以企有补实际。

最后余甚希李队长早日抵常协助防疫事务。余为外员，不能直接参与职务事宜。惟企在红会工作者名义下努力有所建树，以企有符余之神圣使命也。

贵阳市档案馆藏《救护总队档案》，档案号：40—3—37

常德鼠疫及控制方案的报告*

致谢：对于伯力士（R. Pollitzer）医生在我的工作中所给予难以估价的鼓励和建议以及友好地允许我使用他的资料表示诚挚的谢意，在我的论文写作上，陈文贵医生给予我不断的鼓励和建议，我也深表感谢。

王诗恒

1942 年 7 月 20 日

一 常德鼠疫中的人、跳蚤、鼠三类病例的研究

（一）疫情爆发之过程

我们正致力于反对细菌生物战，细菌生物战是湖南首次遭遇到的可怕瘟疫（细菌）。1941 年 11 月 4 日凌晨，一架日军飞机低空飞过常德城市上空，在临近市中心的关庙街和鸡鹅巷投下了一些米粒和棉絮。这些东西中有些被收集起来送到当地一家教会医院——广德医院进行分析，涂片分析结果发现一些革兰氏阴性双极染色细菌，细菌培养也发现了同样的革兰氏阴性细菌，但是使用兔子进行动物测试未能显示任何结果。当时无法获得白鼠和天竺鼠来做实验。11 月 11 日，人们纷纷传说在关庙街和鸡鹅巷发现死老鼠。两天之后，有几个人死于急性病。很遗憾，当时没有老鼠送到医院做检验。直到 1941 年 11 月 12 日早晨，关庙街一个 12 岁的女孩被她的母亲带到广德医院急诊，才有此类病人就诊。小女孩的血液涂片显示双极染色细菌。小女孩从发病到死亡，仅仅 36 小时，次日早晨去世。其死亡后的检查表明小女孩极有可能死于鼠疫。11 月 13、14 日，又有 3 个病例，一死两病，经检查发现是同种病菌。11 月 24 日，第四例病人到我们手上，我们才有机会成功地给天竺鼠接种，证实存在鼠疫。毫无疑问，头四个病例一定死于鼠疫，也许还包括那些 11 月 12 日死于急性病的人。鼠疫的存在被科学证实了，而湖南以前没有感染鼠疫的历史记录。突然出

* 《常德鼠疫及控制方案的报告》系用英文撰成，由 1942 年上半年参加常德鼠疫防疫工作的医务人员王诗恒所撰写（简称《王诗恒报告》），由编者译出。王诗恒当时为贵阳医学院即将毕业的学生，该文是其在常德鼠疫的防疫实践中撰写的毕业论文。《王诗恒报告》是当时鼠疫防疫理论与防疫实践的总结。《王诗恒报告》后存入国民政府卫生署的防疫档案中，该报告对于研究常德细菌战和常德鼠疫防控具有重要史料价值。——编者注

现的大量死老鼠和迅速死去的病人是在日军飞机丢下令人生疑的米粒和棉絮的地方发现的，且时间间隔与鼠疫潜伏期完全一致，这些毫无疑问地证实了敌人把鼠疫传播到了常德。

1941 年 11 月 12 日至 1942 年 6 月 30 日期间，我们对收集到的 18 个鼠疫感染病例和 23 个死于鼠疫的病例，1879 例被检查的老鼠，3536 只跳蚤进行了研究。

(二) 人感染鼠疫之研究

第一个接触到的病例是 11 月 12 日被送到广德医院的一个 12 岁的关庙街女孩。她存在典型的败血症鼠疫临床症状，第一天入院的外围血液检查发现了一定数量的鼠疫杆菌，死前数量更多。11 月 13、14 日，又发现两个鼠疫病例（表 1. NO. 2、3)，他们都有典型的腹股沟腺炎症状，不久死去。11 月 14 日晨，红十字协会的一名医生半路拦住一具棺材，对尸体（表 1. NO. 4）进行解剖，从肝、脾切片检验来看，再次发现了早就怀疑存在的 B 型鼠疫杆菌。在 11 月 24 日又有一个鼠疫腹股沟腺炎症病例报告，临床诊断和生物细菌检验都是鼠疫。陈文贵医生那时在常德，对此进行了天竺鼠接种试验，证明结论是正确的。鼠疫的存在被完全证实了，因此发布公告，所有的病人和死者都必须上报和检验。用这种方式，我们获取了表 1 所记录的病例。所有疑似和确诊病例被立即送到东门外的隔离医院，接触者被隔离，密切观察。由于担心解剖所有尸体会引起更多的怨恨和危险，因此只对部分尸体进行了解剖。开始，那些疑似或确诊患鼠疫的死者尸体被火化，但是后来因为这种措施遭到人们的强烈反对而放弃了，为此，这些死尸不再被焚烧而是埋葬在公墓里。因为没有设置隔离检查站或警戒，情报收集工作做得不好，前几个月肯定有一些病例漏掉了。为了避免隔离和尸检，当时人们努力瞒报病人和死者。12 月仅有 2 例病例（表 1. NO. 6、7)，次年 1 月 1 例，2 月 1 例，3 月最后 3 天 2 例，4 月份人感染鼠疫的病例突增。从被检疫的 39 例病例中，确诊 20 例，另有 3 例疑似病例。确诊病例中有 1 例是一个 5 岁男孩（表 1. NO. 11)，系突发高烧并引起颈部僵硬，不久陷入昏迷状况，大脑脊椎流动明显萎缩。在显微镜下观察没有发现明确的生物体，但是他的血液涂片显示对 B 型鼠疫杆菌呈阳性，这可能是鼠疫脑膜炎并发症。有一陈姓家庭的两个女性病例（表 1. NO. 16、17)，一例是腹股沟腺炎并发败血症；一例是轻型的腹股沟腺炎症，后发展为二期鼠疫型肺炎。入院不久，两位女性患者都死了。

其他的病例参见表 1。

对于第一位病人，以一般的医疗救治措施并加之磺胺治疗，而其他的病人在最初的几个月里因被发现得太晚而无法进行救治。从 3 月份开始，我们得到磺胺药物准备对病人进行救治，它是首先应用于印度的一种新型疗法。此前，所有送到医院的病人都不治而亡，这使得人们更不愿把病人送到医院。从 4 月 11 日始应用磺胺治疗，最终有 5 例病人痊愈，这使得医院的治疗形势有所好转。在 5 名痊愈的病人中，1 例是肺炎患者（表 1. NO. 18），4 例是腹股沟腺炎患者（表 1. NO. 23、24、27、31），其中 NO. 23、24 来自于同一家庭。那例肺炎患者是一个在当地报社工作的记者，单身男人，病发第三天入院。幸运的是，后来这个地方再也没有发现类似病例。在这次治疗过程中没有一例败血症患者治愈过。在临床实践中，磺胺治疗没有出现副作用，一些病人甚至可以服用 200 余粒药片，除了在少数病人中出现了轻微的血尿。

5 月有 5 例病例，6 月上半月有 2 例。自此以后无病例报告。详细的人感染病例记录，病例的年龄、性别和住址可参看表 2，病例类型参见表 3。

（三）鼠患鼠疫之研究

一些啮齿类动物，尤其老鼠，是众所周知的传播疫病给人类的传染源。在常德的鼠疫流行中，对鼠患鼠疫研究是绝对必要的。直到 1941 年 12 月，鼠疫研究专家伯力士抵达常德时，常德地区才开始对老鼠进行检查。自此，老鼠由伯力士之手得到了正确的研究。研究安排得非常好，他雇佣一些人每周必须捕捉 3 只老鼠，无论是死的还是活的，一美元一只跳蚤或一只老鼠。但是，捕捉老鼠非常困难，这使我们没有足够的老鼠进行研究，因此，我们得到的鼠患鼠疫的百分比数据不是绝对正确的。但是无论如何，这些数据仍显示了鼠间鼠疫流行病情形的一个大致的轮廓，它与人间鼠疫流行病的范围大致相符。从 1941 年 12 月 24 日到 1942 年 6 月 30 日共有 1879 只老鼠被检查，见表 4（表 4 字迹漫灭，无法翻译——译者注），其中发现有 415 只老鼠是明确感染了鼠疫的，139 只老鼠为疑似鼠疫，1、2、3 月老鼠感染鼠疫的平均百分比为 20%，但是在 4 月上升至 44.40%，然而从 5 月开始下降了。详细数据参看表 4 和线形图（线形图因字迹漫灭，无法翻译——译者注）。

必须指出，显微镜下的发现并不总是一致的，有时，确诊老鼠会表现出某些器官的总的病理变化,如肝脾充血,腺肿大,胸腔有渗出物,但有些没有上述明显变化,只有在显微镜下才能看得清楚。通常,在流行病活跃期,我们可以从确诊老鼠的病例中发现那些明显变化。

（四）跳蚤患鼠疫之研究

在鼠疫感染扩散期,跳蚤是昆虫里最重要的病菌扩散者（传播者）,由于它很少死于疫病且潜伏期特别长,因此它比老鼠更危险。在鼠疫流行期间,对跳蚤和它的感染性进行整体研究是重要的。不同种类的跳蚤,尤其是 cheopea 的指数和印度跳蚤（外源性跳蚤 cheopis）的百分比,在流行病理学上都是特别危险的。第一,当感染上 B 型时,印度跳蚤的胃更易于产生阻塞;第二,这种跳蚤的幼虫不是靠血喂养而是靠米粒喂养的,因此它们在米店和仓库尤其丰富,随着大米的转运,鼠疫会从一个地方扩散到另一个地方。

从死老鼠身上收集跳蚤时,把老鼠放在一盆水里,用尾钳梳理死老鼠的毛发,将跳蚤移到皮氏培养皿或含有酒精的玻璃器皿中。从活老鼠身上搜集跳蚤时,把装有捕获的老鼠的布袋放进一个封闭的容器中,然后通过三氯甲烷将老鼠和跳蚤一起麻醉,大约十分钟后,取出布袋仔细地用尾钳拣出跳蚤。在疫区的住户内获取跳蚤,可在晚上把做好标记的半托盘油放在地下或地板下面,用半明半暗的灯光以诱捕跳蚤来进行研究。验证这些跳蚤是否感染了鼠疫的方法是把捣碎的跳蚤擦拭在白鼠的皮肤上。

在我们的资料统计中,确诊的跳蚤数量是很少的。最主要的原因是受检的大多数老鼠是死的,甚至有些已严重腐烂。当这些受检的老鼠到我们手上时,一些跳蚤肯定也已经腐烂了。尽管开展了捕获活老鼠的运动,仍未获得满意结果。从表4的数字和图3（图3因字迹漫灭无法翻译——译者注）的曲线来看,我们验证了少量的印度跳蚤和大量的欧洲跳蚤。6月下半月,我们得到一窝高质量的印度跳蚤,这些印度跳蚤是在城市东端的一只活老鼠身上得到的。但这些跳蚤数量是如此的少以致没有多少研究意义,用我们不充分的资料是不能对跳蚤的有关指数进行测算的。

（五）对以上研究之论述

人间传播的鼠疫不是简单地直接从病原体到人,现将整个传播过程所包括的各个要素概略如下:

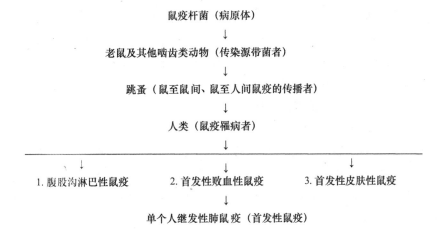

鼠疫杆菌（病原体）

↓

老鼠及其他啮齿类动物（传染源带菌者）

↓

跳蚤（鼠至鼠间、鼠至人间鼠疫的传播者）

↓

人类（鼠疫罹病者）

1. 腹股沟淋巴性鼠疫　　2. 首发性败血性鼠疫　　3. 首发性皮肤性鼠疫

单个人继发性肺鼠疫（首发性鼠疫）

　　很显然，敌人飞机抛撒下的谷粒和棉絮中肯定包含有感染鼠疫的跳蚤。谷粒是老鼠喜爱的食物，老鼠自然会接触这些谷粒而感染疫病。通过跳蚤这个传播者，第一个感染鼠疫的老鼠很快传播给更多的老鼠，由此，会有更多的跳蚤被感染和更多的老鼠死于鼠疫。跳蚤不会很快死去，当他们找不到足够的老鼠宿主时，它们开始咬人。因此，人间的鼠疫流行病的爆发总是在鼠间的鼠疫流行之后。

　　在我们研究的这些老鼠中，大部分属于黑家鼠。黑家鼠通常生活在住屋内，容易与人接触。表4和表5显示人感染的病例和老鼠感染的数量和百分比分别存在的关系表明，当啮齿类动物感染超过20%时，鼠疫开始流行起来。5月，人患鼠疫和鼠患鼠疫开始下降，6月与5月上半月一致，在6月下半月，鼠患鼠疫和人患鼠疫下降了。人与动物确诊病例数量同时下降是多方面因素的结果，最为重要的原因是跳蚤在炎热的夏季比在温度、湿度适宜的春、秋季节不易带菌，另外，也与老鼠身上的跳蚤种类的数量和湿度因素有关。

　　在鼠类患传染病流行之初，啮齿类动物没有免疫力，所以容易传染。随着时间流失，啮齿类动物渐渐增强免疫力，并且免疫力能遗传到下一代。免疫力能持续多长尚不清楚，但是通常情况是流行疫病结束免疫力失去。我们发现，带有病菌的老鼠在常德的分布相当广，这是这个城市的带病菌的老鼠、人、携带感染病菌的跳蚤的患者流动的结果，也有可能是新的老鼠随火车和船只带到这个城市。这些因素就是为什么易感染的老鼠不断地在鼠疫流行期间出现的原因。

我们的数据显示印度跳蚤稀少，这不一定意味着在常德印度跳蚤真的很少。我们没有得到更多的印度跳蚤是由于这个事实：不能在这个城市的角落，尤其是米店和仓库成功捕获老鼠。但在下水道中的一只褐鼠的身上得到 10 只印度跳蚤这个事实证明，预测鼠疫已经过去是没有根据的。跳蚤指数的增长预示着鼠疫即将爆发。

在腹股沟淋巴结炎症病人身上取得病菌液，在肺炎性鼠疫病人身上获得血痰来证明 B 型鼠疫杆菌是容易的。但是，要从败血症病人的外围血液中证明 B 型鼠疫杆菌的存在是不容易的，除非在病人死前不久立即取样。对败血症病人的早期诊断，需要进行更近距离的观察和运用智慧作出判断。早怀疑一个病例比晚确诊一个病例更明智一些。

必须强调的是，5 例经过治疗而康复的病人是接种了鼠疫疫苗的。尽管抗鼠疫疫苗不能绝对避免鼠疫而令人遗憾，但它仍然能使病人增强对疫病的抵抗力，缓解病情的严重性，使医疗人员有足够的时间来进行治疗。

从表 2 中我们发现性别和年龄在疫病感染中没有扮演特殊角色，但在表 1 中我们没有发现 5 周岁以下的感染儿童。

用新式的磺胺药物的疗法比抗鼠疫的血清疗法更有效，因为前者使用方便，副作用少。在疫病流行期间，血清的需求量大，但因为制备和运输的困难，经常得不到足够的血清，尤其在战时的中国，而且血清存在有效期。但是磺胺片剂能集中打包运输，只要保存得当，不会变质。运用磺胺片剂进行治疗的过程中，吃低蛋白或流质食品，可有效地减少磺胺毒性对胃造成的伤害。运用磺胺对我们的病人进行治疗，结果是令人鼓舞的。磺胺本身不是细菌，但它可以有效增强人对鼠疫的抵抗力，尤其对于腹股沟淋巴性鼠疫病人的治愈率达 60%—70%；而对于败血病人治愈率不是很理想。在发病的初期给病人服药 2—4 毫克（4—8 片），一旦病情加重，我们按每隔 2—4 小时 1 毫克给患者服用。除病人出现严重情况如血尿而减少剂量或停用以外，治疗会持续下去。每天开出两次小苏打，因为磺胺药物的毒副作用使得鼠疫患者的心脏特别虚弱，还必须小心护理，不让病人的心脏过度疲劳。在康复期，患者必须至少卧床休息一周。病人在病中，心脏刺激药物或补药经常被推荐使用，它将使患者恢复几率更大。

二 鼠疫控制方案

湖南是当下中国相当重要的省份，通过水路、公路、铁路，它是中国西南诸省的门户。湖南还以生产水稻和棉花而闻名，尤其是环洞庭湖的区县如安乡、益阳、汉寿、南县、和常德。常德不仅是稻米和棉花生产最重要的县，而且还是运输以上物质进入其他省份的战略大通道。以下是它与其他地区联系的几种交通方式：（1）西通大庸、鹤峰和湖北的恩施，然后到四川的万县。（2）经沅水到沅陵，然后经公路到永顺、恩施和万县。（3）西南经公路至沅陵、芷江到贵州。（4）经洞庭湖有三条重要的通道：东南经湘江到长沙；东北经长江到汉口；东北经长江上溯至沙市，然后到宜昌和万县。另外经长沙连接，走铁路到广东、广西也十分方便。

综上所述，跳蚤尤其是印度跳蚤很容易随着大米、棉花的运输流散各地，并且由于交通便利，老鼠和病人很容易逃离疫区。显而易见，鼠疫的严重危害性不单在常德这个城市，而且更大的危险在于它向周边及其他省份扩散，因此，防控措施必须严格执行。为了控制疫情的扩散，笔者尽力详细探讨所有应该采取的措施。有些措施在常德已经实施，措施的整体框架是基于伯力士医生的计划。

（一）疫区控制方案

1. 公共卫生宣传。这里不讲公共卫生宣传的重要性，只是希望获得人们的理解与合作，以便控制方案的顺利进行。鼠疫主要在穷人区域流行，因为穷人通常不能阅读或者太忙没有休闲时间阅读和参加集会，所以一般宣传方式如报纸、海报、小册子和公共聚集场所的演讲对穷人来说不是充分有效的。为达到宣传的效果，挨家挨户地在人们方便的时候进行宣传是重要的。注重宣传房屋内的防鼠，隔层、屋顶和地板的防鼠，人们保存食品的方法；观察并且询问房屋周围是否有死鼠或病鼠；在每家每户张贴告示，告诉人们如何防鼠、灭鼠、保护食品以及鼠疫的一般知识和预防知识。尽可能诚恳简单地解释每项措施。一周后，重新检查这些住户是否有任何改善，如果没有改善要重新对他们提些建议，并且几天之后进行第三次检查。假如仍然没有改进，防疫人员必须对其商店和仓库采取强制措施。

2. 集体免疫。正如前文所述，抗鼠疫接种不能使人们完全免于鼠疫，但是之前的免疫预备都是有效的。大范围的接种能减少人们感染的机会，即使人们不幸感染上鼠疫，接种也能降低疫病的严重性，从免疫学的角度看，注射一针疫苗不足以产生对病毒的抗体，需再打一针以加强免疫力。在这个战略要径的城市，对人们进行接种免疫以及进行两次接种非常不方便，而挨家挨户的接种是我们期待好结果的唯一方式。接种必须在家庭成员方便的时候进行，通常在晚上或中午，保长和乡长应该帮助开展这项活动。接种时要非常注意技术的无菌操作，使人们没有理由逃避免疫，扩散流言，并告诉人们接种后可能发生的反应。在两次或三次接种之后，发给人们接种证书。严格地讲，任何人都不能被排除在集体免疫外，但为了减轻人们的抵制情绪，三类人可以免除免疫：（1）两岁以下小孩；（2）危重病人，尤其是那些慢性疾病患者，如肺结核、心脏病和肾病患者，得急性病患者应在康复后予以免疫；（3）孕妇。孕妇不幸被列入三类人之中，因为当地人在孕妇免疫上有一种传统的偏见，认为接种有可能导致流产、堕胎。即使由于非接种的原因而造成了流产或堕胎现象发生，我们亦将备受责备。假如某家庭不反对对孕妇接种，我们将尽力为其免疫。

由接种获取的免疫期不会持续很长，通常不超过3—6个月，因此在鼠疫流行即将结束的末期，仍然坚持在疫区重复免疫是必要的。迄今为止，接种已在常德所有的医院、设置在6个城门口的隔离站和水路的落路口与皇木关等地进行。到5月，28.6%的人口接受了免疫，军队全部接受了免疫，详情见表6，这些数据显示只有很少一部分人受到了保护；挨家挨户的接种本应在预期的秋季鼠疫爆发前的8月初开始。

很清楚，接种只是临时性的保护，它不能消灭鼠疫，因此，接种必须结合有声有色的灭鼠运动才行。

3. 抗击老鼠的运动。（1）灭鼠。有4种办法，即：埋、诱、毒、熏。埋鼠很简单，但埋鼠时有危险。诱捕需要技巧，夹子和诱饵饼干必须不带人手的任何气味，因为老鼠是很聪明的动物。夹子每次使用前都要用火烤，在拿夹子或放置食物之前，手必须用泥土弄脏，并告诉家人，晚上要保管好食物。当老鼠捕获后马上放在布袋里，不要触摸或移动夹子。毒药最好用钡碳酸盐，因为它对老鼠有毒性而对接种的人和其他家畜无毒。按照1:4的比例混合钡碳酸盐和面粉，加水少许，制成直径一英寸的小球，然后醮入石蜡，或用动物油、植物油炸一下，用筷子触碰、放置，不可用手。不管老鼠吃不吃，前两三天晚上最好放置不带毒的面粉，依房子大小来定夺放置毒药面团的多少。放钡碳酸盐的好处是，老鼠吃饱之后，引起胃肠炎，致使老鼠极度干渴，于是外出寻找水，最后死在屋外。在鼠疫流行期间，这种方法不是很好。至于熏，最好的化学物质是氰化钙粉末，商业名称为氰。在潮湿的空气中，它会慢慢释放出液氰酸，比直接使用液氰酸气体更安全。氰能直接杀死跳蚤，在鼠疫流行期间，它是最好的灭鼠方法，但是价格不菲。实际操作时，把氰化钙粉末直接放进仔细寻找到的鼠洞里，鼠洞四周的洞口应封死以便于释放的气体不被泄漏出来。当一个人把气体泵入鼠洞时，其他的人在房屋四周看有无气体泄漏，因为鼠洞大多是连通的。一旦发现泄漏要堵塞漏洞。如有必要应喷洒催泪瓦斯，1000立方的空间为50CC，如有泄漏，则要禁止人员进入房间。此种方式是安全有效的。如果人们对危险有足够的认识，则不用撤离人员。对于房屋建筑不牢固且鼠洞太多，此种方法绝对无效。注意应在有专家指导下方能进行。（2）主要的防鼠措施。根据经验，我们知道，在一种好的生存条件下，大规模灭鼠之后，老鼠会很迅速地大量繁殖，因为他们有更多的食物和更舒适的生活环境使之大量繁殖。因此房屋、建筑里必须没有老鼠隐藏生存的地方，防疫人员应该设计出这种新式房屋。起造新居时，屋主应向警察报告，后者应随即向鼠疫预防部门报告以得到相关的指示。（3）次要的防鼠措施。贫民负担不起新造房屋费用，为了达到预防目标，房屋要加以改建，诸如拆除隔层、地板和顶棚，阻塞鼠洞，如此老鼠隐藏空间就少一些。防疫人员要关注此事。（4）食品保护。针对老鼠而言，保护食品的最佳办法是灭绝住户老鼠。当地的水缸是保存食物的最佳地方，还有其他较安全的容器。人们通常忽视抹饭桌，这样晚上老鼠有一顿美餐，它们又会再来。要是它们发现不了食物，它们将从住屋内消失。（5）清洁。房屋和街道的清洁必须予以重视。烂家具不要放在角落或阁楼上。事实上这些家具不会再用，不如当柴烧，以减少鼠疫隐藏的空间。当柴烧的东西、盒子等要离墙壁远点儿。垃圾倾倒在公用垃圾箱里，夜幕降临时要覆盖严密。卫生防疫宣传每隔1—2个月举行一次。

以上针对老鼠的5项措施实际上是抗击鼠疫之中最主要的措施。鼠疫静止期是大规模灭鼠和防鼠的最佳时期，这样可以避免秋季鼠疫的大规模爆发。

4. 情报与实验室服务。应要求警察、保长、乡长合作以得到情报，尽可能早地报告患者和死者人数并使其得到医疗工作者的检查。我们应该尽可能地得到其他工作人员和乡村医生的理解并与之合作，以便于他们把掌握的案例及时地报告给我们。唯有如此良好地组织情报网络，我们方能得到即便不是全部也是大部分的病例。应该重点强调，尽早报告重病人以便及时对他们施行救治，使之康复，阻断任何严重病情的存在和扩散。每一个医护工作者应该人手一册诊断书,记录病人的姓名、住处、疫病发生日期,以及其他有意义的日子和病人的主要症状。检察官在一定的时间间隔里要出去巡阅这些手册,看看是否有任何疑似病例。有关病例的新发现一定要详录在册。

一个简单的实验室必须有一台显微镜以便对病例作出诊断;在附近有一个房间或遮蔽棚,可以对老鼠进行检查;还有一些供实验用的动物,以满足实验的需要;有一个验尸间,以对死者的尸体进行检验。

5. 行政措施。鼠疫预防委员会应该包括当地负责人和其他行政人员,而技术委员会只包括医疗和卫生防疫人员。由技术人员指导计划和执行工作,而不是行政人员进行整个工作的指导。技术人员必须敏捷、精力充沛、诚实、有决断力,尤其是在疫病爆发初期,必须严格执行各项规定和惩罚措施,以使百姓服从。

商店和仓库应该遵守有关防鼠和食品保存的规定。在肺鼠疫爆发期间,所有公共聚会都应取消。

(二) 疫区中心控制方案

1. 病人初入院治疗。一方面,病人入院治疗对病人是有好处的,比如可以得到好的护理,适当的饮食,绝对的卧床休息以及及时的特殊治疗;另一方面,阻断了感染的进一步扩散。

2. 隔离接触者。肺炎性鼠疫患者的接触者必须隔离观察一星期,对他们的体温、脉搏和呼吸进行一日两次的测量,任何轻微的体温上升和脉搏加速应该被视为疑似病例,并与其他接触者立即隔离,要是病情加剧,治疗立即开始。腹股沟腺炎鼠疫患者的接触者不需要绝对的隔离,最好暂时疏散。因病人与接触者待在同一住处,时间较长,被感染的跳蚤叮咬的几率就相当大。注意不要让任何接触者逃脱,尤其是那些肺炎性鼠疫患者的接触者。

3. 灭鼠、灭跳蚤。灭鼠和灭跳蚤应同时进行,因为只灭鼠而把跳蚤落下了,后者反会咬人,腺鼠疫患者的家里应喷洒煤油雾剂以灭跳蚤,搜寻老鼠并杀死。对肺炎患者的家里没有必要用福尔马林和硫黄消毒。血痰污染的地板和床铺有感染性,应用100℃的沸水清洗,再涂上石灰,床最好烧掉,床上用品要么烧掉要么开水煮沸消毒。酒精是最好的消毒剂,但太昂贵。经过消毒的房间要一直关闭,一周后才能使用,防鼠工作要随之进行。隔离医院和接触者隔离观察集中营应做到无鼠、无昆虫、无跳蚤、虱子和臭虫。进入病房或集中营前。病人和接触者必须做无跳蚤处理，进行灭虱也是必要的。

4. 尸体处理。对死者尸体进行火化是最安全的方式。但是由于人们强烈反对火葬，我们选择一处公墓对疑似病例或确诊病例的尸体予以埋葬。棺材必须用坚固的材料制成，并将石灰铺洒在棺材之内。埋葬地点应较高，因为死者必须埋葬在 6 英尺深的地方。疫病流行期过后，死者家庭成员可能希望移葬他处。

5. 邻居房屋的清空。从病人住处撤离那些发现病人的人和邻近房屋的人员，最好把他们移到特备的公共场所。撤离期间住房应灭鼠和灭跳蚤，如有必要卫生防疫人员应对房屋采取保洁措施加以改善。撤离人员返回旧居的时间应由感染传播的活动期来确定，通常撤离人员须等到瘟疫过去后再回家。

6. 焚烧住房。此种方案在疫病流行之初最宜采用，因为此时只有少数几户人家感染，影响面较小。焚烧前，所有的门窗紧闭，任何与外界相通的洞眼或缝隙应予以堵塞。这些措施是必要的，目的是为了不让一只老鼠逃离现场。当疫病处于高峰期，焚烧房屋就没有效了，因为这需要烧太多房屋，而且当地房屋都是紧挨着的。焚烧整个城市应严肃考虑，除非绝对必要，例如隔绝方案不能执行，且邻近地区有较大感染的危险。城市焚烧之前，必须首先建立隔离地带。

（三）疫区周边隔绝方案

隔绝本身并不能消灭疫病，但它是一种阻止感染源扩散到邻近地区的手段，执行起来很麻烦但又必须严格执行。

1. 行人及行李的控制。病人在潜伏期很难察觉，病人尤其是肺炎性患者旅行到其他地方，会带来新的流行瘟疫。如莫林乡（属桃源县）某人，在鼠疫爆发后到常德做生意，不幸感染鼠疫，他回到莫林乡疫病还处于潜伏期，不久一家 5 口都死亡了，还感染了其他 11 名接触者。幸运的是，此次肺鼠疫不同于其他的肺鼠疫，因缺乏血痰这个常见的感染途径，所以此次疫情很快被阻断了。淋巴结炎患者的接触者没有危险，可以自由活动，但他们的行李必须消毒。

规定：必须仔细搜寻出每一个肺炎性鼠疫患者和他们的接触者，在肺炎鼠疫爆发期间，禁止路人通过疫区，除非 7 天隔绝期期满之后。若有必要，应严禁火车、轮船和巴士通行。

2. 对大米和棉花的控制。禁止疫区生产和储存的大米和棉花输出。假如有途经疫区的货物，不能在疫区装卸，并且在天黑之前必须离开，否则货物将被迟滞隔离。

3. 水上交通工具的控制。这种控制是相当重要的，因为船舶是老鼠迁徙的手段之一。禁止船舶在拂晓和傍晚时分泊在疫区沿岸，晚上它们必须泊在离疫区陆岸至少 20 英尺的河中。船与陆岸之间的交流应予以禁绝。大型船舶与陆岸的任何来往必须使用小船进行联络。

总结

1. 湖南常德爆发的鼠疫是由 1941 年 11 月 4 日日本飞机撒下的混杂在米粒和棉花中的带菌跳蚤引起的。

2. 对 1941 年 11 月 12 日至 1942 年 6 月 30 日期间人感染鼠疫进行了研究，发现 17 个确诊病人中的 5 人和 1 个疑似病人得以康复；20 个死者是确诊病人；3 个死去的疑似病人。以下三点应该提到：（1）腹股沟淋巴结炎和初期肺炎鼠疫患者的诊断相对较易，B 型败血性患者在发病的早期阶段血液很难证实。（2）早期治疗时，运用大剂量的磺胺和好的治疗以及严格的护理，60% —70% 的腹股沟淋巴炎患者可以治愈，甚至一些初期肺炎性患者也可治愈。迄今为止，还没有一例败血症患者治愈。在使用磺胺药物时，我们还未遇到严重的毒副作用发生的情况。（3）抗鼠疫接种不会带来完全的保护，但可以减轻病症和降低死亡率。

3. 检疫 1879 只老鼠，其中在 4 月感染率达到 44.4%，当鼠间传染达到 20% 以上时，人间的鼠疫开始爆发。

4. 收集 3536 只跳蚤并对其检疫，其中印度跳蚤罕见。

5. 疫情控制方案已充分讨论。

表 1　1941 年 11 月 12 日至 1942 年 6 月 30 日常德鼠疫患者详细记录表

序号	姓名	性别	年龄	职业	住址	时间（年.月.日）				
						报道	病发	送往医院	死亡	痊愈
1	蔡桃儿	女	12		关庙街蔡洪盛号	1941.11.12	1941.11.11	1941.11.12	1941.11.13	/
2	徐老三	男	25	工人	北门内皂角湾	1941.11.14	1941.11.12	1941.11.14	1941.11.14	/

续表

序号	姓名	性别	年龄	职业	住址	时间（年.月.日）				
						报道	病发	送往医院	死亡	痊愈
3	聂述生	男	58	商人	启明镇（府庙街）	1941. 11. 13	1941. 11. 12	/	1941. 11. 13	/
4	蔡玉珍	女	27	主妇	东门内常清街	1941. 11. 13	1941. 11. 12	/	1941. 11. 24	/
5	龚超胜	男	28	仆人	关庙前街18号	1941. 11. 24	1941. 11. 23	/	1941. 12. 20	/
6	王瑞生	男	38	铜匠	东门内永安街	1941. 12. 14	1941. 12. 13	1941. 12. 14	1941. 12. 14	/
7	王贵秀	女	15	小贩	三板桥	1941. 12. 19	1941. 12. 18	1941. 12. 19	1941. 12. 20	/
8	胡嫂	女	30	仆人	关庙街杨家巷	1942. 01. 13	1942. 01. 11	/	1942. 01. 13	/
9	向玉新	男	50	小贩	华严巷52号	1942. 03. 26	1942. 03. 20	/	1942. 03. 24	/
10	陈孔绍	男	52	保长	关庙街湖南旅社	1942. 03. 28	1942. 03. 22	1942. 03. 28	1942. 03. 28	/
11	陈维礼	男	5		皂果树（道门口义成烟店）	1942. 04. 02	1942. 03. 30	1942. 04. 02	1942. 04. 05	/
12	蒋家祖	男	45	小贩	北门内长巷子32号	1942. 04. 03	1942. 04. 01	/	1942. 04. 02	/
13	邓乐群	男	32	记者	卫门口县党部	1942. 04. 07	1942. 04. 05	1942. 04. 06	1942. 04. 12	/
14	杨梅青	男	8	学生	五铺街（启明镇）	1942. 04. 07	1942. 04. 01	/	1942. 04. 06	/
15	张金斗	男	15	公务员	府坪街军稽查处	1942. 04. 09	1942. 04. 01	/	1942. 04. 06	/
16	陈云	女	33	主妇	法院西街34号	1942. 04. 09	1942. 04. 06	1942. 04. 09	1942. 04. 11	/

序号	姓名	性别	年龄	职业	住址	时间（年.月.日）				
						报道	病发	送往医院	死亡	痊愈
17	陈淑钧	女	14		法院西街34号	1942.04.11	1942.04.06	1942.04.09	1942.04.11	/
18	葛大亮	男	27	记者	三间岗	1942.04.13	1942.04.09	1942.04.11	/	1942.05.19
19	余罗氏	女	26	主妇	三板桥	1942.04.14	1942.04.10	/	1942.04.12	/
20	毛仁山	男	60		五铺街115号	1942.04.15	1942.04.11	/	1942.04.12	/
21	周黄氏	女	74	主妇	法院西街32号	1942.04.17	1942.04.11	/	1942.04.14	/
22	马保林	男	54	泥瓦匠	五铺街（启明镇）	1942.04.17	1942.04.15	/	1942.04.17	/
23	杨彼得	男	18	学生	五铺街90号	1942.04.17	1942.04.13	1942.04.17	/	1942.05.14
24	杨珍珠	女	20	学生	五铺街90号	1942.04.17	1942.04.14	1942.04.17	/	1942.05.19
25	陈华山	男	51	商人	五铺街106号	1942.04.18	1942.04.14	/	1942.04.17	/
26	袁罗氏	女	17	主妇	清平乡4保	1942.04.18	1942.01.30	1942.04.18	1942.04.18	/
27	谢建隆	男	32	记者	山间岗	1942.04.19	1942.04.16	/	/	1942.05.21
28	唐珍秀	女	17	仆人	北门神巷子三圣宫	1942.04.19	1942.04.13		1942.04.19	
29	李祝氏	女	68	主妇	北正街33号	1942.04.19	1942.01.30	/	1942.04.19	/
30	黄周氏	女	49	主妇	大河街	1942.04.20	1942.04.13		1942.04.19	/
31	杜玉甫	男	26	商人	下南门	1942.04.25	1942.04.24			1942.05.18

序号	姓名	性别	年龄	职业	住址	时间（年.月.日）				
						报道	病发	送往医院	死亡	痊愈
32	梅张氏	女	49	主妇	岩桥	1942.04.25	1942.04.17	/	1942.04.24	/
33	李泉婆	女	53	农民	五铺街79号	1942.05.30	1942.04.21	/	1942.04.29	/
34	李刘氏	女	37	主妇	五铺街39号	1942.05.02	1942.04.30	/	1942.05.03	/
35	陈正陆	男	46	木匠	五铺街101号	1942.05.02	1942.04.22	/	1942.05.02	/
36	王保元	男	54	小贩	阴阳桥	1942.05.07	1942.05.05	/	1942.05.07	/
37	李丁氏	女	26	主妇	双忠街22号	1942.05.09	1942.05.05	/	1942.05.07	/
38	顾卢氏	女	51	主妇	孙祖庙41号	1942.05.10	1942.05.04	/	1942.05.07	/
39	戴氏	女	33	主妇	五铺街妇训所隔壁	1942.05.17	1942.05.15	1942.05.17	1942.05.18	/
40	龙春生	男	51	商人	四铺街启明镇5保2甲4户	1942.06.03	1942.05.22	/	1942.06.02	/
41	赵丁生	男	13	学徒	三浦街10号同泰祥铁店	1942.06.13	1942.06.13	1942.06.15	1942.06.15	/

表 2a　1941 年 11 月 12 日至 1942 年 6 月 30 日常德城区鼠疫分析（一）

月份　性别　年龄	11		12		1		2		3		4		5		6		总计	
	男	女	男	女	男	女	男	女	男	女	男	女	男	女	男	女	男	女
0—9												2						2
10—19		1									3	2				1	3	4
20—29	2	1									2	2		1			4	4
30—39				1			1				2	1		2			3	4

续表

年龄	11男	11女	12男	12女	1男	1女	2男	2女	3男	3女	4男	4女	5男	5女	6男	6女	总计男	总计女
40—49											1			2	1		2	2
50—59	1								2		2	1	1	1			8	2
60—69											1	1					1	1
70—79												1						1
总计																	23	18

说明:该表表示人(男女和不同年龄段的人)感染鼠疫情况

表 2b　1941 年 11 月 12 日至 1942 年 6 月 30 日常德城区鼠疫分析（二）

区	街道	11男	11女	12男	12女	1男	1女	2男	2女	3男	3女	4男	4女	5男	5女	6男	6女	总计男	总计女
城区中心部	关庙街	1	1				1			1								2	2
城区中心部	常清街		1															0	1
城区中心部	华严街									1								1	0
城区中心部	府坪街											1						1	0
城区中心部	法院西街												3					0	3
城区中心部	卫门口											1						1	0
城东区	府庙街	1																1	0
城东区	永安街			1														1	0
城东区	五铺街											6	1	1	2			7	3
城东区	岩桥												1					0	1
城东区	三浦街															1		1	0
城东区	西围墙															1		1	0
城南区	大河街												1					0	1
城南区	下南门											1						1	0
城南区	双忠街																1	0	1

续表

街道		月份性别	11 男	11 女	12 男	12 女	1 男	1 女	2 男	2 女	3 男	3 女	4 男	4 女	5 男	5 女	6 男	6 女	总计 男	总计 女
城北区	皂角湾		1																1	0
	三板桥					1								1					0	2
	长巷子												1						1	0
	神巷子													1					0	1
	北正街													1					0	1
	孙祖庙															1			0	1
	阴阳桥												1						1	0
郡乡	皂角树												1						1	0
	山间岗												2						2	0
	清平乡													1					0	1
总计																			23	18

说明：该表表示人感染鼠疫事件发生地的情况

表3　　1941年11月12日至1942年6月30日常德城区鼠疫病例类型

月份	鼠疫并发腹股沟腺炎 男	女	鼠疫并发败血病 男	女	鼠疫并发肺炎 男	女	疑似病例 男	女
11	2			2			1	
12	1	1						
1		1						
2								
3	1			1				
4	7	3	3	3	2	3	1	2
5	1		2	2				
6	1			1				
总计	13	5	7	7	2	3	2	2
	18		14		5		4	

表5　1941 年 11 月 12 日至 1942 年 6 月 30 日常德地区对人进行检查的记录

时间	病人			死者			感染鼠疫人数总和	
	被检查人数	确诊	疑似	被检查人数	确诊	疑似	确诊	疑似
11.12—11.30		2	1		2	0	4	1
12.1—12.15		1	0		0	0	1	0
12.16—12.31		1	0		0	0	1	0
12 月总和		2	0		0	0	2	0
1.1—1.15		0	0		1	0	1	0
1.16—1.31		0	0		0	0	0	0
1 月总和		0	0		1	0	1	0
2.1—2.15	1	0	0	0	0	0	0	0
2.16—2.28	0	0	0	0	0	0	0	0
2 月总和	1	0	0	0	0	0	0	0
3.1—3.15	0	0	0	0	0	0	0	0
3.16—3.31	1	1	0	3	1	0	2	0
3 月总和	1	1	0	3	1	0	2	0
4.1—4.15	9	5	0	8	8	0	11	1
4.16—4.3	10	4	0	12	5	0	9	3
4 月总和	19	9	0	20	11	0	20	0
5.1—5.15	2	1	0	4	4	0	5	0
5.16—5.31	1	1	0	0	0	0	1	0
5 月总和	3	2	0	4	4	0	6	0
6.1—6.15	3	1	0	5	1	0	2	0
6.16—6.30	5	0	0	3	0	0	0	0
6 月总和	8	1	0	8	1	0	2	0

表6　1941 年 11 月 12 日至 1942 年 6 月 30 日常德接种鼠疫疫苗情况

时间	11.12—12.31	1	2	3	4	5	6	合计
第一次接种人数	2949	2370	1750	4566	6409	1018		19022
第二次接种人数	1353	790	1180	2639	2777	671		9403
合计	4202	3160	2930	2118	9186	1689		28405

说明:常德地区人口:平民 62510;军队:4000;合计:66510。接种人数(包括军队和平民):19022。接种人数百分比:28.60% 。

中国第二历史档案馆藏，档案号:372—06—16

防治湘西鼠疫经过报告书

容启荣[*]

1942 年 10 月

目录

一、绪言

二、湘省鼠疫流行概况及其传染来源

甲、常德鼠疫初次发现情形

乙、常德鼠疫传染来源

丙、常德鼠疫再度流行概况

丁、桃源发生鼠疫情形

三、实施防治经过

甲、组织

乙、人员

丙、经费

丁、器材

戊、工作

四、今后湘省鼠疫防治工作之展望

五、附录

表一、常德鼠族分类检验结果统计表

表二、桃源鼠族分类检验结果统计表

表三、陬市、河洑两地鼠族分类检验结果统计表

表四、常德鼠蚤分类统计表

表五、桃源鼠蚤分类统计表

表六、陬市、河洑两地鼠蚤分类统计表

表七、常德鼠疫疫苗预防注射人数按月统计表

表八、常德鼠疫患者病型分类统计表

---

[*] 容启荣是中央卫生署防疫处长，战时防疫联合办事处主任委员。常德鼠疫最炽烈的 1942 年 5 月，他奉命来常督导防疫，在常滞留近一月时间。10 月，他写成这篇报告，代表了当时中央官方部门（卫生署）对常德疫情的了解和掌握。——编者注

表九、常德鼠疫患者按性别、年龄、月份统计一览表
表十、常德鼠疫患者经过情形一览表
图一、常德鼠疫患病人数与染疫鼠族百分率比较图
图二、湖南常德鼠疫病例发现情形图暨检验染疫鼠族情形图
图三、湖南常德鼠疫病例分布情形图

一 绪言

启荣奉命出发督导湘西鼠疫防治工作，于四月二十六日离渝，赴桂转湘，于五月十日偕同湖南省卫生处处长张维抵达常德。当即视察驻常德及桃源、中央与地方军民卫生防疫各单位工作情形，并与当地党政军当局晤谈多次，交换意见。为求健全防疫组织及制定防治方针，复在常德召集防疫工作座谈会，参加者计有第六战区司令长官部卫生处处长陈立楷、第九战区司令长官部卫生处处长冯启琼、湖南省卫生处处长张维、卫生署外籍专员伯力士、卫生署医疗防疫总队第二大队大队长石茂年、军政部第四防疫大队技正李庆杰、中国红十字总会救护总队第四大队大队长林竟成，及所属各单位高级卫生技术人员，以及湘西各县卫生院院长，各公路卫生站主任等二十余人。经检讨过去工作情形并制定今后防治计划，送交湘西防疫处参考。五月下旬，桃源县属莫林乡发生肺鼠疫流行，又偕同陈处长立楷、张处长维等，前往陬市及桃源县城督导防治。六月上旬湘西鼠疫疫势下降，各项整理布置已有端倪。复接粤、桂两省电告，霍乱流行，即赴曲江、衡阳、桂林等地，督导卫生署、医防总队驻湘、粤、桂各队，协助地方实施防治，迨八月十九日方由桂林乘中航飞机返抵重庆。兹将在湘西督导防治鼠疫经过情形缕述如下。

二 湘西鼠疫流行概况及其传染来源

甲、常德鼠疫初次发现情形

三十年十一月四日上午五时许，敌机一架，于大雾弥漫中在常德东城市上空低飞三匝，投下谷麦、絮棉及其他不明颗粒状物，多坠落于城内关庙街、鸡鹅巷一带。敌机投掷异物时，常德居民目击其状者甚多，其中并有美籍传教士巴牧师及其夫人可资佐证。当地卫生医务人员惊讶之余，忽忆及暴敌曾于二十九年冬在浙江鄞、衢两县，用飞机投掷同样异物，因而引起鼠疫之发生。乃紧急收集该项谷麦等物一部分，送请当地广德医院检

验。据称，谷物染有杂菌甚多，并有少数疑似鼠疫杆菌，惜因检验设备简陋，未能确实证明有无毒菌。自敌机去后，所遗谷麦等异物均经集合予以焚毁。因鉴于浙江之经验，市民都存惧心。敌机去后之第七日，城内即有急病流行之传说，翌日，有关庙街居民蔡桃儿者，患急病就医于广德医院，同日死亡。经临床诊断、血液检查及尸体解剖，认为属腺性鼠疫病例。即向各有关机关报告。于是原驻湘西之中央卫生署医疗防疫总队第二大队、军政部第四防疫大队、中国红十字会总会救护总队第二中队、湘省卫生处等，均先后派员驰往协助防治。自十一月十二日发现第一鼠疫病例后，经各方面严密调查搜索，于十一月内又发现鼠疫患者四例（十三日一例、十四日二例、二十四日一例），十二月内二例（十四日一例、十九日一例），三十一年一月十三日最后一例，连前共计发现八例。其中第五例，系经中国红十字会救护总队检验指导员兼军政部战时卫生人员训练所检验学组主任陈文贵执行病理检查、细菌培养、动物试验等，确实证明为腺鼠疫。由是常德鼠疫之诊断无疑义矣。

乙、常德鼠疫传染来源

常德鼠疫诊断既经确定，其传染来源亟待查明。根据当时发现情形与流行病学原理以及国内鼠疫专家（卫生署外籍专员伯力士及军政部战训所主任教官陈文贵等）之实地调查研究，吾人深信常德鼠疫确系敌机散播染有鼠疫杆菌之异物所致，而其传染媒介必为隐藏于谷麦、棉絮内之活性染疫鼠蚤。其理由如下：

（一）鼠疫原为鼠类流行性传染病之一，并非人类常有之疾病。根据流行病学之研究，鼠疫必先于鼠族内流行，随后乃波及人类。自三十年十一月常德发现鼠疫病人后，卫生署当即派鼠疫专家伯力士博士及其他技术人员前往调查研究。经检查常德鼠族，迄三十一年一月中旬，尚未发现染疫鼠族，自一月三十日后，染疫鼠族之数目日渐增加。换言之，常德鼠疫先发现于人类，后传至鼠族，适与医学文献所叙述者相反，故其传染来源异于寻常者也。

（二）常德非特过去未有发生鼠疫之传闻，即按之近代史实，华中一带亦从未有鼠疫传播之记载。故常德鼠疫绝非由于旧病复发。

（三）三十年冬，国内鼠疫疫区，距常德最近者为浙江衢县、广东遂溪及闽西各县，水陆交通均逾二千公里之遥。按现在交通情况，即有感染鼠疫患者，由浙、闽、粤等疫区潜赴常德，将必于未及到达之途中超过其潜伏期而发作病症。故染病患者由外潜入常德，以致辗转传播实不可能。加以此次常德鼠疫发生后，经详细调查，得知所有患者均系常德居民，最近未曾外出，其第一病例为十二岁之女孩，更证明常德鼠疫并非源自国内疫区矣。

（四）查常德首次发现之八个病例，均系腺鼠疫及败血性鼠疫，其传染必须借染疫之鼠蚤为媒介（肺鼠疫可直接由人传人）。而染疫之鼠族及鼠蚤即可随货运自疫区传至远处。但常德距浙、闽、粤已有之疫区甚远，因战事关系，其周围公路业已破坏，又无水运通道与各疫区直接相连，故常德鼠疫借货运自外传入之可能性极微。良以湘西为米棉丰产之区，鼠疫自常德向外传播之机会则甚多也。

（五）敌机系于十一月四日在常德投掷谷麦等物，七日后鼠疫发现，经诊断证实为腺鼠疫，借染疫鼠蚤为传播媒介。此项染疫鼠蚤除自敌机掷下之外，难能经其他途径侵入常德。按腺鼠疫潜伏期（由蚤咬受传染日起至发病日止）为三至七日，间有八至十四日者。而常德鼠疫患者第一、第二两例，系于敌机去后第七日发现，第三及第四两例于第八日后发病，显系敌机去后不久即为染疫鼠蚤所咬。其他四例虽发病于十一月二十三日、十二月十三日、十二月十八日及一月十一日，距敌机空袭常德日期较远，但据吾人所知，染疫鼠蚤在适宜环境中纵不吸血亦可生存至数星期之久。故所有病例均可认为直接由敌机掷下之染疫鼠蚤传染而来。而病例又均发现于敌机放置谷麦等物最多之区域，更与吾人之推论吻合。敌机投下之谷麦，想必用以诱引鼠族，谷麦内杂有棉花碎布，即为包藏染疫鼠蚤之用，若遇鼠类趋往取食谷麦时，则可被鼠蚤叮咬而形成鼠族鼠疫之流行，随后可传之人类，同时该类鼠蚤亦可咬人直接而传染。吾人深信，三十年冬，常德鼠疫首次发生之八个病例，系直接由敌机掷下之染疫鼠蚤传染而来，而三十一年春再度流行，则系因鼠族随后亦遭传染所致。或谓当时并未捕得染疫鼠蚤，故无实在证据。但须知鼠蚤体小善跳未易发现，于警报解除时均已逃逸，更无从追捕。

（六）查暴敌施用细菌兵器，数年来迭据各方报告已有相当证据。二十九年冬浙江鄞、衢两县突然发生鼠疫，启荣奉命前往调查及协助防治。据当时调查所知，两地发病前曾有敌机投掷谷麦等物，其情形与常德如同一辙。同年，敌机又于金华散播黄色小颗粒甚多，经检验发现含有无数类似鼠疫杆菌，幸未有鼠疫发生。由此观之，常德鼠疫实系暴敌所散播，更无疑义矣。

丙、常德鼠疫再度流行概况

自敌机在市空投掷谷麦等物第七日后，常德首次发现鼠疫，其流行期间自三十年十一月十一日至三十一年一月十三日，染疫者仅有八人。经多方调查研究，吾人深信，患者确系曾经直接为敌机掷下之染疫鼠蚤所咬。同时该项染疫鼠蚤侵入当地鼠族，经若干时间后，始形成鼠族流行，借鼠蚤再度传染于人。是以常德自三十一年一月十三日至二月二十三日，虽无鼠疫患者，惟染疫之鼠，日有增加。因此自三月二十四日起又开始发现鼠疫病人，继续流行数月，计三月份三例，四月份十九例，五月份六例，六月份二例，七月份一例，前后总共三十一例。最后染疫者系于七月一日发病，迄九月底止无新病例，故第二次流行又暂告一段落。

鼠疫原系鼠族疾病，人只偶然感染得之。兹将常德两次鼠疫流行染疫病人数目，及当地鼠族染疫情形表列于后，以明第三次流行之原因。当常德首次发现鼠疫时，并未发现大量死鼠，但同时未即实行鼠族检查，实为大憾。迨十二月下旬鼠疫专家伯力士博士抵常，即开始调查研究，仍未发现染疫之鼠。后因战局紧张，伯力士一度离常，至一月中旬方返，再继续检查，始发现疫鼠，此后染疫鼠数，逐月递增，至四月时达最高峰，染疫病人亦随之而逐月增加。

常德鼠疫病人数目及染疫死鼠百分率统计表

时间	鼠疫病人数	检查死鼠数	染疫死鼠数	染疫死鼠百分率	附注
三十年十一月	5	0	0	？	死鼠并无异常增加情形
十二月	2	35	0	0	十二月二十四日至一月三日检查鼠数
三十一年一月	1	24	5	20.8	一月三十日及三十一日两日检查鼠数
二月	0	168	32	19.0	

续表

时间	鼠疫病人数	检查死鼠数	染疫死鼠数	染疫死鼠百分率	附注
三月	3	810	181	22.4	
四月	19	359	159	44.4	
五月	6	212	29	13.7	
六月	2	259	9	3.5	
七月	1	107	1	0.9	
八月	0	337	4	1.2	

丁、桃源发生鼠疫情形

桃源、常德之间相距只四十五里，水路九十里，交通便利，鼠疫向桃源传播至为容易。本年四月间，桃源县城首次发现疫鼠，六月时曾作大规模鼠族检查，经查出二百二十七只死鼠内染疫者八只。七月上旬又检查死鼠四十八只，只发现疫鼠一只。自七月十五日迄八月底止，鼠族鼠疫流行似已停息，桃源城内尚无染疫患者，但因鼠族已遭传染，形成疫源，随时可侵入人类，实为隐忧。

因常德检疫工作未臻完善，于本年五月初蔓及桃源县属莫林乡。先是有该乡李家湾居民李佑生于五月四日在常德染疫，潜返故乡，于十日身死。因系由腺鼠疫所转成之肺鼠疫，能直接由人传人，故其探视之亲属、邻居，相继染疫死亡者共十六人。幸发现较早，管制及时，又正值夏令，未致扩大流行，自五月二十七日后无新病例发现。兹为便利叙述起见，表列如下：

桃源莫林乡肺鼠疫患者登记表

姓名	性别	年龄	发病日期	死亡日期	传染原因	备考
李佑生	男	40以上	不明	5月10日	由常德返莫林乡李家湾	
李佑生妻	女	40以上	5月13日	5月19日		
李新陔	男	20以上	5月18日	5月21日	侍其父母	李佑生次子
李新陔妻	女	20以上	5月23日	5月24日	侍其夫	
李惠陔	男	16	5月18日	5月21日	侍其父母	

续表

姓名	性别	年龄	发病日期	死亡日期	传染原因	备考
李耀金	男	50 以上	5 月 13 日	5 月 15 日	佑生隔壁邻居	
李耀金妻	女	50 以上	5 月 16 日	5 月 21 日	侍其夫	
李耀金次子	男	21	5 月 16 日	5 月 20 日	侍其父	
李耀金幼子	男	11	5 月 20 日	5 月 22 日		
李润官	男	23	5 月 20 日	5 月 24 日	耀金隔壁邻居	
谢李氏	女	20 以上	5 月 18 日	5 月 21 日	返母家探视得病送回	李佑生之女，已嫁
谢李氏婆	女	50	5 月 23 日	5 月 26 日		
向国恒	男	32	5 月 23 日	5 月 25 日	曾赴李佑生家探视	
李氏	女	50 以上	5 月 27 日	5 月 30 日	李佑生次媳之义母，曾往李家探视	
李耀金妹	女	50 以上		5 月 21 日	往李耀金家探视	
李耀金姑母	女	74		5 月 21 日	探视	

此次桃源莫林乡肺鼠疫流行，所有病例，均经详细调查并施行细菌检验证实，其中有患者数人病势极重，于两三日内，肺炎症状（如咳吐血痰）未及显现即已身死，民国十年哈尔滨流行时亦曾见之。

此外，邻接桃源之临澧县曾有鼠疫发现之谣传，经派员调查并未证实。湘省其他各县迄目前止，亦未有鼠疫发现。

三 实施防治经过

甲、组织

常德自敌机散布谷麦等物发生鼠疫后，当即由防空指挥部、警察局、县卫生院及私立广德医院召开临时防疫会议，讨论紧急处置办法，组织"常德县防疫委员会"，由县政府主持其事。随后中央及地方主管、军民防疫工作单位先后赶到常德，乃于三十年十一月二十日在行政专员公署召开大会，决议加强防疫机构，成立"常德防疫处"，即以专员兼任处长负责主持。另由各方面高级卫生技术人员联合组织"设计委员会"。常德防疫处下设总务、财务、宣传、情报、纠察、补给及防疫七股，由专员公署、省银行、三民主义青年团、警察局、保安大队、商会及卫生署医疗防疫总队第十四医防队主管或高级人员分别依次兼任。另设隔离医院及留验所各一所，由县卫生院院长兼任，隔离医院内设病床五十张。为便于分工合作起见，各方派往常德参加防疫工作之技术人员，共同组织"联合办事处"，下分疫情调查、预防注射、隔离治疗及细菌检验等小组，指定工作地点及工作范围，分别负责办理实地防治工作。

纵观上述防疫机构，常德防疫处系临时设置主管防治鼠疫之机关，其内部各股负责人多由当地党政机关高级人员及商会代表兼任。而中央及省方派遣之高级卫生人员受聘为设计委员，不另兼防疫处本身职务。其用意乃系将防疫工作分为行政与技术两部分，并认定防疫系地方责任，而中央及省方只担任技术设计及指导而已。惟防疫工作之实施，高级卫生技术人员必须实际参加行政工作，将设计、指导及实施三部工作打成一片，然后技术设计得以彻底执行。尤须注意者，在我国目前情形之下，防疫工作并非卫生人员所能单独推动，必须有党政军三方面力量协助不可。故揆诸事实，常德防疫处由地方最高行政官长主持，尚不能认为不妥。但各方技术人员亦应负责实际责任，否则各技术人员均可借设计委员会为分谤卸责之具。加之该处设计委员均由中央及地方卫生机关高级人员兼任，如战区司令长官部卫生处处长、省卫生处主任技正、卫生署医疗防疫总队大队长、军政部防疫大队长及军政部战时卫生人员训练所主任教官等，多因本身职务繁重，不能久驻常德，故于短期内仍返原任，虽另由防疫处随时增聘，但一度曾有无人主持及互相推诿情事，其影响于防疫工作之推进甚大。至"联合办事处"之组织，原系于常德鼠疫爆发时，中央及省方纷纷派员驰往救治，卫生署深恐人多事乱，乃建议在常德各单位立即组织"防疫联合办事处"以资联系，并收分工合作之效。惟自常德防疫处及设计委员会成立以后，该联合办事处自应废止，以免重复脱节及指挥不统一之讥。

常德防疫机构事实上实有加强之必要，嗣经与当地商定改组办法，随后因鼠疫已传至桃源，更有向各方蔓延之可能，遂建议改为"湘西防疫处"。于桃源成立分处，至邻近常桃各县，得视交通情形设置检疫处。湘西防疫处内增设副处长二人，襄办行政技术事项：技术督察长一人，联系督导考核各项技术工作；技术顾问一人，咨询一切设计实施事项。其下则设总务、会计、疫情、检验、检疫、宣传、卫生工程及卫生材料各组，并附设下列八个工作单位：（一）疫情诊察队；（二）常德水陆交通检疫所；（三）常德鼠疫隔离医院；（四）卫生工程队；（五）鼠疫病理检验所；（六）防疫纠察队；（七）防疫担架队；（八）鼠疫留验所。各组及工作单位，除总务、会计两组及防疫纠察队外，其余均以派出卫生技术人员主管为原则，务期分工合作，责任分明。此外，另设咨询委员会，以便联系当地机关团体，如县党部、三民主义青年团、警察局、商会、报社等等，兼收集思广益之效。

乙、人员

常德防疫处处长职务，原系由湘省第四区行政专员欧冠兼任，嗣于二月终，欧专员他调，乃于三月时改由继任行政专员张元祜兼任。防疫处改组后，增聘常德县县长戴九峰为副处长，另一副处长正在遴选推荐中。此外又增聘卫生署专员伯力士为技术顾问，卫生署医防总队第二大队大队长石茂年为技术督察长。防疫处下各组及工作单位，其所属技术性质分由下列各卫生单位负责：

（一）卫生署医疗防疫总队第二大队所属第十四巡回医疗队、第二卫生工程队、第二细菌检验队及第四防疫医院。

（二）军政部第四防疫大队第一中队及第九防疫大队第三中队。

（三）中国红十字会总会救护总队第四中队第一一一、第七三一及四七二医务队。

（四）湖南省卫生处巡回卫生工作队（另加派卫生处医师及省卫生试验所技正等）。

（五）常德县卫生院。

（六）常德私立广德医院。

（七）驻常、桃各军队医院。

防疫处附设之防疫纠察队，原系由第二十集团军霍总司令调派士兵两连担任之，最近因该集团军移防，未知有无另行改派接任。

至于督导防疫人员曾经前往者，计有卫生署防疫处处长、第六战区司令长官部卫生处处长、第九战区司令长官部卫生处处长、湖南省卫生处处长及其他中央及地方军民卫生机关高级技术人员等。

此外，最近湖南省政府派邓一黐为湘西防疫特派员前往督导防治工作。

丙、经费

三十年度湖南省核定预算原有防御鼠疫临时费七〇,一三五元,当常德鼠疫发生时,该款业已支付将罄。因事势紧急,经该省府第二五九次常会决议,先行饬省库拨款二万元,再行办理追加手续。同时卫生署拨发该省临时防疫费一万元,以资补助,另又拨发二万元交由卫生署医疗防疫总队驻常德各地为实施防治之用。惟常德防疫处自成立以来,并无固定预算,所需经费系由地方捐募及征收捕鼠捐等而来,故业务之推进殊多窒碍。本年度三月间,常德鼠疫再度流行,五月中蔓延至桃源。当时因本年度该省防御鼠疫临时费概算原列七十万零二千六百元,再请增加至一百二十万元,尚未奉核定,各项防治工作实施尤感困难。经多方催请,迄六月十五日方允核定为七十万元。现在常德鼠疫已经传至桃源,两地鼠族均已染疫,随时有向外蔓延可能,倘预期之秋季爆发不甚严重,则本年度核定临时费预算数尚可应付。

丁、器材

防治鼠疫所需器材,计分预防、治疗、消毒、灭鼠、灭蚤等项。

(一)关于预防用之鼠疫疫苗,本年度卫生署奉核准购运鼠疫疫苗费壹百五十万元,经由中央防疫处及西北防疫处各制造五万瓶,两共足二百万人用量,并已分发各疫区应用。另又由军医署及中国红十字会总会救护总队部准备大量鼠疫疫苗交由军政部防疫大队及红会医务队带往疫区及邻近地方备用。此外,湘省卫生处亦迳向中央防疫处购买鼠疫疫苗分发各县。本年六月中,常桃方面尚存有足供十七万人用量之鼠疫疫苗,故其供给尚称充裕。

(二)关于治疗用之新药磺苯胺噻唑(巴劳雪麟),国内存量虽属不多,如疫情不甚严重,尚可敷用。为未雨绸缪计,经由卫生署商请美国红十字会捐赠大批此项特效药,一部分已运到,并分发疫区备用,其余尚在运输途中,湘西方面现已有足供约六万病例之存量。至以前所用之鼠疫血清,国内尚能制造,必要时仍可供治疗之用。

(三)关于消毒、灭鼠及灭蚤需用之化学药品,国内存量有限;用以配制杀鼠毒饵之碳酸钡,国内可小量制造;惟灭鼠灭蚤药品之最善者厥为氰酸气,如非舶来,并无其他来源,幸最近亦已由美国运到,并赶送湘西疫区应用。此外灭蚤制剂须用煤油,普通消毒须用酒精,购备不甚易。其他普通治疗及消毒用药尚可勉强敷用。

戊、工作

办理防疫工作平时已属不易，战时疫疠不断流行，又限于人力物力，困难自必更多。防疫犹如救火，又实系与病菌或其他病源作战，所采用之方法为谋集体安全，有时必须强制执行，侵犯个人自由，甚或有时焚毁病区牺牲物质，或管制交通影响商业；一切紧急措施，均难得一般民众之谅解。即就施行预防注射一项而论，许多具有高等教育者尚且拒不接受，是则知识水准较低之民众更难期其乐于接受矣。常德自敌机散布鼠疫后，卫生人员不避艰苦，不顾危险，努力防治工作以期消灭敌人施用细菌战术之企图，庸讵知当地民众反视卫生人员如寇仇，竟有殴打防疫工作人员者。同时谣言四起：有谓常德鼠疫系卫生人员所伪造，以骗取防治经费；有谓检验尸体实因外籍医师伯力士欲挖割眼睛及睾丸以制造汽油；亦有谓得病身死之人系因曾被强迫接受所谓"预防注射"。凡此种种无稽谣传，其影响于防治工作之推进甚大。鄙意以为，暴敌既有自空中藉飞机散布病菌之证据，则于地面难免有奸人之组织以图破坏我方防御计划及设施，此点至堪注意。但常德防疫机构之不健全，经费之不充裕，前已叙述，亦为防治工作推动不灵活之原因。至于工作方式之是否妥适，尤须予以检讨。兹将各项工作实施情形及其改进办法，分别叙述如下：

（一）疫情报告。防疫犹如作战，疫情报告与敌情报告同样重要，务须迅速准确及严密，方能事前防备或及时管制，染疫患者能得早期治疗，其后复原之机会较多，迅予隔离，获得传染之机会减少。于常德鼠疫爆发时，疫情侦察工作尚为妥善：其后日久，此项工作逐渐松懈，时有隐匿不报或延迟报告情事。本年三月至七月间，鼠疫再度流行，染疫人数共三十一例，其中十七例系经检验尸体后发现，而于鼠疫流行之五个月期间内，在六万余常德人口中，经检验之尸体共计只三十七具，尤以四月间检验二十个尸体即发现十一个死于鼠疫，在死者患病期内防疫处并未得到报告，由此可推想，常德春季鼠疫流行染疫人数报告遗漏者或恐不少。其详情见下表。

鼠疫原系鼠族流行性传染病，在普通情形之下先发现于鼠族，随后乃借鼠蚤而侵入人类，故逐日检验鼠族有无染疫状态及搜寻能传播鼠疫之蚤类予以统计，如此可预为推测鼠疫侵入人类之危险程度，及早防备，可免扩大流行。故鼠族及蚤类之检查应列为防治鼠疫之日常例行工作。在常德方面，该项鼠族检验工作办理未臻完善，因经检验之鼠族数目过少，所得疫情不甚准确,故今后务须鼓励民众随时捕杀老鼠,送请防疫处检验,俾能确实明了当地疫情。

常德春季鼠疫流行染疫人数及其发现来源

日期	病人检验数目	发现鼠疫患者数目	尸体检验数目	发现染疫尸体数目	染疫人数统计
三月	2	2	3	1	3
四月	8	8	20	11	19
五月	3	2	4	4	6
六月	8	1	8	1	2
七月	2	1	2	0	1
共计	23	14	37	17	31

此外另建议防疫处应竭力促进下列各项工作:(1)所有医院及开业中西医生,若发现鼠疫或疑似鼠疫病人时,应即报告防疫处派员复诊;(2)警察局所及乡镇公所应督饬保甲长随时查询所辖各户,遇有疑似鼠疫发生,即应报告防疫处;(3)所有死亡应由家属于当日分报保甲长及警察局所,转报防疫处填发安葬许可证,其有疑似鼠疫症状,须经病理检验后始可填发安埋许可证;(4)有死鼠发现之地带,应由防疫处派员挨户收集,并随时侦察有无染疫患者;(5)办理疫情报告应列入警察及乡镇保甲长之考核。

(二)隔离治疗。鼠疫传染至烈,尤以肺鼠疫为最危险,故染疫者必须强制隔离以防蔓延传染,此项紧急措施,无识及自私之徒反对至甚,又因患者就医过迟救治无方,遂多归罪于隔离医院。今春鼠疫再度流行时,经施用磺苯胺噻唑,治愈者七人,其中二人具有肺鼠疫症状,余为腺鼠疫及败血性鼠疫,故并非不治之病,但须早期就医,俾所用药得充分发挥其效能。自三十年十一月二十日常德隔离医院成立后,迄八月底止,收治病人二十五名,其中十二名经诊断证实为鼠疫患者,并与当地私立广德医院充分合作,必要时由该院代为收治,计经广德医院治疗之鼠疫病人共七名,其中三名系在恢复期内由隔离医院送往休养。

常德鼠疫隔离医院院址原系借用郊外民房,设备较为简陋,虽尽量装置防鼠设施,如周围掘沟及其他防鼠修建,仍不能认为妥适。医护人员除兼任院长一人外，计有医师一人，护士二人，医护助理员四人。若遇疫疠扩大流行，恐难能应付，经商由卫生署医疗防疫总队第二大队加派医护人员，协助办理。如本年度经费有着，似应另觅地址建筑隔离医院一所，必要时又可征用民船，略予改修下碇江中，即可为临时隔离鼠疫患者之用。

今春常德鼠疫再度流行时，民众对防治工作不甚满意，当地中医中药界鼓吹筹设中医鼠疫医院，所拟办法极为不妥，未获邀准。为免歧视中医之责，经向防疫处建议，如鼠疫病人愿请中医诊治者，可听其延至隔离医院诊察主方，并派人煎药进药，其主治之中医与煎药进药之亲属仍应遵守隔离规则，着防蚤衣，佩带口罩，以免传染，并须主治到底。迄八月底止，仍未有中医在隔离医院诊治鼠疫病人。忆廿九年宁波发生鼠疫时，当地中医曾有同样要求，经决定上项办法后，并无愿意在隔离病院内诊治者。以上建议并无歧视中医之意，若我国古方确有医治鼠疫特效药，自当竭力采用。但规定在隔离医院诊治，乃系恐隔离消毒不周，反致互相传染。

（三）病家消毒。鼠疫病人经送医院隔离治疗，或染疫尸体已经妥善处理后，所有患者居住地方及日常用具，均应予以彻底消毒，必要时得予以局部焚毁，并应同时杀灭染疫鼠族及蚤类，以杜绝传染。今春常德防疫处对病家消毒工作缺乏氰酸气，不能利用毒气熏蒸消毒法将疫区内鼠族及蚤类彻底消灭。幸于本年七月间，美国红十字会捐赠氰酸气一批，已由海关运到，并即赶送湘省应用。

（四）尸体处置。染疫尸体之最妥善处置办法厥为火葬，亦合国内外防疫条例所规定。但在常德实行火葬时，因布置未周，据闻曾有并非染疫尸体亦予以火葬，并有时数具尸体一同焚毁，甚或用同一火葬炉焚毁疫鼠，遂引起死者家属之怨恨及一般民众之反感。由是染疫者乃隐匿不报，或分向四乡逃避。桃源莫林乡一度肺鼠疫流行，其危险性至为重大，自可想见。四月间，防疫处经谨慎考虑后，决定停止火葬办法，改设公墓，规定染疫尸体消毒办法及埋葬地点。如是既可尊重民间习俗，又顾及集体安全。

（五）患者家属留验。患者之家属或同居，以及其他于短期内与患者密切接触之人，因处于同一环境之下，或已感染鼠疫正在潜伏期内病症尚未发作，故必须予以拘留，逐日检验是否已染鼠疫。其留验期间经法定为七日，如已证明并未染疫，即可恢复自由。此项留验办法在常德施行困难甚多。留验所附设于隔离医院内，设备不周，患者家属多不愿入内留验，故遇有鼠疫发生，即隐匿不报或协助患者潜逃，由是影响防疫工作更大。根据鼠疫之流行病学，腺鼠疫必须借鼠蚤叮咬方能传染，［传染］可能性较小；肺鼠疫可直接由人传人，其传染可能性甚大。故所有曾经接触肺鼠疫病人之亲友必须强制迁入留验所留验。至于曾与腺鼠疫患者密切接触之人，经防疫处重新规定，仅限期迁出原址移住他处，并将疫户封闭，以便施行病家消毒及杀鼠灭蚤等工作，俟封闭解除后，方可迁回居住。但在迁居期内，仍须将迁移住址报告警察局及保甲长，以便随时派员访问有无鼠疫发生。此项变通办法其规定实系迫不得已。

（六）交通检疫。查常德总绾湘西，物产丰饶，水陆交通至称灵便。今既成为鼠疫疫区，染疫鼠族及其蚤类至易随商旅货运传至远处；至于鼠疫病人，如任其潜离疫区，更有引起肺鼠疫流行之可能。故为防备鼠疫蔓延计，实施交通检疫至感切要。原拟在川湘、湘鄂、湘黔、湘桂等水陆交通要道设置检疫站，所有来自常德、桃源之旅客一律须受检查有无染疫症状，并将所有车辆船舶及所载货物予以消毒灭鼠及灭蚤。但兹事体甚大，耗费至巨，非战时人力财力所及。且实施时技术上之困难更多，例如棉花五谷及络绎不绝之旅客行李等事实上均无法彻底消毒。经谨慎考虑后，决定下列检疫原则：

1. 检查常德、桃源及邻县鼠族，以确定疫区范围，如有染疫鼠族发现，即认为疫区。迄本年九月底止，染疫鼠族仅于常德、桃源两县县城发现。至于乡区，并未有染疫证据。

2. 鼠疫原为鼠族传染病，借鼠蚤为媒介而传至人类，是以检疫工作之主要对象为疫区内之鼠族及蚤类。在目前情形之下，将疫区所有鼠族蚤类完全消灭实不可能，故只可竭力制止其离开疫区。如是，则腺鼠疫不至向外蔓延。

3. 腺鼠疫有时可变为肺鼠疫，其后即可直接由人传人，故检疫站必须检查旅客，于发现鼠疫病人时即应迅予隔离。

4. 常桃疫区外围各检疫站，对于各项货运如认为并未藏有来自疫区之鼠族及其蚤类，则无须予以消毒。根据上述原则，经拟定下例检疫办法，建议湘西防疫处采用：

（1）常德及桃源城郊之水陆交通要道应设置检疫站，次要水陆路得设检疫哨，其不重要之小路在距城数里地带予以破坏。

（2）所有经过检疫站、哨之船舶车辆及肩舆，均须接受检查，若发现鼠疫或疑似鼠疫病人，立即送隔离医院，其行李应予消毒灭蚤之处置。

（3）所有出入疫区之旅客，须一律接受预防注射。

（4）凡由各产地或商埠通过常德、桃源之船只，如专载运往他县之五谷棉花及其他能隐藏鼠类之货物，应严禁停靠。

（5）凡由外埠运入常德、桃源城区之货物，得自由运输；但五谷棉花被服等，绝对禁止由常桃城区外运。

（6）常桃县属境内准备外运之五谷棉花等物，应存贮于疫区范围之外，各仓库并须具有防鼠设备，其设置地点由防疫处指定之。

（7）所有经过常桃又准予停留船只，日间可在江面两岸停靠，惟黄昏后至翌晨天明止，须移向江心离岸两丈以外之处抛锚，并应抽去跳板，所有上下行船只，黄昏与天明之间一律禁止通行。

（8）凡由疫区出境之病人，必须向防疫处请领出境许可证，始可放行。

（9）凡由疫区迁运出境之尸体，必须领有防疫处颁发之安葬证，始可放行。

（10）凡发现疫鼠及鼠疫病人之船只，应施行灭鼠灭蚤之消毒处置；无预防注射证之船员及旅客，应留验七日；如发现肺鼠疫时，所有旅客船员，均应留验七日后始可放行。

（11）遇有肺鼠疫流行时，得由军警协助，完全断绝交通，其无特别通行证者，一概不得出入疫区。

（七）杀鼠灭蚤。为解决常桃鼠疫问题，最理想之方法为完全消灭当地鼠族。揆诸目下情形，实不敢求之过奢。但无论如何，尽量减少鼠族及其蚤类之数量，即可减少鼠疫传染机会。在过去，因缺乏防治器材，除利用捕鼠笼、杀鼠器外，另以碳酸钡制成毒饵诱杀鼠族，施用经过尚未见效。惟鼠疫流行时利用上述方法举行大规模灭鼠运动，实有增加人类鼠疫病例发生之可能，盖染疫之鼠，中毒或被捕杀死后，附带鼠身上之蚤类即时离开另觅新宿主，如当时附近并无鼠族，已染疫之蚤可咬人类，即可传染鼠疫。故在鼠疫流行期间，杀鼠、灭蚤应同时举行，其最妥善之方法为利用氰酸气熏蒸法。该项药品一批已由美运到，正在疫区施用。至于以煤焦油及肥皂制成□□状灭蚤液，颇有成效，但采购大量煤焦油备用极为不易，现正试验改用其他灭蚤药品。

（八）预防注射。普遍施行预防注射，增加集体免疫力，可免鼠疫扩大流行，此实为有效防治方法之一。今春常德鼠疫再度流行时，有染疫者共三十一人，其中廿四人死亡，均未预防注射，其他七人因曾接受预防注射，并于早期即予隔离治疗，得告痊愈，由此可见，鼠疫之预防注射确有效用。惟该项注射须分两次或三次完成，强制施行，不无困难，现正由各方细菌学家、免疫学家研究制造一次即可完成之预防注射方法。又因注射后所产生之免疫力大约只能维持六个月，故施用日期又须合理规定，经多方考虑后，决定下列实施原则：

1. 根据鼠族及蚤类之检查结果，推测鼠疫可能流行期间，如鼠族染疫率有增加证据，疫区内即应普遍强制施行鼠疫预防注射，于短期内完成该项工作。本年秋冬初，预计有鼠疫再度流行之可能，预防注射工作于九、十月份积极进行。

2. 在疫势有再度流行之危险期内，所有前往或经过疫区之旅客，均须一律接受预防注射，否则不准入境。

3. 疫区内居民得随时自愿向各地卫生防疫机关请求施行预防注射，但该项工作于上述危险期间内必须强制执行。

4. 邻接疫区各地居民无须强制施行预防注射，但若疫区内疫势猖獗，得由湘西防疫处斟酌实际情形，临时规定强制执行之。

（九）防疫宣传。防疫工作之实施，难免侵犯个人之自由。必要时并须毁坏民众之财产。以一般民众知识之浅陋，可能引起误会，对各种防疫设施予以消极或积极之阻碍。故为便利推动防疫工作计，应特别注意于民智启迪、卫生教育之宣传，以提高其合作兴趣。在常德方面，防疫宣传工作除在报章随时发表当地疫情外，其他文字图书及口头等宣传方法，均未充分利用，即或利用亦似未有严密计划及一定目标，故收效甚微。因此当地民众对各项防疫工作多不了解，并易受奸人煽动而起来反对，其影响于防疫实施至大。查防疫宣传所需宣传资料，应由卫生技术人员供给；至实地宣传工作应与党政等各方面充分合作；利用现有各种组织机构，务须深入民间。此次启荣在常德督导防治，对于防疫宣传极为注意，于五月十五日参加常德县各界清洁大扫除及防疫宣传大会，五月十五日参加常德县城区党团员大会，五月十八日出席常德县政府扩大行政会议，此外又召集常德各界领袖及代表开座谈会，于每次集会对于常德鼠疫之传染来源及今后防治方针均详为阐明，并请各方面努力向民众宣传。

（十）训练工作。鼠疫于我国向非常见之传染疾病，故医务卫生人员对鼠疫多不认识，具有防治经验之专门技术人员更如凤毛麟角。自廿九年敌机在浙江散播鼠疫后，举国注意。卫生署因鉴于防治鼠疫技术人员之缺乏，卅年度于浙江衢县设立防治鼠疫人员见习班，由各地卫生及军医机关派员前往，于鼠疫专家伯力士博士指导之下，参加实地防治工作。自该班成立以来，计已训练县卫生院长六人、医师二十人、环境卫生员四人、检验员二人，共计三十二人。本年度鼠疫专家伯力士博士由卫生署调驻常德担任技术指导工作，于是又在常德成立防治鼠疫人员见习班，迄八月底止，已开班两次，每期一月，经训练医师四人、护士六人、检验员七人，共计十七人。今秋仍将继续办理。此外，卫生及军医两署已与印度政府商妥，由我国遴选高级卫生人员二十名，内包括医师十名、细菌学家五名、卫生工程师五名，分两期派赴孟买，在哈夫金鼠疫研究院实习三个月，其第一期于本年十月下旬开始，俟实习完毕返国后可分派各地参加实地防治鼠疫工作。

四　今后湘省鼠疫防治工作之展望

常德鼠疫原系由于敌机之散布，其防治工作因限于环境，蔓及全城鼠族，嗣因交通检疫未能彻底施行，以致传至桃源，并于桃属莫林乡一带五月间发生肺鼠疫流行，殊称憾事。现疫势虽已遏止，但常、桃两地鼠族已形成地方性的传染病，在将来仍有爆发及向外蔓延之可能，至堪顾虑。此次在常德、桃源，经召集各有关机关及全体卫生技术人员检讨过去防治设施，及计划今后工作方针。因以往常桃防疫机构不健全、技术人员指挥不统一、防治经费不充裕、工作方式欠妥善、当地党政军各方面力量亦未充分运用，故防疫工作推进困难。虽已分别建议改善，但今后防治技术工作是否能施行无阻，除卫生技术人员应尽最大之努力外，尤有赖于当地党政军各界之协助，以及一般民众之合作。

湘西鼠疫既已成为地方性病，其根除方法之对象厥为疫区内之鼠族。但现在以有限之人力物力，实难期当地鼠族之完全消灭。若疫区范围不广，尽可将全部付之一炬。但常德城区各处均有染疫鼠族发现，而桃源县城亦有同样情形，势必须将两城全部牺牲，方能达到完全消灭当地鼠族之目的。同时常桃乡区鼠族或恐亦已染疫，若是，则纵将城区牺牲，尤未能根除当地之鼠疫。因此，未敢建议将疫区全部焚毁。其较逊之办法，即为将常桃两城暂时废弃，另择妥善地点迁移。经勘察周围地势及交通状况，又未能觅得适宜地点，即或有之，亦非抗战期内当地民众财力之所能及，故迁城之计实无把握。是以再三思维，深恐湘西鼠疫问题并非一年半载所能根本解决，在目前情形之下，惟有严密封锁疫区，务期减少鼠疫向外蔓延之机会。

此次奉命赴湘西督导防治鼠疫，结果防疫机构已较前为健全，防疫设施亦针对当地情形设施完成，将来自可依照推行，渐次根绝疫源。至鼠疫患者之治疗，发现病例共计五十五例，均系民众，当地驻军并未感染。经治愈者七人，其中二人且具有肺鼠疫症状。顾病例总数虽为不多，但亦已证明预防注射及治疗用药之功效，此尤足供工作同人引以自慰者也。

尤可贵者，驻常之卫生署、军政部军医署及中国红十字会总会救护总队医疗防疫工作人员，暨当地卫生机关各同仁，均能不避艰危，不辞劳怨，良足嘉尚。而卫生署外籍专员伯力士，已届高龄，常驻疫区，于实地工作之余，指导后进，孜孜不倦，更使启荣感念不止。循此以观，若各工作同仁能继续努力，则湘西鼠疫问题虽为严重，其根本解决尚可预期也。

五　附录

表一　　　　　　常德鼠族分类检验结果统计表（三十一年）

附注：一月份染疫鼠类分类数目及其百分率之合计栏内数字未计入总计栏内。

类别 \ 月份		一月(30—31日)	二月	三月	四月	五月	六月	七月	八月	九月	总计
检验鼠族分类数目	沟鼠	13	68	194	72	24	29	20	40	35	495
	家鼠	11	89	531	256	119	126	76			
	小鼠	0	11	85	31	69	104	32			
	合计	24	168	810	359	212	259	128			
染疫鼠族分类数目	沟鼠		9	19	20	3	2	0			
	家鼠		21	157	134	15	5	1			
	小鼠		2	5	5	11	2	0			
	合计	(5)	32	181	159	29	9	1			

续表

类别＼月份		一月(30—31日)	二月	三月	四月	五月	六月	七月	八月	九月	总计
染疫鼠族分类百分率	沟鼠		13.24	9.80	27.77	12.50	6.89	0			
	家鼠		23.59	29.56	52.34	12.60	3.96	1.37			
	小鼠		18.18	5.90	16.13	15.94	1.92	0			
	合计	(20.83)	19.04	22.35	44.29	13.68	3.47	0.78			
疑似鼠疫鼠族分类数目	沟鼠		5	22	4	3	1	1			
	家鼠		4	29	14	13	5	3			
	小鼠		1	15	2	8	7	1			
	合计		10	66	20	24	13	5			
疑似染疫鼠族分类百分率	沟鼠		7.35	11.34	5.55	12.50	3.44	5.00			
	家鼠		4.50	7.34	5.47	10.92	3.96	3.74			
	小鼠		9.09	17.65	6.45	11.59	6.73	3.12			
	合计		5.95	8.14	5.57	11.32	5.02	3.90			

表二　　　　　桃源鼠族分类检验结果统计表（三十一年）

类别＼月份		四月(17—30日)	五月	六月	七月	八月	九月
检验鼠族分类数目	沟鼠	5	15	19	21	15	10
	家鼠	79	189	208	61	35	19
	小鼠	0	0	0	1	6	1
	合计	84	204	227	83	56	30
染疫鼠族分类数目	沟鼠	0	0	1	0	0	1
	家鼠	1	5	7	1	0	0
	小鼠	0	0	0	0	0	0
	合计	1	5	8	1	0	1
染疫鼠族分类百分率	沟鼠	0	0	5.06	0	0	10.00
	家鼠	1.26	2.55	3.36	1.64	0	0
	小鼠	0	0	0	0	0	0
	合计	1.20	2.45	3.52	1.20	0	3.33

注：四月份有疑似鼠族一例，九月份疑似家鼠一例。

表三　　　　　　陬市、河洑两地鼠族分类检验结果统计表（三十一年）

类别	月份	七月	八月	九月	总计	备考
检验鼠族分类数目	沟鼠	11	5	0	16	
	家鼠	60	44	19	123	
	小鼠	7	4	3	14	
	合计	78	53	22	153	
疑似染疫鼠族数目	沟鼠	1	0	0	1	一、无证实染疫鼠族
	家鼠	1	0	0	1	二、陬市八、九两月份无数字
	小鼠	1	0	0	1	
	合计	3	0	0	3	
疑似染疫鼠族分类百分率	沟鼠	9.09	0	0	6.25	
	家鼠	1.65	0	0	0.81	
	小鼠	14.28	0	0	7.14	
	合计	3.85	0	0	1.96	

表四　　　　　　常德鼠蚤分类统计表（三十一年）

类别	月份	一月(30—31日)	二月	三月	四月	五月	六月	七月	八月	九月	总计
经捕鼠蚤分类数目	印度鼠蚤	1	6	37	1	1	10	27	6	0	89
	欧洲鼠疫（东亚种在内）	23	271	1442	744	197	16	1	4	9	2707
	盲蚤	2	61	222	352	104	25	5	0	0	771
	合计	26	338	1701	1097	302	51	33	10	9	3567
鼠蚤分类百分率	印度鼠蚤	3.84	1.80	2.17	0.09	0.33	19.60	81.81	60.00	0	2.49
	欧洲鼠疫（东亚种在内）	88.46	80.17	84.77	67.82	65.23	31.39	3.03	40.00	100.00	75.89
	盲蚤	7.69	18.05	13.05	32.09	34.43	49.01	15.15	0	0	21.62

表五　　　　　　　　　　**桃源鼠蚤分类统计表（三十一年）**

类别	月份	四月（17—30日）	五月	六月	七月	八月	九月	总计
经捕鼠蚤分类数目	印度鼠蚤	2	9	3	9	6	3	32
	欧洲鼠疫（东亚种在内）	139	146	53	21	9	3	371
	盲蚤	33	93	21	7	2	3	159
	合计	174	248	77	37	17	9	562
鼠蚤分类百分率	印度鼠蚤	1.15	3.63	3.89	24.32	35.29	33.33	5.69
	欧洲鼠疫（东亚种在内）	79.89	58.87	68.84	56.76	52.94	33.33	66.02
	盲蚤	18.96	37.50	27.27	18.32	11.77	33.34	28.29
	合计	100.00	100.00	100.00	100.00	100.00	100.00	100.00

表六　　　　　　　　**陬市、河洑两地鼠蚤分类统计表（三十一年）**

类别	月份	七月	八月	九月	总计	备考
经捕鼠蚤分类数目	印度鼠蚤	42	43	0	85	
	欧洲鼠疫（东亚种在内）	7	2	0	9	
	盲蚤	2	1	1	4	
	合计	51	46	1	98	
鼠蚤分类百分率	印度鼠蚤	82.35	93.48	0	86.74	八、九两月份陬市无报告
	欧洲鼠疫（东亚种在内）	13.73	4.35	0	9.18	
	盲蚤	3.92	2.17	0	4.08	
	合计	100.00	100.00	100.00	100.00	

表七   常德鼠疫疫苗预防注射人数按月统计表

年份	月份 次数	第一次注射	第二次注射	合计
三十年	十一月廿四至十二月卅一日	2909	1353	4262
三十一年	一月	2370	790	3160
	二月	1750	1180	2930
	三月	4568	2630	7198
	四月	6407	2779	9186
	五月（至十日止）	1018	671	1689
总计		19022	9403	28425

表八   常德鼠疫患者病型分类统计表

年、月	类别	腺型	败血型	肺型	腺型兼败血型	败血型兼肺型	腺型兼肺型
三十年	十一月	3	2	0	0	0	0
	十二月	2	0	0	0	0	0
三十一年	一月	1	0	0	0	0	0
	二月	0	0	0	0	0	0
	三月	1	1	0	0	0	0
	四月	8	8	5	2	1	1
	五月	1	3	0	0	0	0
	六月	1	1	0	0	0	0
	七月	0	0	1	0	0	0
	八月	0	0	0	0	0	0
	九月	0	0	0	0	0	0
统计		17	15	6	2	1	1
百分率%		40.48	35.71	14.29	4.76	2.38	2.38

表九　　　　　　常德鼠疫患者按性别、年龄、月份统计一览表

年龄 \ 月份/性别	三十年十一月		三十年十二月		三十一年一月		三十一年二月		三十一年三月		三十一年四月		三十一年五月		合计	
	男	女	男	女	男	女	男	女	男	女	男	女	男	女	男	女
0—9											2				2	
10—19			1		1						2	3			2	5
20—29	2	1									2	3	1		4	5
30—39				1				1			2	2	1		3	4
40—49											2	2			2	2
50—59	1								2		3		1	1	7	1
60—69											1	1			1	1
70 以上																
总计	3	2	1	1	1				2		14	11	1	3	21	18

注：六月份病例二人、七月份病例一人尚不能分类，未列入表内。

表十　　　　　　常德鼠疫患者经过情形一览表（三十一年七月九日止）

病例序号	姓名	年龄	性别	职业	住址	发病日期	死亡日期	主症	诊断
1	蔡桃儿	12	女		关庙街蔡洪盛号	1941.11.11	1941.11.13	寒热	败血型
2	聂述生	58	男	商	府庙街四保	1941.11.12	1941.11.13	鼠蹊淋巴腺肿	腺型
3	蔡玉珍	27	女	主妇	东门内常清街	1941.11.11	1941.11.13	高热淋巴腺肿	败血型
4	徐老三	27	男	工	北门内皂果巷五号	1941.11.12	1941.11.14	高热项痛右鼠蹊腺肿	腺型
5	龚超盛	28	男	工	关庙街十八号	1941.11.23	1941.11.24	高热右鼠蹊腺肿	腺型
6	王瑞生	38	男	工	东门内永安街一保	1941.12.13	1941.12.14	高热右鼠蹊腺肿	腺型
7	王贵秀	15	男	小贩	三板桥九保	1941.12.18	1941.12.20	高热昏迷	腺型

病例序号	姓名	年龄	性别	职业	住址	发病日期	死亡日期	主症	诊断
8	胡嫂	30	女	工	关庙街杨家巷	1942.1.11	1942.1.13		腺型
9	向玉新	50	男	小贩	华岩庵五十二号	1942.3.20	1942.3.24	高热四肢疼腹及胸部有出血点	败血型
10	陈孔昭	52	男	商	关庙街湖南旅舍	1942.3.22	1942.3.28	左鼠蹊腺肿	腺型
11	陈维礼	5	男		皂果树	1942.4.1	1942.4.4	发热项□直晕□	败血型
12	蒋家祖	45	男	小贩	北门内长巷子三十二号	1942.4.1	1942.4.2	高热头痛	腺型
13	邓乐群	32	男	政	法院西街	1942.4.5	1942.4.12	发热头痛鼠蹊腺	腺型
14	杨梅青	8	男	学	五铺街八保	1942.4.4	1942.4.6	尸体呈出血点右腋下腺肿	腺型
15	张金斗	15	男	军	府坪街军警稽查处	1942.4.3	1942.4.7	发热头痛呕吐	败血型
16	陈刘云	33	女	主妇	法院西街三十四号	1942.4.6	1942.4.11	发热寒战右鼠蹊□□□	腺型继发肺型
17	陈淑钧	14	男		法院西街三十四号	1942.4.5	1942.4.11	颈腺肿大	败血型兼腺型
18	葛大亮	27	男	记者	三闾岗	1942.4.9	[治愈]	寒热呕吐咳嗽	肺型
19	金罗氏	28	女	主妇	三板桥九保	1942.4.10	1942.4.12	咳嗽血痰	肺型
20	毛仁山	60	男	工	五铺街一百一十二号	1942.4.10	1942.4.12		败血型
21	周黄氏	24	女	主妇	法院西街三十二号	1942.4.10	1942.4.15	咳嗽	败血型
22	马保林	54	男	工	五铺街八保	1942.4.15	1942.4.17	左颈腺肿大	腺型
23	杨彼得	13	男	学	五铺街九十号	1942.4.13	[治愈]	发热头痛右鼠蹊腺肿	腺型
24	杨珍珠	20	女	学	五铺街九十号	1942.4.14	[治愈]	左鼠蹊腺肿	腺型
25	陈华山	51	男	商	五铺街一〇六号	1942.4.12	1942.4.17	咳嗽血痰	肺型

续表

病例序号	姓名	年龄	性别	职业	住址	发病日期	死亡日期	主症	诊断
26	袁罗氏	17	女	主妇	清平乡四保	1942	1942.4.18		肺型
27	谢建隆	32	男	记者	三闾岗	1942.4.16	[治愈]	左鼠蹊腺肿	腺型
28	唐珍秀	17	女	工	北门长巷子三圣宫	1942.4.13	1942.4.19	咳嗽血痰	肺型
29	李祝氏	68	女	主妇	北正街三十三号	1942	1942.4.18	咳嗽半身疼痛	败血型
30	黄周氏	47	女	主妇	大河街十三保	1942.4.13	1942.4.19	恶寒发热咳嗽	败血型
31	杜玉甫	26	男	商	下南门一号	1942.4.29	[治愈]	左鼠蹊腺肿	腺型
32	梅张氏	49	女	主妇	岩桥	1942.4.17	1942.4.24	高热恶心咳嗽咳血	败血型兼腺型
33	李泉婆	53	男	农	五铺街七十九号	1942.4.27	1942.4.29	高热谵语腹痛	败血型
34	李刘氏	37	女	主妇	五铺街三十九号	1942.4.30	1942.5.3	左腋腺肿大	腺型继发肺型
35	陈正陆	46	男	工	五铺街一〇一号	1942.4.22	1942.5.2	咳嗽	败血型
36	王保元	56	男	小贩	阴阳桥	1942.5.4	1942.5.7	发热头痛咳嗽	败血型
37	李丁氏	26	女	主妇	双忠街二十二号	1942.5.5	1942.5.7	发热身体衰弱	败血型
38	顾卢氏	51	女	主妇	孙祖庙四十一号	1942.5.4	1942.5.7	尸体胸腹部出血点左鼠蹊腺□□□	败血型
39	戴氏	33	女	主妇	五铺街广德医院隔壁	1942.5.15	1942.5.18	左鼠蹊腺及□淋巴腺肿大	腺型
40	龙春生	51	男	商	四铺街五保二甲四号	1942.5.22	1942.6.2	腋腺肿胀	腺型
41	赵丁生	13	男	学徒	三铺街同泰祥铁店	1942.6.13	1942.6.15		败血型
42	赖世芳		女	护士		1942.7.9		少量咳嗽带血	肺型

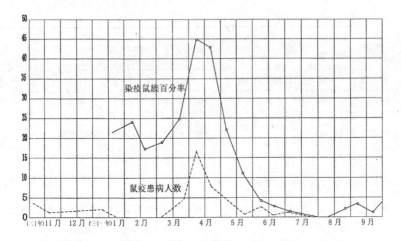

图一　常德鼠疫患病人数与染疫鼠族百分率比较图

图二　湖南常德鼠疫病例发现情形图暨检验染疫鼠族情形图（略）

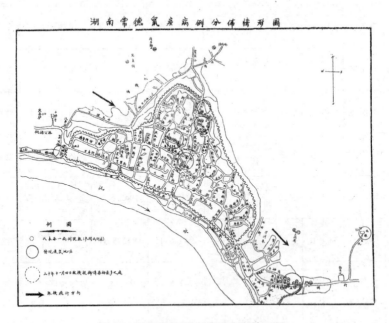

图三　湖南常德鼠疫病例分布情形图

湖南省档案馆藏，档案号：74—3—6

湖南省防治常德桃源鼠疫工作报告

湖南省卫生处

1943 年 4 月

一 鼠疫发现情形

三十年十一月四日清晨，敌机一架空袭常德。其时晓雾弥漫，敌机低飞市区未投炸弹，但掷下谷麦、絮纸、棉及其他不明颗粒落于常德城内，关庙前［街］鸡鸭［鹅］巷者为最多，其他各街亦有之。警报解除后，由防空指挥部、警察局、各乡镇公所，各将敌机所投下之物送由常德广德医院检查。该院初以无菌生理盐水洗涤沉淀涂片染色镜检，除发现多数革兰氏阳性杆菌外，并有少数两极着色杆菌。嗣复作细菌培养，重行检验，结果相同，因此在常德之医务人员均认为类似鼠疫杆菌。十一月十二日晨，关庙街居民蔡桃儿，年十二岁，由其母护送广德医院求诊，患者系十一晚忽发寒战，继则高热头痛、周身不适、神志不安等症状，当由该院涂片检验发现：两端染色杆菌于前检验敌机投下谷麦等验得之杆菌类似。十三日晨，该患者死亡，旋作尸体解剖，发现有可疑之鼠疫病理变化，内脏涂片亦发现类似鼠疫杆菌，此常德第一例鼠疫患者。经临床诊断、尸体解剖及显微镜检查而确定其为鼠疫，查医疗文献本省无鼠疫病例之记载，而常德鼠疫病例之发生，在敌机散播颗粒等物后之一星期左右，适与鼠疫潜伏期相符。浙江、江西、福建、广东曾先后有鼠疫流行，其距常德较近之疫区为浙江衢县、江西光泽，但水陆交通相距二千公里以上，按现在交通情况，纵有染疫者赴常，其未达到之日即已超过其潜伏期间，足以证明此次常德鼠疫非由地方性之再度增炽，亦非因国内疫区之传播，其病菌确为暴日所散布，盖顽寇陷身泥淖、日暮途穷，乃不顾人道而为此卑鄙毒辣之行为，以施行其细菌兵器之企图也。

二 流行概况

常德自三十年十一月十一日发现疑似鼠疫病例后，十二日东门常清街续发现一死亡病例。讯悉患者于十一日曾发高热，十三日病亡。作肝脏穿刺术，涂片检查有类似鼠疫杆菌。嗣于东门外附近又相继发现第三、第四两病例，均系十二日发病高烧鼠蹊腺肿大（横痃）等病象，淋巴腺穿刺涂片检查均有类似鼠疫杆菌，于十三、十四日死亡。第五病例系十八日发病，高烧谵妄（横疬）等病象，尸体解剖无特殊病理变化。第六病例为关庙街居民龚操胜，十一月二十三日晚发病，二十四日晚死亡，经中国红十字会救护队检验指导员兼军政部战时卫生人员训练所检验学组主任陈文贵作尸体解剖、细菌培养及动物接种试验，均证实为真正腺鼠疫。

三十年十二月至三十一年一月，常德城区继续发现鼠疫病例。三月以后，疫势复炽，死八人，其中有肺鼠疫二人。

三十一年五月四日，桃源莫林乡第十保李家湾居民李佑生，自常德卖布归，患急病于同月十日死亡，其亲属侍病及探视者均相继染病死，十七人均肺鼠疫。

三十一年十一月六日，常德县属新德乡石公桥，约距城四十五公里，发现鼠疫，距石公桥十公里之镇德桥于二十日相继发现鼠疫，前后共死四十余，经检验均为腺鼠疫。

兹将常德患鼠疫六病例研究与调查结果图表，常德发现鼠疫地点图，桃源莫林乡肺鼠疫病人清册流行原因调查报告，桃源莫林乡与其他各乡略图及常德石公桥镇德桥鼠疫病人登记表附列于后。

三　防治经过

甲、组织防疫机构、拟定防治计划

常德鼠疫发现之初，即由省政府电呈中央，并分电卫生署、军政部及第六、第九两战区①司令长官司令部，请调高级卫生人员前赴常德共商防御方针。本处比派主任技正邓一韪、工程师刘厚坤携带疫苗血清等驰往督导防疫工作，商由当地最高机关、各公法团体，组织常德防疫处以期统一事权，便利指挥。由第四区行政督察专员欧冠兼任处长。第六、九两战区兵站卫生处、卫生署及中国红十字会救护总队部等派在常德防治鼠疫之主管人员任委员，该处设总务、财务、宣传、情报、纠察、补给及防疫各股。分由当地各有关机关负责主持。另设留验所、隔离病院、检疫站，并对疫区民众举行预防注射。处长旋即赴常实地督察，召集各防治单位技术人员研讨行政、技术、联系问题。一面电请卫生署迅派技术专家莅常指导，及请调派医疗防疫队协助防治，并向中央防疫处订购鼠疫疫苗、血清

---

①　因为事涉军事机密，文件用×代替，实为第六、第九战区。——编者注

与防鼠疫特效药品，又先后派本处技术专员王瀚伯、卫生稽查长梅朝章、检疫主任崔韵赓等前往该县严密防治。卫生署外籍专员伯力士于三十年十二月抵常开始检验鼠只、鼠蚤，发现疫鼠甚多，深虑暴发。三十一年二月由本处拟具三十一年度扩大防治鼠疫计划及概算，派技正孔麒携与伯力士专员协商，斟酌实际情形略为增削，赍由省政府转交中央核准追加经费，正办理间。省政府据常德防疫处兼处长张元祜电告，三月以后鼠疫复炽，共死八人，其中有肺鼠疫二人，本处以疫情严重，在中央未核准经费以前，特调本省巡回卫生工作队二队□□驻常，加紧工作并续发鼠疫疫苗、血清、巴劳雪麝、漂白粉、石炭酸、酒精、来苏及消毒药品一批，专人运往以应急需而利工作。

乙、加强防疫设施

三十一年四月，卫生署派防疫处容处长启荣来湘指导防疫事项，比由处长携带药品器材陪同往常指导防治。一面电邀第六、九两战区卫生处长及电饬益阳、安乡、沅江、桃源、汉寿、沅陵各县卫生院长、津市卫生分院主任赴常商议防御鼠疫办法。其时常德鼠族染疫率经伯力士专员检验由百分之八十六降至百分之二十三，疫情已趋好转。惟桃源莫林乡忽发现肺鼠疫，系一布贩李佑生在常染疫潜归病发，互相传染所致，死十七人。处长当会商各方高级卫生技术人员，亲自督队赴桃源防治，于六月五日已告肃清。仍饬该地检疫站继续严密检疫。疫区既已扩大，防疫工作自应加强。经与容处长启荣、第六、九两战区卫生处长陈立楷、冯启琮拟定加强防御鼠疫意见，如加强防疫机构，严密防疫情报、交通、检疫、隔离、留验，推广预防注射，厉行杀鼠灭蚤，扩大防疫宣传，充实药品器材，严密工作考核，均详述实施要点，以利推行。并遵照卫生署□□□电示暨参酌容处长启荣等意见，拟具三十一年度加强防御鼠疫办法。将原有常德防疫处扩为湘西防疫处，下设桃源分处以专责成，并于常桃外围重要交通线之各县，除原设防疫委员会外，各另设检疫站一所，呈由省政府委员会常会通过，复经省政府令派本处主任技正邓一髹为湘西防疫处特派员，协助改组与督导技术改进事宜。兹将鼠疫检疫站设置地点列表如次：

湖南省鼠疫检疫分驻站地点一览表

站点	检疫地点	主办人员	备考
常德鼠疫检疫站	分设各站如备考栏	肯特	常德鼠疫检疫站下设南门检疫站、河洑检疫站、黄木关检疫站、大西门检疫站、北门检疫站、东江检疫站、洛路口检疫站、水西门检疫站。
桃源鼠疫检疫站	分设各站如备考栏	管育仁	桃源鼠疫检疫站共四站计桃源城区陬溪、漆家河、麦家河。
长沙鼠疫检疫站	轮船码头	王诘	卫生院长暂兼
沅江鼠疫检疫站	轮船码头	李世林	卫生院长暂兼
汉寿鼠疫检疫站	轮船码头	聂焱	卫生院长暂兼
津市鼠疫检疫站	轮船码头	葛柏林	分院主任暂兼
沅陵鼠疫检疫站	汽车站水码头	曹铎	卫生院长暂兼
临澧鼠疫检疫站	通桃源大道	何秉贵	卫生院长暂兼
安乡鼠疫检疫站	轮船码头	孙道言	卫生院长暂兼
慈利鼠疫检疫站	通桃源大道	陈士纯	卫生院长暂兼
石门鼠疫检疫站	通桃源大道	吴玉芬	卫生院长暂兼

丙、各级军政长官派员切实协助

常德发现鼠疫病例时，蒙第六战区司令长官派卫生处长兼兵站卫生处长陈立楷、第九战区司令长官派卫生处长冯启琮赴常德指导，暨转饬邻近常德与交通要道驻军力予协助。三十一年四月，常德鼠疫因春暖复炽，处长陪同容处长启荣往常督导，又承陈、冯两处长莅临协助，获益良多。溯自此疫发生以来，委座极为重视，经遵循谕示尽力防治，只以民众知识水平过低，各方联系有欠周密，工作进行不无阻滞。荷霍总司令揆彰就近督导，煞费苦心，其参谋医务人员莫不尽力赞助，并先后调派邓、冯两营长率领所部担任交通管制。复荷陈处长立楷调派卫生队一排担任担架任务，并增调军医官多人协助医疗检疫。盖防治鼠疫专从技术着手，难收圆满效能，必须配合军事、政治力量，始克推行尽利也。常德防疫处于三十年十一月下旬成立，由第四区行政督察专员欧冠兼任处长，嗣欧专员他调，由张专员元祜继任。三十一年改组为湘西防疫处，仍由省政府聘任张专员兼处长，常德县长戴九峰兼副处长，卫生署石大队长茂年任技术督察长，专员伯力士为顾问，下设总务、疫情、检验、检疫、宣传、卫生工程、卫生材料各组及会计室，并设疫情诊察队、隔离医院、病理检验所、水陆交通检疫所、纠察队、担架队、留验所等，分由卫生署及中国红十字会所派各队及六、九两战区与本省所派人员分别主持。另设咨询委员会聘请当地党政军各界领袖及士绅为委员，嗣石兼督察长茂年奉令他调，改聘施大队长毅轩接充，施兼督察长，因公离常，又改聘章大队长瑞生继任。鼠疫传染至速，防疫机构设施固应周详，而当地军政首长、公法团体尤贵密切联络通力合作，始能收普遍之效。常桃行政机关、党部、三民主义青年团、师管区、各报馆、保安大队，与其他有关机关团体如海关运输统制局、税务局、商会等均能尽量协助。故常桃鼠疫迄今尚未扩大流行，固因设有防疫机构负其专责，亦各方指导协助之功。

丁、工作及疫情

常德鼠疫证实后，除由本处调派卫生技术人员驰往防治外，一面电请卫生署、军政部、红十字会总会调派医疗防疫单位先后莅常协助，其常驻常桃工作者有卫生署医疗防疫第十四队、第二细菌检验队卫生工程队、军政部第四防疫大队第二中队、第九防疫大队第三中队、红十字会救护总队第二中队、本省巡回卫生工作队、第六战区第二十兵站分监部所派之军医、第九战区第九防疫大队、第二十集团军医务所以及常德中心卫生院、私立广德医院、桃源卫生院等。其工作项目：

1. 疫情报告

凡城区及近郊之死亡者，由所属于当日分报保甲长及警察所，转报防疫处填发安葬证，如可疑者，须经防疫处鼠疫病理检验后，始可填发，并由警察局、乡镇公所督饬保甲长随时查询所辖各户有无鼠疫发生。如有鼠疫或疑似鼠疫症状者，转报防疫处派员诊察。

2. 隔离治疗

染疫病者能得早期疗治，其痊愈之机会较多；迅予隔离，其辗转传染之机会减少，故由隔离医院收治病人并与当地广德医院充分合作，必要时由该院代为收治。三十一年春，鼠疫再度流行时，施用磺苯胺噻唑治愈者七人，其中二人具有肺鼠疫症状，余为腺鼠疫及败血性鼠疫。三十一年十二月，湘西防疫处筹设水上隔离病院，拟价购盐船一只，因经济关系一切布置尚需时日始可就绪

3. 病家消毒及家属留验

凡曾接触鼠疫病人之亲友必须强制留验，其医药伙食一律免费，并限病家迁出原址，移住他处，将疫户封闭，施行病家消毒及杀鼠灭蚤等工

作,俟封闭解除后方可迁回。其迁住期内仍须将迁移住址报告警察局及保甲长,以便随时派员访问有无鼠疫发生。

4.尸体处置

三十年曾一度采用火葬,旋以死者家属畏惧,引起匿报分向四邻逃避情事,影响防疫至关重大,遂于三十一年四月停止火葬办法,改设公墓,于尊重民间习俗之外,仍顾及集体安全,前项匿报逃避之风由是稍戢。

5.交通检疫

常德毂绾湘西,物产丰富。桃源距常德陆路四十五里、水路九十里,交通均极便利。今既成为鼠疫疫区,染疫鼠族及其蚤类易随商旅而传播,疫区鼠疫病人如任其潜离,犹有引起肺鼠疫流行之可能,故严切实施交通检疫,以免蔓延。经省政府制定《湖南省鼠疫检疫暂行办法》,布告周知,办法附后。

一、鼠疫检疫除《湖南省防范鼠疫实施办法》规定者外,悉依办法之规定。

二、凡出入疫区之旅客、商贩一律接受预防注射,由注射之检疫站发给注射证。无注射证者禁止通行,但均得临时向就近检疫站补行注射,领取注射证。

三、凡经过疫区上下行船只,在日入以后日出以前一律禁止通行。

四、载运五谷棉花被服、经过疫区开往他地之船只,不准停靠,禁止停船之江岸,并应先向检疫站领取通行证,方可放行。前项禁止停船地段由各该地防疫机关斟酌实际情形指定之。

五、疫区之五谷、棉花、被服禁止外运,但原系堆集禁止停船地段以外,而其仓库先有防疫设备,并得检疫站之证明书者,得向外埠起运及卸货。

六、经过疫区船只除装载五谷、棉花、被服,应依第四条之规定办理外,其载运其他各种货物者,日间可在江面两岸停靠,晚间九时起至翌晨天明止,须移向江心离岸两丈之处抛锚停泊并须抽出跳板,其与岸上往来得用划渡。

七、凡由疫区出境病人,应向防疫机关请领出境许可证,其无许可证者应赴检疫站诊察后补领,始可放行。但发现鼠疫及疑似鼠疫症状者,应速送隔离病院隔离或留验所留验,其行李应予消毒灭蚤之处置。

八、凡由疫区迁运出境尸体,须领有防疫机关发给之安葬证,始可放行,无安葬证者应将尸体送由防疫机关检验补领。

九、凡发现疫鼠及鼠疫病症之船只，应施行杀鼠灭蚤之消毒处置，并得强制执行其无预防注射证之水手、旅客预留验七日。如发现肺鼠疫时，其他水手旅客应一并留验七日放行。

6. 杀鼠灭蚤

减少鼠族及其蚤类之数量，即减少鼠疫传染之机会，除利用捕鼠架及捕鼠笼子外，三十一年十月，湘西防疫处以检验常德病鼠由百分之十五进至百分之二十五，鼠疫比率既增，深恐爆发，故采用奖励方法，发行奖励捕鼠奖券，凭缴到之鼠给与奖券，定期开奖，有得奖金希冀。发行以来颇收绝佳之效。本年以碳酸钡等制成毒饵，兴办毒鼠工事诱杀鼠类，于常德城区实施二次，石公桥、镇德桥实施二次，收效颇多。

7. 预防注射

普遍施行预防注射增加免疫力量，以免鼠疫扩大流行，实为有效方法之一。经规定每人必须注射两次，完全免费，严密消毒注射后所发生之免疫力约能维持六个月。每六个月复察、预防注射，并于注射时向民众解释有反应之可能，以免误会。三十一年秋，发动普遍预防注册，旋以鼠疫比率增加，将和平劝导预防注射改为交通管制强制注射，实施以来全城人口已注射百分之五十以上。

8. 防疫宣传

除由三民主义青年团每周编制壁报外，在各报纸随时发布当地疫情、刊登有关防治鼠疫文字，各防治单位均制有标语及举行集会演讲，本处印散鼠疫小册万份、标语万份，防疫处于上、下南门码头树立木匾一面，绘制疫区地图一面，书写预防标语。三十一年秋并举行扩大防疫宣传周，举行清洁大扫除。本年春，征集各种卫生读本及有关防治材料举行春季防疫展览会以期启迪民智，提高合作兴趣，便利推动防疫工作。

此外，关于防治鼠疫人员之训练，伯力士博士独费苦心，公务之余，循循善诱，在常德成立防治鼠疫人员补习班。至三十一年八月底止，已开班二次，每期一月，经训练医师四人、护士六人、检验员七人，共十七人。

当常德发现鼠疫时，并未发现大量死鼠。迨三十年十二月下旬，鼠疫专家伯力士博士抵常调查研究仍无染疫之鼠。三十一年一月下旬，始发现疫鼠，此后染疫鼠数逐月递增。三月以后疫鼠比率达最高，人类染疫亦时有发现，且延及桃源。先是桃源县城于三十一年四月首次发现疫鼠，正筹划大规模鼠族检查，不意五月四日竟以一布贩在常染疫潜归桃源莫林乡家乡相互传染，死亡相继，幸发现尚早，未致扩大流行。五月二十七日以后，即无新病例发现。六月间在桃源作大规模鼠族检查，于两百二十七死鼠内有染疫者八只。七月上旬，又检查死鼠四十八只，只发现染疫鼠一只。其后，桃源城区鼠族疫病流行似已停息，但鼠族已遭传染形成疫源，随时可侵入人体，深抱隐忧。常德各防疫单位以疫情严重，经加强工作，举行挨户普遍预防注射，并于二十七日商调省立农村医事职业学校教员及第一班实习学员三十余人驰往协助，夏间疫势稍杀。秋后疫鼠比率又由百分之十五增至百分之二十五，深恐再变爆发，湘西防疫处应时成立，中央拨发之防御鼠疫经费七十万元拨由该处应用。所有工作人员交由该处指挥以专责成，本处则仍以省府合署办公之关系尽力赞襄，成立以来对于预防注射、交通检疫、隔离消毒、杀鼠灭蚤、扩大宣传，各项设施均能切实办理。十一月石公桥、镇德桥于鱼□相继发现鼠疫。镇德桥为常德城区与石公桥交通中心，该处有札棉线铺二十二家，布匹棉线店二十家，全乡人口万四千余人，恃棉货出产生活者约百分之十。藉棉织物传播鼠疫关系尤大。经严密防治，疫病旋幸清除，本年三月二十间，湘西防疫处电告二月份检验鼠只结果百分数为百分之八，最近无新病例发现，兹将常德鼠疫之情统计于左：

常德鼠疫逐月疫情统计表

三十年十一月至三十二年二月止

年份 月份 类别		三十年		三十一年												三十二年	
		11	12	1	2	3	4	5	6	7	8	9	10	11	12	1	2
鼠疫百分率					19.05%	17%	42%	9.1%	2.7%		1.2%	1.6%	9%	0.11%	0.04%	0.05%	0.08%
印度蚤百分率					1.7%	21.6%	0.1%	0.5%	2.3%	77.1%	60%		7.7%	0.05%	0.05%		0.001%
鼠疫病例	治愈人数	3					3	2	1								
	死亡人数	18	2	1			6	25	4	1				3	33		
	合计	21	2	1			6	28	3	1				3	33		
备改		三十一年五月中旬桃源莫林乡发现肺鼠疫死十七人未列入本表合并注明。															

民国三十二年四月二十日填湖南省卫生处制

四　经费

三十年，以敌机曾在衢县、宁波等地散播鼠疫杆菌发生鼠疫，本省为预防敌人毒计，经拟具《湖南省防御鼠疫计划》暨经费预算计七〇，一三五元，经省政府第一七九次常会通过，并通饬遵办。十一月，常德发生鼠疫，需款甚巨，而原核定之预算支付将罄，经省政府第二五九次常会议决，先行饬库拨款二万元，仍补其追加手续。三十一年度湘西防疫处经费奉中央核定为七十万元，以五十万元作经常防疫之用，二十万元作特别准备金。惟以往疫区仅常德一县，嗣桃源亦应视为疫区，七十万元自应不敷支用，所幸疫势未继续扩大，尚可勉强支持。本年度经费经省政府列入省单位概算（请核定增刊部分），呈核在卷。嗣电奉行政院政务处电，以本省鼠疫经费限于核定概算总额，无法匀列，如将来确有必要似可专案请款，已将湘西防疫处原编三十二年度工作计划及概算先行会商有关各厅处酌加调整，俟省政府常会核议后呈请核定。时当春令，鼠疫深虑爆发，工作自应加紧推行。上年度鼠疫节余经费早已用完，需款至迫，经省政府电呈行政院请予提前拨发三十万元，以应急需。在未奉准前由省政府常务会议决，暂在本省春夏季防疫经费项下借垫六万元以资接济。

常德腺鼠疫六病例研究与调查结果简表

病例	（一）	（二）	（三）	（四）	（五）	（六）
病人姓名	蔡桃儿	蔡玉贞	聂述生	徐老三	胡钟发	龚操胜
性别	女	女	男	男	男	男
年龄	11	27	58	25	？	28
寓址	A区	B区	B区	B区	A区	A区
发病日期	卅年十一月十一日	同前	卅年十一月十二日	同前	卅年十一月十八日	卅年十一月二十三日
结果	死亡卅年十一月十一日	同前	同前	死亡卅年十一月十四日	死亡卅年十月十九日	死亡卅年十一月二十四
临床及试验室之检查	高烧血片有类似鼠疫杆菌瑞忒（以氏染色法）尸体解剖——腺肝脾肿大肝胆涂片（瑞氏染色）有类似鼠疫杆菌	高烧检验时已死亡肝胆涂片（瑞氏染色）有类似鼠疫杆菌	高烧鼠蹊淋巴腺肿大淋巴腺穿刺涂片（瑞氏染色）有类似鼠疫杆菌	同前	高烧谵妄鼠蹊淋巴腺肿大尸体解剖结果——脾涂片革兰氏染色未查出鼠疫杆菌	高烧软弱无力右鼠蹊淋巴腺肿大尸体解剖——脾肿，肝脾淋及肠之表面胸腔及心膜积水心血鼠右鼠蹊淋巴腺及肝脾之涂片（革兰氏及石炭酸石炭硫董紫染色法）发现鼠疫杆菌并由培养及豚鼠试验证实

续表

病例	（一）	（二）	（三）	（四）	（五）	（六）
诊断	？鼠疫	？鼠疫	？鼠疫	？鼠疫	？鼠疫	鼠疫
检视医师	谭学华（广德医院）尸体解剖：谭学华与钱保康（红十字会救护第二中队长）	肯德（红十字会救护队队长）	钱保康（本部第二中队长）	方德诚（常德卫生院院长）谭学华医师	方德诚尸体解剖者：谭学华与石茂年（卫生署第二路防疫大队长）	李鹿桀（军医署第四防疫大队技正尸体解剖者：陈文贵、刘培、薛莴奎、□讯所及（红会救护总队部）细菌培养及动物试验主持者：陈文贵

A区—关庙街一带 B区—东门一带

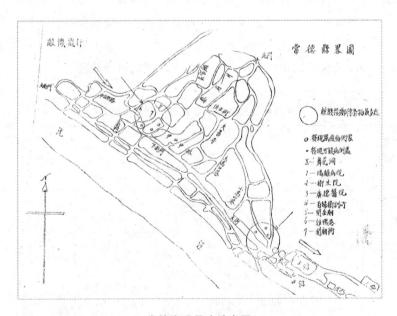

常德发现鼠疫地点图

三十二年五月桃源莫林乡肺鼠疫流行原因调查报告

　　一、李佑生，年四十余，莫林乡第二保李家湾人，以贩布卖盐为生，四日由常德返家十日死亡。佑生之长子年二十余，次子十六七岁及其已嫁谢姓之女均于十九日发病，二十二日死亡。佑生长媳二十四日得病，二十五日死亡。该佑生全家死绝。①

　　二、佑生已嫁谢姓之女，夫家住莫林乡第八保谢家湾，该女在佑生家发病二十一日送回夫家死后，该女之子及姑又病，其嫂亦病，均在垂危中。

　　三、李耀金住佑生之隔壁十三日发病十六日死亡。耀金之妻二十日死亡，发病日不详。耀金次子与三子相继死亡，长子还在病中，其姊与其姑母均于二十二日死亡，地点在调查中。

　　四、李润官住耀金隔壁，二十五死亡。

　　五、李耀生外甥女住九保三口堰，李佑生死时，曾往视，返即患轻病，现将全［痊］愈。

　　六、向国恒住十保孔水坡，二十一日曾往佑生家一次，二十四日发病，现在垂危中。

　　七、道士一名住临澧县王化乡锡城寺与莫林乡交界，曾为佑生念经开路，返家即病死。风闻该处颇有死亡。

　　以上自五月十日起至二十六日止，调查确实累计死十四人，尚在病中者六人，其传闻不实者未予记载。

　　附注：

　　一、莫林乡鼠疫死亡人数除本报告内所列十四人外，五月二十六日谢李氏之姑死，三十日覃李氏死，合计十六人，其他患者全［痊］愈。

　　二、临澧王化乡道士一名，由莫林乡染疫病死，后经电伯力士专员及桃源防疫处临澧卫生院调查，未发现鼠疫病例。

桃源莫林乡肺鼠疫病人清册

姓名	性别	年龄	发病日期	死亡日期	备考
李佑生	男	四十余		五月上旬	五月四日自常德回莫林乡王保李家湾家中
李佑生妻	女	四十余	五月十三日	五月十九日	病及死皆在家中
李新陔	男	二十余	五月十八日	五月三十日	佑生次子，侍其父母，病及死皆在家中

---

①　李佑生死去次子、三子、已嫁谢姓之女及妻（见下《清册》），并未"全家死绝"，他还有长子李松陔及另一已嫁之女李玉仙幸存。——编者注

续表

姓名	性别	年龄	发病日期	死亡日期	备考
李新陔妻	女	二十余	五月二十日	五月二四日	侍其父，病及死皆在家中
李惠陔	男	十六	五月十八日	五月二一日	佑生三子，侍其父母
李耀金	男	五十余	五月十三日	五月十五日	住李佑生隔壁，与佑生同宗，病及死都在家中
李耀金妻	女	五十余	五月十六日	五月二十日	侍其夫，病及死都在家中
李耀金次子	男	二一	五月十六日	五月二十日	侍其父，病及死皆在家中
李耀金小子	男	一一	五月二十日	五月二一日	病及死皆在家中
李润官	男	二三	五月二十日	五月二四日	住李耀金隔壁
谢李氏	女	二十余	五月十八日	五月二一日	李佑生已嫁之女，回李家省母，五月十八日得病，二十日送回第八保谢家湾夫家
谢李氏之姑	女	五十	五月二三日	五月二六日	病及死皆在家中
向国恒	男	三二	五月二三日	五月二五日	五月二十日会至李佑生家，未宿即返第十保孔水坡，病及死皆在家中
覃李氏	女	五七	五月二七日	五月三十日	李佑生次媳之义母，即李佑生之姊，会往李家后其女病，病及死皆在家中
李耀金姊	女	五十余		五月二一日	曾往其弟李耀金家视病，家在第一保，病及死皆在家中
李耀金之姑妈	女	七四		五月二一日	曾往李耀金家探病，回至临澧县边境莫林乡十二保家中
临澧县王化邻道道士一名	男				住莫林乡交界之临澧县王化乡锡城寺，会为李佑金吟经开路，返家即病死

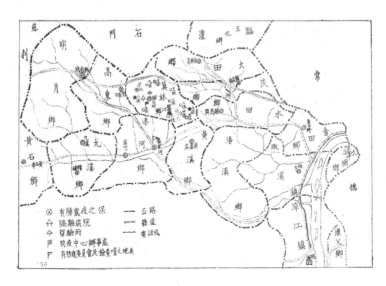

桃源莫林乡与其他各乡关系图

常德新德乡石公桥广德乡镇德桥鼠疫病人登记表

姓名	性别	年龄	住址	发病日期	死亡日期	备注
丁尾臣	男	二六	新德乡二保四甲五户北横街	十一月十七日	十一月十七日	
丁月兰	女	一二	同	十一月七日	十一月十三日	系丁尾臣之女
丁鲁氏	女	四九	同	十一月十日	十一月十三日	系丁尾臣之兄嫂
丁长发	男	四四	同	十一月十一日	十一月十七日	系丁尾臣之兄搬移六保死亡
丁甫臣	男	三〇	同	十一月十五日	十一月十七日	同
丁刘氏	女	六四	同	十一月十五日	十一月十七日	系丁尾臣之母转移六保死亡
贺第卿	男	三二	同	十月十五日	十月廿九日	系丁尾臣之雇工移崇麦乡死亡
魏乐元	男	三五	同	十月十九日	十月廿八日	同
覃东生	男	三二	同	十月二十日	十一月廿四日	系丁尾臣之雇工移居土保死亡
张毛芝	女	一四	新德乡二保四甲北横街	十月四日	十一月五日	

姓名	性别	年龄	住址	发病日期	死亡日期	备注
张盛氏	女	五四	同	十一月九日	十一月十一日	系张毛芝之母
张伯钧	男	一九	新德乡二保四甲北横街	十一月十四日	十一月十六日	系张毛芝之兄移居五保死亡
张春国	男	五二	同	十一月十日	十一月十八日	系张毛芝之父移居五保死亡
丁腊秀	女	四二	新德乡二保十甲户北横街	十月廿五日	十月廿七日	
石刘氏	女	三五	新德乡二保四甲十三户北横街	十一月八日	十一月廿一日	
阳书生	男	一六	新德乡二保四甲十四户北横街	十一月六日	十一月七日	
丁田氏	女	三六	新德乡二保四甲六户北横街	十一月八日	十一月八日	
丁子南	男	一	同	十一月八日	十一月九日	系丁田氏之子
丁三元	女	五六	新德乡二保四甲十户北横街	十一月八日	十一月九日	
丁大禫	男	二〇	新德乡二保七甲九户北横街	十一月十七日	十一月二十日	
丁国毫	男	五六	新德乡二保七甲五户北横街	十一月十二日	十一月十五日	
正清秀	女	二九	新德乡二保七甲七户北横街	十一月八日	十一月十五日	
彭星陔	男	六〇	新德乡二保四甲二户北横街	十一月十九日	十一月廿一日	移居崇孝乡死亡
彭善中	男	三二	同	十一月十九日	十一月廿一日	同
张鸿儒	男	六〇	新德乡二保八甲六户北横街	十一月廿日	十一月廿四日	
王小茂	男	二四	新德乡二保七甲五户北横街	十一月廿日	十一月廿四日	
蒋菊先	女	一六	新德乡二保七甲八户北横街	十一月廿日	十一月廿四日	

续表

姓名	性别	年龄	住址	发病日期	死亡日期	备注
王周氏	女	四五	新德乡一保六甲正街	十一月廿一日	十一月廿三日	住医院
熊瑞皆	男	四七	新德乡一保六甲十一户北横街	十一月十七日	十一月廿一日	赴城买货在城内得病死亡
丁左氏	女	三五	广德乡镇德桥	十一月廿二日	十一月廿四日	
殷群林	男	四九	广德乡一保六甲十八户	十一月十八日	十一月廿日	
李启坤	男	一五	广德乡一保八甲二十户	十一月廿日	十一月廿日	
周念苟	男	六〇	广德乡一保七甲十七户	十一月十八日	十一月廿二日	
唐保禄	男	五六	广德乡天王堂	十一月十七日	十一月廿二日	
彭李氏	女	三〇	广德乡一保八甲一户	十一月十七日	十一月廿二日	
任腊技	女	一三	广德乡一保五甲七户	十一月十五日	十一月廿三日	

附注：本表共列死亡人数计三十六人外，广德乡镇德桥在十一月十九日以前死亡七人，因未证实，故未列入。

湖南省档案馆藏，档案号：73—3—6（2）

榊原秀夫笔供

1954 年 6 月 29 日

1942 年 1 月，长沙进攻战结束后，我从岳州飞机护送重症患者到汉口时，在岳州飞机场，从某一空军大尉那里听说，石井来到汉口。其后同年 2 月，我从第 11 军参谋部情报录中，看到由常德拍到香港的电文：日军的飞机一架投下像笼子的东西，此后在住民当中发生鼠疫患者七八名，以后还可能继续发生，所以请发送防疫材料。

关于此事，连第 11 军军医部长藤井军医少将也不知道，是石井亲自进行的。我痛感到日本帝国主义对中国和平居民所采取的行为是何等的残酷及非人道！

中央档案馆藏，档案号：119—282 第 2 号

三 战时防疫联合办事处相关疫情报告

编者按：1940 年 5 月，国民政府召开全国防疫会议，决定建立全国性的战时联合防疫总机关"战时防设联合办事处"。它由卫生署、军政部军医署、后方勤务部卫生处、红十字会防疫总队等卫生部门联合组成，6 月开始工作，此后成为全国战时防疫的领导机构和全国疫情情报中心。它编发《疫情简报》、《疫情旬报》和《鼠疫疫情紧急报告》向社会和卫生部门及军政机关分别报告各地疫情。这些卫生防疫文献成为今天研究日军细菌战的重要史料。

三十一年一月至四月份《疫情简报》 第六期
战时防疫联合办事处
1942 年 6 月编

一、鼠疫

甲、湖南省

湖南常德自去岁十一月十一日发现腺鼠疫，据各方面之证明，确与敌投散异物有关。至十二月底，计发现八例，本年一月十三日又发现死亡一例，此后直至三月中旬无新病例。但自三月二十四日起，又开始流行。初于三月廿四及廿八日，各疫死一例。四月份则共发现十九例，死亡十四例，内计腺鼠疫九例、败血型八例、肺型两例。五月上旬发现疫死五例（见表一），此后尚未续获该方面之报告。本年四月廿九日，敌机复在常德上空投散异物，经检验，结果既未发现跳蚤又未检出细菌，经动物接种，五日后亦无变态。此外，距常德三十公里之桃源县，鼠族亦告染疫。经于廿八及廿九日，检验老鼠两只，结果证实一只、疑似一只。

根据鼠疫流行病学之研究，在腺鼠疫流行之前，鼠族常先染疫，常德方面之鼠族三十年十一月至年底并无多量死鼠。据卫生署专员伯力士博士三十年十二月廿四日至三十一年一月三日，在该地检验老鼠三十五只，亦无疫鼠发现。迨至一月三十日至三十一日，检验老鼠二十四只，则发现染疫鼠五头，造成染疫鼠百分率为二〇．八。二月份检验老鼠八一〇只，染疫者一八一只，染疫鼠百分率为二二．四。四月份三五九只，染疫者一五九只，染疫鼠百分率为四四．三（见附表）。由上检验情形，显然常德鼠族自一月间已经染疫。此后在鼠类继续蔓延流行。根据三月份下半月检验结果，疫鼠有逐渐增高之势。就疫鼠发现之地点观察，鼠族之传染率事实上已波及全部城区，且三月份鼠族繁殖力甚高。经检验之雌鼠多系有孕或新近生产者。

根据东方过去腺鼠疫流行之经验，咸认为鼠疫之流行每与印度蚤指数之高低有关，就常德二、三、四月份之印度蚤百分数虽显过低（见附表），但在三月份一月中所搜获之三十只，印度鼠蚤内有十五只，系于三月十一日一天中所寻获，可知该项鼠蚤必有较多存在之区域。

关于常德鼠疫，目前之防治工作除原有之常德防疫处负责实施外，卫生署医疗防疫总队三月中旬曾组织第二卫生工程队携带各项应用器材前往办理灭鼠工作，更为求各地防疫人员实地见习防治鼠疫实施工作起见，常德曾成立鼠疫见习班，已于三月十七日开班，卫生署医疗防疫总队第二大队长为加强该地防疫工作，已电调第四防疫医院及第十巡回医防队人员赴常。军政部第四防疫大队亦派第一中队于五月四日赶赴常德。卫生署复鉴于该地鼠疫之严重，乃派防疫处处长兼本处主任委员容启荣偕同来渝述职之湖南卫生处处长张维于四月廿四日启程前往常德，分别督导主持防治事宜，已于五月十四日抵达该地，并于十一日即赴桃源调查鼠疫发现情形。

常德鼠疫病死人数统计表（附表一）

年月	三十年十一月	三十年十二月	三十一年一月	三十一年二月	三十一年三月	三十一年四月	三十一年五月	总计
病例数	6	2	1	0	2	19	5	35
死亡数	6	2	1	0	2	14	5	30
备考						腺型9例 败血型8例 肺型2例	仅至5月上旬	

常德鼠族检验按月统计一览表（附表二）

时间	项目	沟鼠	家鼠	小鼠	共计
三十一年 二月	检验只数	68	89	11	168
	染疫只数	9	21	2	32
	染疫鼠百分率	13.3	23.6	18.2	19.0
	疑似染疫鼠只数	5	4	1	10
三十一年 三月	检验只数	194	531	85	810
	染疫只数	19	157	5	181
	染疫鼠百分率	9.18	29.6	5.9	22.4
	疑似染疫鼠只数	22	39	15	76
三十一年 四月	检验只数	72	256	31	359
	染疫只数	20	134	5	159
	染疫鼠百分率	27.8	52.3	16.1	44.3
	疑似染疫鼠只数	4	14	2	20

常德鼠蚤检验按月统计表（附表三）

时间	项目	印度 鼠蚤	东亚种 欧洲 鼠蚤	欧洲 鼠蚤	盲蚤	人蚤	共计
三十一年 二月	寻获只数	6		271	61	1（猫蚤）	339
	蚤类百分率	1.8		79.9	18.0	0.3	100.0
	备考						
三十一年 三月	寻获只数	37	1419	23	242	1	1722
	蚤类百分率	2.2	82.4	1.3	14.1		100.0
	备考						
三十一年 四月	寻获只数	1	741	3	352	2	1099
	蚤类百分率	0.1	67.4	0.3	32.0	0.2	100.0
	备考						

中国第二历史档案馆藏，档案号：476—2—61

三十二年十一月上旬至十一月下旬《疫情简报》第十期[*]

战时防疫联合办事处

1943 年 12 月编

（上略）

湖南湘西过去无鼠疫发现之记载，即华北、华南鼠疫流行炽盛之时亦未曾波及。惟有三十年十一月间敌机到达常德上空低飞投掷谷类及碎布等异物数日后，常德即发现鼠疫。经各专家之详细调查，根据各项事实之引证，咸以传染来源认为是敌机投掷异物所致。三十一年该城仍继续发现，全年共计七十六例，死亡六十六例。本年一月至八月份该县迄未发现病例，至十月六日湘省卫生处电告，常德境内之周家店发现鼠疫患者三例。至该地传染情况如何，以湘北战事复起，未获续报。桃源县自三十一年五月发现肺鼠疫十六例后，迄今未再有病例发生之报告。

（下略）

中国第二历史档案馆藏，档案号：476—199

三十一年三月上旬《疫情旬报》第一号

战时防疫联合办事处

1942 年 3 月 12 日

一、鼠疫

甲 湖南

湖南常德过去从未闻有鼠疫发现之报告。卅年十一月四日晨，敌机在常德上空投掷谷麦、絮片毡棉及其他不明之颗粒状物多种，继于十一月突告发现鼠疫。此后则□续有类似腺鼠疫患者发生，直至十一月二十三日发现之一病例，由战时卫生人员训练所检验学组主任陈文贵医师，经尸体解

---

[*] 这份档案在中央档案馆、中国第二历史档案馆、吉林省社会科学院合编之《细菌战与毒气战》（中华书局 1989 年版）中归于战时联合防疫办事处编的《疫情旬报》之例，误。疫情旬报十天一编，时间具连续性，以"第×号"编序。而《疫情简报》为战时联合防疫办事处编之《全国疫情》，时间不固定，或一月一编，或几月一编，以"第×期"编序。——编者注

剖、细菌培养及动物接种等试验证实，常德鼠疫至此乃告确定。综计自十一月十二日至十二月底，共发现患者八例。三十一年一月十三日又发现一例。迄今则未再继续发现。唯据卫生署派驻该地指导防治工作之外籍专员伯力士博士检验鼠族之报告，三十年十二月二十四日至本年一月三日，检验老鼠三十五只，无疫鼠发现。本年一月三十日至卅一日，检验老鼠二十四头，染疫者五头。二月一日至十五日，检验老鼠五十四头，染疫者十三头。是知常德鼠疫业已染及鼠族矣。

自常德鼠疫发现后，有关各方曾纷电报卫生署、军医署及中国红十字会总会救护总队，除调派人员前往防治外，湖南省卫生处，第六战区及第九战区卫生防疫主管人员亦分赴该地指导防治事宜。至常德实施工作人员计有第六战区司令长官部卫生处长兼兵站卫生处长陈立楷、战时卫生人员训练所检验学组主任陈文贵、卫生署医疗防疫总队第二大队长石茂年、卫生署医疗防疫第十四队、湖南卫生处主任技正邓一韪、工程师刘厚坤等，中国红十字会总会救护总队第二中队及第七三一队、军政部第九防疫大队第三中队、第四防疫大队第一中队、湖南省巡回卫生第三队、常德县卫生院、常德广德医院，此外湖南省卫生处处长张维，卫生署外籍专员伯力士博士亦于十二月中旬赶往指导一切。该地自卅年十一月下旬成立临时防疫处，由湖南省第四区行政督导专员欧冠兼任处长，第六、九战区兵站卫生处、卫生署、中国红十字会总会救护总队等派往常德协助防治鼠疫主管人员分任委员，下设总务、财务、宣传、情报、纠察、补给及防疫七股，又[设] 留验所及隔离病院各一所，分由各有关机关负责主持。

中国第二历史档案馆藏，档案号：476—198

三十一年三月中旬《疫情旬报》第二号

战时防疫联合办事处

1942 年 3 月 20 日

一、鼠疫

甲、湖南省

疫情：

卫生署外籍专员伯力士博士二月份检验常德鼠蚤，报告如下：

（1）鼠族：检验老鼠一六八只，计沟鼠六十八、家鼠八十九、小鼠十一，经发疫鼠三十二只，计沟鼠九、家鼠二十一、小鼠二。

（2）鼠蚤：寻获鼠蚤三三九个，计印度鼠蚤六、欧洲鼠蚤二七一、盲蚤六一、猫蚤一。

（3）疫鼠：疫鼠发现地点，在城区各地实际均已波及。

防治经过：

卫生署饬据医疗防疫总队组织第二卫生工程队积极筹备，携带各项应用器材，于三月十七日起程，前往常德办理灭鼠工作。

中国第二历史档案馆藏，档案号：476—198

三十一年四月上旬《疫情旬报》第四号

战时防疫联合办事处

1942 年 4 月 18 日

一、鼠疫

乙、湖南

疫情：常德鼠疫本年度仅于一月十三日发现鼠疫一例后，迄至三月中旬无新病例发现。但自三月下旬起，又复继续流行，计三月廿四、廿八日及四月二、三、七、八日各发现病例一人，皆为男性之民众。

防治情形：

（一）卫生署曾分电第六、九两战区司令长官及湘、川两省府，并代电川、黔、桂省卫生处、卫生署医疗防疫总队部，及黔江、安顺、马场坪、桐梓、毕节,各公路卫生站注意检疫。

(二) 为各地防疫人员实地见习防治鼠疫实施工作起见,常德成立鼠疫见习班,已于三月十七日开班。

中国第二历史档案馆藏,档案号:476—198

三十一年四月中旬《疫情旬报》第五号
战时防疫联合办事处
1942 年 4 月 28 日

一、鼠疫

甲、湖南省

疫情:

常德自三月下旬鼠疫又开始流行后,截至四月八日止,染疫民众死亡六人,四月十日发现肺型女性病例一人。嗣据卫生署医疗防疫总队第二大队长石茂年电告,十三日死女一,十四日死民男一,十五日死女一,十七日死民男二、病民男二女一(内有疑似肺鼠疫一),十八日病民男一、死女一。

防治情形:

(一) 卫生署鉴于常德鼠疫严重,除饬驻常德各防疫人员一体注意、加紧防治外,复派卫生署防疫处长兼本处主任委员容启荣偕同来渝述职之湖南卫生处长张维于四月廿四日起前往常德疫区分别督导主持防治事宜。

(二) 医疗防疫总队第二大队长石茂年已电调驻芷江第四防疫医院一部分及驻贵州黄平之第十巡回医防队全队到常工作。

中国第二历史档案馆藏,档案号:476—198

三十一年四月下旬《疫情旬报》第六号

战时防疫联合办事处

1942 年 5 月 9 日

一、鼠疫

甲、湖南省

疫情：

（一）常德：四月十一日发现鼠疫死民一、十二日肺型鼠疫死民一、败血型死民一。关于常德鼠族及鼠蚤检验情形见附表。

（二）桃源：距常德三十余公里之桃源县于四月三十日，鼠族已染疫，业经证实，正在防疫中。

防治情形：

（一）卫生署前派防疫处处长容启荣偕同湘卫生处长张维前往常德督导鼠疫防治工作，业于四月廿六日由渝搭机飞往桂林，三十日已抵耒阳，定于五月三日赴湘潭转往常德。

（二）湖南第四区行政督察专员兼常德防疫处处长张元祜四月一日代电：常德鼠疫流行，除日夜督饬、加紧防治外，并定有各项防治实施办法：（1）挨户施行鼠疫苗预防注射，（2）火葬疫死尸体，（3）厉行交通检疫，（4）输出货物严密消毒，（5）价收死鼠，（6）每周举行清洁大扫除，（7）举行宣传周，（8）临时派军警组织卫生警察。

（附表）

卫生署专员伯力士博士常德鼠族及鼠蚤检验统计表（三月份）

甲　鼠族部分

鼠别	沟鼠	家鼠	小鼠	共计
检验只数	194	531	85	810
染疫只数	19	157	5	181
染疫鼠百分率	9.18	29.6	5.9	22.3
疑似疫鼠只数	22	39	15	76

乙　鼠蚤部分

鼠别	印度鼠蚤	东亚种欧洲鼠蚤	欧洲鼠蚤	盲蚤	人蚤	共计
检验只数	37	1419	23	242	1	1722
染疫百分率	2.2	82.4	1.3	14.1		100.0

丙　染疫鼠族之地点

染疫地点	关庙街	大河街（东）	救济院	北门	广德医院	西门	城外	共计
检验只数	375	106	115	105	95	12	2	810
染疫只数	96	23	14	26	21	1		181
备考	敌机散播异物最初染疫地							

附注：（一）本月份鼠族繁殖力甚高，经检查之雌鼠，多系有孕或新近生产者。

（二）本月下半月，尤于最后数日，染疫鼠族较革月〈？〉显然增多。

（三）印度鼠蚤百分率虽仍低，但可信该项鼠蚤必有较多数目存在之地区，缘所寻获之37只印度鼠蚤中，至少有15只系于3月11日一天中所搜集。

中国第二历史档案馆藏，档案号：476—198

三十一年五月上旬《疫情旬报》第七号

战时防疫联合办事处

1942 年 5 月 21 日

一、鼠疫

甲、湖南省

疫情：

（一）湖南省政府薛主席五月十日电告：敌机于四月廿九日午在常德市空投播物品，经检验未能寻到跳蚤。卫生署专员伯力士博士用显微镜检验结果亦未发现细菌，动物试验经过五日，并无变态。

（二）卫生署医疗防疫总队第二大队长石茂年五月一日电告：常德四月十九日，鼠疫死亡女一、二十日死亡女一、二十五日患者民男一、死亡女一。

（三）第六战区司令长官部卫生处处长陈立楷五月七日电称：至今常

德部队方面尚无染疫者。

防治情形：

（一）卫生署防疫处长容启荣五月五日抵长沙，沿途视察，七日出席长沙防疫会议，商讨第六战区防疫计划，九日赴常德。

（二）陈立楷处长五月七日电告：已指定桃源一五三兵站医院及德山第一八一兵站医院担任部队鼠疫患者之收容医院。

（三）军政部第四防疫大队李医师偕同第一中队长及队员八人于五月四日抵桃源，即赶赴常德疫区。

伯力士：常德鼠疫检验情形（四月份）

甲病人部分

四月份鼠疫患者共八人，另有尸体十一具经检验证实亦为鼠疫病例。此十九病例中，计腺鼠疫九人，败血型鼠疫八人，肺鼠疫二人。

乙　鼠族部分

鼠别	沟鼠	家鼠	小鼠	共计
检验只数	72	256	31	359
染疫只数	20	134	5	159
染疫鼠百分率	27.8	52.3	16.1	44.3
备考	疑似4只	疑似14只	疑似2只	疑似20只

丙　鼠蚤部分

蚤别	印度鼠蚤	东亚种欧洲鼠蚤	欧洲鼠蚤	盲蚤	人蚤	共计
寻获只数	1	741	3	352	2	1099
蚤类百分数	0.1	67.4	0.3	32.0	0.2	100.0
备考						

附注：本月二十八日及廿九日，检验桃源鼠族二只（由桃源运常德检验），结果经证实一只染疫，另一只有染疫嫌疑。

中国第二历史档案馆藏，档案号：476—198

三十一年五月下旬《疫情旬报》第九号

战时防疫联合办事处

1942 年 6 月 11 日

（上略）

二、鼠疫

甲、湖南省

疫情：

（1）桃源：桃源漆家河莫林乡，五月下旬发现肺鼠疫，死亡十六人，现有患者十人。

（2）湖南全省防空司令部六月一日电，据报，四月二十五日，敌机八架，在湘乡首善乡、狗尾糖等处，投下透明状物甚多，内系黑色小颗粒，并投下腐败禾草样小束，两端用纱布缭缚。

防治情形：

（一）以常德地方管辖系统与目前疫势，决暂就常德原有机构加强组织，仍由霍总司令秉承上峰，就近督导，派员协助，联同军民力量加紧防治。

（二）常德鼠疫既达桃源，常桃外围，亟应严格检疫，拟由湘省府即设湘西防疫处，下辖常德桃源分处及各检疫站、所等，以便统一指挥。

中国第二历史档案馆藏，档案号：476—198

三十一年十二月上旬《疫情旬报》第二十六号

战时防疫联合办事处

1942 年 12 月 26 日

湖南常德鼠疫之再发及防治经过：

本年一月间，常德城内关庙街胡姓子，于城内染疫回新德乡石公桥（距县城四十五华里）之家中，发病死亡。继之其家中女工亦染病致死。曾经卫生署医疗防疫总队第十四巡回医防队派员前往处理调查后，即未再发，更未见疫鼠。直至十月二十七日该地方报告发现第一鼠疫病例，此后几每日均有死亡，至十一月二十四日止，共计发现三十五例，死亡三十一例。此外，距石公桥十华里之镇德桥，于十一月二十日，亦告发现死亡二例，至二十五日止共死亡九例，综计以上两处，共发现四十四例中死亡四十例，在隔离医院治疗中者四例。经湘西防疫处派往人员调查结果，知在未发现病例前即已有死鼠发现，惜民众未谙疫鼠死亡之先兆，致酿此流行惨剧。按自七月以后常德城区过去之疫区，近月来疫鼠虽渐增高，然尚无病例发现之报告，唯乡间已告流行，是知疫区已呈逐渐向外扩大之势。

防治经过：十一月十四日，湘西防疫处即调派各项防治人员携带大批药材前往石公桥、镇德桥两处分设临时办事处，并在石公桥设隔离医院，并由当地驻军协助推进工作。现在该地之防疫单位计有卫生署医疗防疫总队第二大队所属之第十、十四巡回医防队、第二卫生工程队、第二细菌检验队、军政部第九防疫大队第二中队、中国红十字会总会救护总队第五二二队、常德中心卫生院、湘西防疫处之医防总队及隔离分院等九单位在防疫专家伯力士博士指导之下从事工作者，计有三十余人，此外，卫生署第十五巡回医防队、军政部第四防疫大队第一中队亦相继赶往疫区协防。

中国第二历史档案馆藏，档案号：476—198

三十一年十二月中旬《疫情旬报》第二十七号

战时防疫联合办事处

1942 年 12 月

（上略）

三、湖南常德鼠疫之继续发现

卫生署专员湘西防疫处技术顾问伯力士博士十二月十六日电告：常德县石公桥、镇德桥两处鼠族中疫势仍继续流行。十二月十三日，石公桥又发现鼠疫患者一例，现在治疗中。镇德桥疫区，前经驻军协助封锁，近以军队突然调动，无形又开放。卫生署已电请第六战区兵站卫生处陈立楷处长设法补救。又军政部第四防疫大队第一中队已奉命携带防疫器材开往常德协防，已于十一月二十一日到达石公桥疫区开展工作。

中国第二历史档案馆藏，档案号：476—198

㊙三十一年四月六日《鼠疫疫情紧急报告》第二十七号

战时防疫联合办事处

1942 年 4 月 6 日

一、湖南

疫情:

常德鼠疫自本年一月十三号发生一例后,至三月中旬迄未发现新病例,近据卫生署医疗防疫第十四队电称:三月二十四日至二十八日鼠疫各死民男一。

(下略)

中国第二历史档案馆馆藏,档案号:372—706

㊙三十一年四月二十一日《鼠疫疫情紧急报告》第二十九号

战时防疫联合办事处

1942 年 4 月 21 日

一、湖南省

疫情:

(一)卫生署外籍专员伯力士电告:常德四月十日发现肺鼠疫患者一例,女性。

(二)卫生署医疗防疫队第二队大队长石茂年四月十九日电告:常德鼠疫四月十三日死女一,十四日死男一,十五日死女一,十七日死男二,病民男二女一,内疑似肺鼠疫一,十八日病死男一,死女一,疫情严重。

防治情形:

(一)石茂年十九日电告:常德鼠疫严重,已调医疗防疫队第四防疫医院一部分及医防第十队全队来常工作。

(二)卫生署第六战区长官陈诚四月十二日电:关于常德鼠疫流行已饬第二十集团军总部会同第四防疫大队派员在湘省河洑、澧县、津市、南县、安乡等地，分设检疫站，办理过境军民检疫工作。查常德为产粮区域，关系战区军食至巨，目前鼠疫复趋严重，若不及时扑灭，为患堪虞。请贵署饬派专员负责设法扑灭，以利戎机。

（三）卫生署已再电饬驻常各防疫人员一体注意，加紧防治，并加派该署防疫处处长容启荣克日飞桂转湘督导防治工作。又适湘省卫生处处长张维来渝述职事关地方防疫工作重要，并令饬该处处长偕同容处长克日遄返疫区主持工作。

（下略）

中国第二历史档案馆馆藏，档案号：372—706

㊙三十一年四月二十九日《鼠疫疫情紧急报告》第三十号
战时防疫联合办事处
1942 年 4 月 29 日

一、湖南省
疫情：
湖南省卫生处四月廿二日电告：常德四月十一日鼠疫死民一，十二日肺型鼠疫死民一，败血型死民一。

防治情形：
（一）卫生署派防疫处处长容启荣偕同湖南省卫生处处长张维前往常德督导鼠疫防治工作于四月廿六日由渝搭机飞抵桂林转赴该地。

（二）湖南第四区行政督察专员兼常德防疫处处长张元祜四月一日代电：常德鼠疫流行，除日夜督饬加紧防治外，兹将各项实施办法列如下：

（1）督饬原有防疫队及卫生院，挨户按人口实行预防注射。

（2）发现疫死尸体，即行火葬。

（3）严厉举行交通检疫，凡常德城内人民，非经检验确无染疫及经过预防注射后，不准外出，外来旅客，非经预防注射后不准入内。

（4）输出货物，非经消毒，不予放行。

（5）价收死鼠，以绝疫源。

（6）决定每周举行清洁大扫除，彻底清疏厕所沟渠等。

（7）举行宣传周，俾资家喻户晓。

（8）临时派军警组织卫生警察，执行防疫事务。

（下略）

中国第二历史档案馆馆藏，档案号：372—706

密三十一年五月五日《鼠疫疫情紧急报告》第三十一号
战时防疫联合办事处
1942 年 5 月 5 日

一、湖南省

疫情：

卫生署医疗防疫队大队长石茂年电：四月三十日桃源鼠族业已染疫证实，正防止中。

防治情形：

（一）卫生署前派防疫处处长容启荣已于四月三十日抵耒阳，定五月三日赴湘潭转往常德。

（下略）

中国第二历史档案馆馆藏，档案号：372—706

密三十一年五月十四日《鼠疫疫情紧急报告》第三十二号
战时防疫联合办事处
1942 年 5 月 14 日

一、湖南省

疫情：

（一）湖南省主席薛岳三月十日电告：敌机四月二十九日午在常德市空投播物品，已由卫生署专员伯力士检视，无跳蚤；经显微镜检验，无细菌；动物实验经五日，亦无变态。

（二）卫生署医疗防疫队第二大队大队长石茂年五月一日电告：常德四月十九日鼠疫死亡女一，二十日死亡女一，二十五日患者民男一，死亡女一。

防治情形：

卫生署防疫处处长容启荣五月五日抵长沙，沿途视察；七日出席长沙防疫会议，商讨九战区防疫计划；九日赴常德。

（下略）

中国第二历史档案馆馆藏，档案号：372—706

密 三十一年五月二十七日《鼠疫疫情紧急报告》第三十三号

战时防疫联合办事处

1942 年 5 月 27 日

一、湖南省

卫生署防疫处处长兼本处主任委员容启荣五月十日抵常，十一日往桃源调查常德鼠疫，五月一、三、十日各疫死一人，七日疫死二人，五日及十一日无新病例，恐有漏报。

（下略）

中国第二历史档案馆馆藏，档案号：372—706

密 三十一年六月五日《鼠疫疫情紧急报告》第三十四号

战时防疫联合办事处

1942 年 6 月 5 日

疫情：

（一）军政部第四防疫大队技正李庆杰五月廿八日电：桃源漆家河莫林乡发现肺鼠疫，死亡十六人，现有患者十人。

（二）防空司令部李树杰六月一日电：据湘乡县政府四月二十九日电称："四月二十五日敌机八架，在湘乡首善乡狗尾塘等处投下透明状物甚多，内系黑色小颗粒，并投下腐败禾草样小束，两端用纱布缭缚"等情，已电请航委会、第九战区长官部及湖南省政府，派员前往检验。

防治情形：

（一）卫生署防疫处处长容启荣及湘卫生处处长张维 4 月 27 日电：经会同第六、九战区长官部陈、冯两处长，考察实际情形，并一再访问，霍总司令电话请示陈诚司令长官,签〔鉴〕以管辖系统其目前疫势,决暂就常德已有机构,加强组织,□由霍总司令秉承陈、薛两长官,就近督导派员协助,联同军民力量加紧防治。

（二）容启荣处长六月一日电告:常德鼠疫已达桃源,为免蔓延,常德外围极应严格检疫,拟请湘省府即设湘西防疫处,下辖常德、桃源两处,及各检疫所等,以便统一指挥,并请中央先拨防治费五十万元。

（下略）

中国第二历史档案馆馆藏,档案号:372—706

㊙三十一年六月十五日《鼠疫疫情紧急报告》第三十五号

战时防疫联合办事处

1942 年 6 月 15 日

一、湖南省

疫情:

卫生署专员伯力士六月二日电:

（一）临澧:经详细调查后,无疫症发生。

（二）桃源:桃源莫林乡自五月十日至今死十六人,第一例系由常德来此,五月十日死亡,最后一人系五月三十日死亡。

防治情形:

（一）卫生署六月六日,以卅一防字 9642 号代电,呈请核发湖南省政府,临时防疫费壹百贰拾万元,并请先以紧急命令发给四十万元,以资应急,并令呈报军事委员会鉴核。

（二）卫生署防疫处处长容启荣偕陈立楷、张维两处长及伯力士专员于五月三十一日至桃源督导防治鼠疫,并促成立桃源防疫处。

（三）桃源莫林乡第三、八、十保在严密监视中,已成立隔离病院及检验所,开始检验,并在漆家河和大田乡,罗家店成立防疫委员会,注意情报及检验。

（下略）

中国第二历史档案馆馆藏,档案号:372—706

㊙三十一年七月八日《鼠疫疫情紧急报告》第三十六号

战时防疫联合办事处

1942 年 7 月 8 日

一、湖南省

疫情：

卫生署医疗防疫队第二大队长石茂年电告：

（一）常德：六月二日鼠疫死亡一例，六月十五日疫死一例。

（二）桃源：六月份无病例发现。

防治情形：

军政部第九防疫大队六月二日电告：由于常德疫势严重，奉第九战区司令长官部命已派所属第三中队于五月廿八日开赴常德，业于五月卅日抵达该地。

（下略）

中国第二历史档案馆馆藏，档案号：372—706

㊙三十一年十二月四日《鼠疫疫情紧急报告》第三十七号

战时防疫联合办事处

1942 年 12 月 4 日

一、湖南省

疫情：

（一）卫生署医疗防疫总队第二大队代理大队长施毅轩十一月十六日电告：常德县属之新德乡石公桥距城四十五华里于十一月六日发现腺鼠疫，至十一月十五日已死亡二十人，曾经伯力士专员检验鼠类涂片证实。（按常德鼠疫自本年一至六月底共发现患者三十一例，七月一日又发现一例，以后至十月底并无新病例发现）

（二）湖南湘西防疫处兼处长张元祜副处长戴九峰十一月廿六日电告：距石公桥十华里之镇德桥于廿日发现疫鼠，廿三日发现病例，情形严重。

（三）施大队毅轩及伯力士专员十一月廿八日电告：近三日来石公桥病四死二，镇德桥病一死八。

（四）湖南湘西防疫处十月十三日电告：伯力士博士检验常德城区内之鼠族，最近疫鼠已由百分之十五增至百分之二十五，情形严重，传染堪虞。

防治经过：

（一）湘西鼠疫之防治工作现由湘西防疫处负责办理。该处分由湖南第四区行政督察专员张元祜兼任处长，常德县长戴九峰任副处长，卫生署专员伯力士任技术顾问，卫生署医疗防疫总队第二大队代理大队长施毅轩任技术督察长。此外，湖南省卫生处派试验所所长王世辅在该处负责联系□参加该处工作之军民。防疫卫生医疗单位则有：

1. 卫生署：医疗防疫总队第二大队所属第十四巡回医疗队、第十巡回医疗队、第二卫生工程队、第二细菌检验队及第四防疫医院。为加强该地防疫机构起见，最近已电调驻辰谿之第十五巡回医疗队驰往参加工作。

2. 军政部第九防疫大队第三中队及驻常德桃源各军医院。

3. 湖南省卫生处巡回卫生工作队、常德卫生院、常德广德医院。

4. 中国红十字会总会救护总队第四中队第一一一、第七三一，及第四七二医务队。

（二）卫生署医疗防疫总队第二大队代理大队长施毅轩十一月十六日电告：新德乡鼠疫已派一队前往防治，本人即会同伯力士博士率领第二批人员前往督导一切。

（三）施毅轩、伯力士十一月廿八日电：石公桥已设隔离病院积极处理，该地疫区已筑沟隔离，准备移民。惟镇德桥之棉花絮输往湘西一带，传染堪虞，正拟管制办法。

（四）湘西防疫处兼处长张元祜、副处长戴九峰廿六日电：石公桥、镇德桥疫势严重，除加派医药人员及设隔离病院外，并派防疫纠察兵一排前往管制交通。

（下略）

中国第二历史档案馆馆藏，档案号：372—706

密三十一年十二月二十一日《鼠疫疫情紧急报告》第三十八号

战时防疫联合办事处

1942 年 12 月 21 日

湖南省疫情：

（1）卫生署医疗防疫总队第二大队大队长施毅轩及专员伯力士博士十二月十六日电告：常德县属石公桥、镇德桥两处鼠族中之疫势仍继续流行，十二月十三日，石公桥发现鼠疫患者一例，在治疗中。

（2）施毅轩大队长十二月三日电告：石公桥共发现疫死四十余人，近一周来，尚无新病例发现。

中央档案馆藏，档案号：149—2

四　历史报刊相关报道

1941 年 11 月 20 日《国民日报》

（本报耒阳十八日专电）敌寇卑劣，在我常、桃一带，以飞机散布鼠疫细菌，被难者已达十余人。此疫较任何传染病为迅速猛烈，形势严重。省卫生处除派员，向发生地方防治外，已分电□、长、沅、邵、益、芷、郴、永各县，立即举办水陆交通检疫，并扩大杀鼠灭菌运动云。

因此，对于鼠疫病的发生，就应该有所认识和预防了。

1941 年 11 月 20 日 《国民日报》 第 3 版

1941 年 11 月 27 日《国民日报》
严防鼠疫流行　薛兼主席特饬省卫生处制定防疫实施办法十项

（中央社）耒阳讯：常德发生鼠疫，薛兼主席对此异常重视，以鼠疫传播迅速，防御如欠周密，死亡之惨必甚，为弭患无形计，特饬卫生处，制定本省防御鼠疫实施办法十项：

（1）各县防控监视哨，及各机关团体人员，各保甲长，应随时督导群众，严密对空注视，如发现敌机有散布雨状或粒状物品毒菌情事，须立向当地县政府、防护团、警察局、卫生机关、乡镇公所、保甲长，以及其他有关机关报告，并在散布区域，由有关机关严密封锁，绝对禁止通行。

（2）医务人员及防护人员，如接到敌机散布病菌报告后，应即佩戴口罩，前往撒菌区域调查并用干燥玻璃广口瓶盛储撒下之粒状物，如系液体则即将粘有是项液体之泥土，装入瓶内，送卫生机关化验。

（3）在未获化验报告之前，绝对禁止在原散布区内居住的人民继续居住或通行，由医务人员及防护人员，立刻用物理、化学方法，消毒杀菌。

（4）如经化验确系鼠疫杆菌，应由当地专员公署、县政府及有关机关，会同驻军，加紧严密武装封锁，并注视在该区内，有无鼠疫病症发生。

（5）如封锁区内发现鼠疫病人，应速隔离医治，同时在邻近疫区举办检疫，实施预防注射，在鼠疫未彻底扑灭之前，不得解除封锁。

（6）如疫区人民有逃避在外者，应责成乡镇保甲长，严密查追并会同卫生人员，实施防疫之必要措置。

（7）邻近疫区各县以及市镇，亦应举办检疫，凡过境嫌疑旅客人等，得予以隔离留验，旅客所携带行李及货物，应予以化学及物理消毒，其不能消毒者得禁止运输。

（8）凡鼠疫情报，应随时电告省政府及省卫生处，并分电邻近各县，并扩大宣传，晓谕民众，共同防御。

（9）各县应责令军警会同保甲长挨户晓谕民众，厉行杀鼠灭蚤，杜绝感染媒介。

（10）各公私医院、诊所以及医务人员，一经指派，应即协同防治，不得迟延。

1941 年 11 月 27 日《国民日报》第 3 版

1941 年 12 月 20 日《解放日报》
敌机在常德散布鼠疫

敌机于〈十一月〉四日，在常德、桃源等地播撒疫菌，现经美国广德医院协同详细化验，确系鼠疫杆菌。该地现已发现鼠疫患者计二十二人，刻在救治中。幸防御得力，未致蔓延。而敌寇此种阴谋，毒辣之极。

1941 年 12 月 20 日 《解放日报》

1942 年 4 月 22 日《桃源民报》

鼠疫横行在常德

肯德　著　温新华　译

自常德发现鼠疫以来，本县当局即积极设法防御，以免波及。中国红十字会肯德队长（现配属 X 集团军总司令部工作），以预防鼠疫，应首重宣传，使民众普遍明瞭鼠疫之危险与常德疫情之严重，特在本报撰文论列，俾引起社会之注意，藉作防疫之参考焉。

常德有鼠疫横行着！几许的生命，曾经死了，医务专家检验疫鼠的结果，早已千真万确地承认了，这最危险而使人心惊胆战的传染病，在常德竟成了铁的事实，如果我们想到这些不顾信义人道的东方强盗蓄意已久的最残忍的手段之一着，那么我们怒发冲冠之余，不禁会更加振奋起来。日本敌人，不能用快枪利炮飞机大炮来如意地占领我们的常德，在失望之后，却甘冒举世所不欲为、不忍为的毒菌战，加诸常德，这前线几千万居民的大都会！这前线唯一的宝库！意想用毒菌来毁灭我们的民族，但同时它也似乎放弃了侵占疫菌布遍的常德，敌人施放毒菌的举动，不意在 7 天之内，便被我们大抵证实了，这功绩很幸运地被医界所独占，为了证实这事，他们真的出生入死不断地在培养细菌，在多方的试验，结果论证凿凿，本乎抗战的精神，他们总算达成了职务上神圣的使命。

现在我们必须承认鼠疫在常德！敌人在常德，毒菌战争已在常德展开。为了战胜敌人，我们不顾财力、物力的牺牲，应该办的都要详加考虑，务使计划完成。实行步骤马上就要发生效能，尤其是常德全体市民，要立即动员起来，用防鼠疫之常识、反侵略的精神、服从纪律的美德、勇敢的情绪，大家一齐从事于防疫战场，好再造成灿烂卓新的胜利史，一般军政官吏身为民众领袖，更应当大声疾呼，开导民众知识，宣传鼠疫的危险和防御的重要，不然大疫所至，恐怕玉石俱焚的呀！从前在欧洲，东北三省，鼠疫流行期间，真所谓杀人盈野盈城，至今有谈虎色变之势呢。

一般居室的设置，难免老鼠来往，跳蚤将鼠疫的病菌，可以间接传染给我们，所以按逻辑的方法，第一步须要捕鼠，彻底地实行灭绝鼠迹，将杀死的老鼠焚烧或用水浸淹，好使鼠体附着的蚤虫同时灭绝，另外，要谨慎食物万不可使老鼠染指，因为它们在无机可乘的当儿便会迁徙别处的，所以居家卫生当特别谨慎处理米粮食物余屑破烂布棉等等。空气的流通、日光的充足都是驱除老鼠的好方法，屋内不时要施用石灰或者其他的消毒药剂，以为摧毁病菌潜伏的窠巢，在一面杀鼠，还要一面注射鼠疫之苗，至于谈到注射本来尚有什么痛苦可言，两次注射之后，身体便含蓄充分的抗疫素个人的生命安全很可无虑的了。如果人民不肯自动注射，那么只有强迫他们注射，因为他们为了愚陋的缘故，不单自己把自己放在死地，还要影响别人的生命，这是不容他们违抗的。

最后，余甚望常德市民，能够确实守住个人毒菌战的岗位，服从行政人员及医生之指导，从事鼠疫之扫荡战，最重要的工作是迅速将死亡病患的人报告当局，这样可以使医疗人员拯救很多人的生命，日本的毒计也同时化为乌有了。我们在战争的时候要有战争的勇气，正在从事与日本强盗的肉搏战。我们在后方也当具有同样的精神，与日本同伙的鼠疫战争，前后方的全面胜利，让我们奋起踏着先烈血迹，争取我们光荣的胜利吧！

桃源距离常德，可算咫尺之隔，若不能严密防范，将来也难免不波及的，到那时候，就说不定由桃源而沅陵，而一直传到大后方，这正是东方强盗——我们的敌人所希求的一种效果，而我们却不肯自甘暴弃鼠疫演变至于此种地步吧！

《桃源民报》1942 年 4 月 22 日第 2 版

1942 年 6 月 11 日《大公报》

不可忽视的常德鼠疫

彭河清

一、敌机散播毒菌

（中央社长沙通讯）常德发生鼠疫乃去冬的事，至今疫症还在流行着，而且传到桃源去了。

其所以流行的原因，并非由于自由的传染，却是倭寇散播鼠疫杆菌所致。事实是这样：去年十一月四日，敌机曾一度飞常德上空，投掷了好些米粒麦粒及棉絮和布片等物。这件事表面上看来似乎没有多大的意义，因为这些东西的本身根本不能伤人，面对倭寇也不见得有什么好处。但实际上并不如此，敌机投下来的都是可能的细菌附着物，而且事实证明，果然有此作用。

当敌机在常德散播这些东西之后，不到一个星期常德就发现市民患急症而死。经过检验，证明死者系患鼠疫。从时间上考察，这和鼠疫杆菌传染潜伏期相比，恰好是与敌机散播那些东西以后的时间相符合；而患者又正是敌机散播那些东西的地区，足见其一定是鼠疫杆菌的附着物；而常德鼠疫的来源系由敌人散播毒菌所造成，则确无疑义了。

然而暴敌施用此种狠毒政策，并非是常德始。过去一二年间，敌人已在衢州、金华、宁波等地连续使用过三次鼠疫杆菌，造成了这三地的鼠疫流行。常德鼠疫，其实还是敌人第四次使用伎俩的结果。

二、处理经过情形

据调查，常德的鼠疫疫症，当初只发现于敌机散播鼠疫杆菌附着物最多的几条街，但到最近检查全城鼠类，却发现百分之八十是患鼠疫的。不过患鼠疫致死的病人，直至现在，经过医院检验诊断的还只有三十几人。其余未报告卫生当局的，则尚无统计数字……

但鼠疫一旦发生，处理着实困难。历史告诉我们，扑灭鼠疫素无□□的办法，像美国卫生设备那么周全，至今仍未能根绝鼠疫，不过其鼠疫不存在于城市或户内，而在野外罢了。如此说来，要扑灭常德的鼠疫，并不是短时间内可以做到的事。专家们认为：常德目前的鼠疫之所以还不十分扩大，是因夏令鼠蚤不很发育，传播鼠疫的媒介减少了。但是等到秋天，天气一转凉，鼠蚤增殖发育起来，即情形将迥然不同，疫症很有扩大流行的可能，这是值得我们严加注意的。

目前常德鼠疫的处置，经卫生署防疫处容处长、湖南省卫生处张处长，邀集第六、九两战区卫生处陈处长、冯处长，在常德实地考察，协商军民防疫联系，具体决定方案，交由常德防疫处处理。大要系加强防疫机构、扩大防疫设施、配备技术人员、充实器材药品，先着手将疫症压制，不让其流行蔓延，再进而设法消灭它，同时并在疫区核心的外围实施严格检疫，限制交通□货物的输运，使疫区和外间隔绝，遏止向外传播。预卜今年夏季努力防治，则秋来疫情不致扩大，那就进一步好把它消灭了。

三、我们应当警惕

鼠疫为害之烈，请大家看桃源的实例，便要不寒而栗了。

桃源莫林乡近发现鼠疫流行，死亡数十人。据调查发生原因，系一布贩由常德带病返家，富有教育意义，足资各县警惕。缘有名李佑生者，桃源莫林乡第十保李家湾人，年四十余岁，贩布卖盐为生，古历三月二十日由常德返家，二十六日遽告病死。佑生之长子年二十余岁、次子十七岁及其已嫁谢姓之女，致全家死绝。其已出嫁之女之娘家，初七送回婆家，翌日死后，其子及婆及嫂亦染病，危在旦夕。又李耀金住李佑生隔壁，古历三月二十九日起病，其妻及三子相继染病，均告死亡。

李润贯住李耀金之隔壁，于十一日染疫死。向国恒住第十保孔水坡，于初七曾往李佑生家一行，初十起病，现垂危。某道士因赴李佑生家念经，返家即染病死。计从古历三月二十六日起，至四月十一日调查时止，死十四人，在垂危中者六人，其后尚待调查者，犹未计入。卫生署防疫处容处长、湖南省卫生处长张维等闻讯，当调派防疫工作人员二十四人，率武装兵一排对疫区严加封锁、实施隔离、治疗消毒及施行检疫与免疫注射。民众因恐惧疫病蔓延，均能合作。现通临澧、慈利、石门大道，已饬各该县严行检疫。预计最短期间内，可以扑灭之（六月六日中央社讯）。

上面这段新闻，我们不可等闲视之，而应加意提防。

四、鼠疫发生的原因

鼠疫的发生，据第九战区长官部卫生处长冯启琮谈，基本原因，是鼠疫菌的存在。鼠疫菌是一种划形的短杆菌，它总是把自己储藏在啮齿类动物体内，□□鼠疫根本是一种啮齿动物的疾病，它传染到人类体内，才成为人类鼠疫。好些种啮齿类动物，都可以把鼠疫传染给人类。不过我国近年来流行的各类鼠疫，都是由家属传染出来，就是说某个地方如果发生人类鼠疫，在染疫之前，家鼠中就流行着鼠疫。

1942 年 6 月 11 日《大公报》大三版

1942 年 6 月 16 日《国民日报》

敌人的又一大罪行——细菌战

毒气战争是认为不人道的战争，国际公法已有条文禁止使用，但敌寇竟不顾人道，到处使用，这已经可以证明敌人的残忍是到了极点的了，可是，毒气战争不是最残忍的战争，敌寇还利用一种更残酷更无人道的细菌战争□□□□□军民同胞，所以我们今天要来揭举敌人这一残酷的行动——细菌战。所谓细菌战，就是将某种能使人们生病而且传染力极强的病菌,用科学的方法制造,再用各种方法散播到敌后的城市,使人们感染生病,由一传十、由十传百酿成大流行,酿成疾病与死亡的恐怖来屈服对方的战意,这是最新的战法。但世界各国,除倭寇外并未公开利用,只有灭绝人性的日本鬼子,才在我国使用,前年在金华、衢县、宁波等地,去年在常德都先后使用了,而且它所使用的毒菌是传染最速、死亡率最高的传染病菌。虽以现代医学昌□,也只知其原因,而无治疗的方法,这证明了敌寇的残忍是绝无理性的。

飞机、大炮、坦克、毒气均只能在战斗的时候杀伤人马,而细菌战却能在战后继续蔓延,危害人民生命财产,这些东西都是由学医的人研究的,学医的人有医德有□□,我不知道敌国内学医的人,何以残忍如此!但是我们也要设法来防御这一残忍的战法,这里,我要简单的介绍敌人企图酿成流行的鼠疫一病的原因和预防法。

染病的原因:

(一) 散播一种易感染鼠疫杆菌 (一种须用显微镜始能看得清的微生物) 的跳蚤。(二) 使老鼠先得鼠疫。(三) 老鼠身上的跳蚤咬过染鼠疫的老鼠之后再咬人,人就可得腺鼠疫。(四) 人与人之间互相传染而致酿成一种大流行。〈后略〉

1942 年 6 月 16 日《国民日报》第 4 版

1950 年 1 月 8 日《人民日报》

奥国医生肯特证明　日寇曾在常德使用细菌武器

(新华社北京一月六日电)塔斯社维也纳五日讯:维也纳晚报刊载维也纳著名医生肯特所写的一封信,肯特曾在中国任过长时期的红十字会和联合国善后救济总署的高级医生。他的信写道:"一九四一年十一月的一个早晨,一架日本战斗机盘旋在没有防御的常德城——华中米市的上空,并低飞投下若干装有棉花、羊毛和米的小包。最初没有人特别注意此事,但是,过了一个时期,常德几名居民突然因得严重的传染病而死去。后来接着又有许多人患病。那时,我是常德所在的那个省 (按指湖南省) 的红十字会会长,经检验尸体,我们证实病源是鼠疫。

"此后不久,该省爆发了鼠疫病。我们得到结论:传染病的蔓延与日本的空袭有某些关系。根据显微镜检查自飞机投下的米粒，我们同样地发现了鼠疫菌。由于我们采取了紧急措施来打击传染病（通过检疫隔离和消灭老鼠），我们得以防止传染病的蔓延，并挽救了一部分病人，得病的人有好几百名。但是，传染病菌直到两年后该城在战争中被火烧以后，才被根除。"

"当时我曾立即向重庆的和英国的有关当局报告日本人的野蛮行动。使我惊讶的是，没有任何人对此予以注意。政府并不注重这种罪恶是显然违背国际法的行为。

"因此，伯力审判揭穿了罪犯这种进攻的罪状并证实我已经作出的结论的正确，就更显重要了。"

肯特最后指出："一切和平的友人们，必须认识到细菌战在将来也有发生的可能。唯有对战争贩子进行不调和的斗争，才能自新的无穷痛苦中解救人类。"

1950 年 2 月 5 日《人民日报》

湖南常德华德医院院长证明　日寇曾用飞机散布鼠疫
常德地区很多同胞因此死亡

（新华社长沙四日电）据湖南常德华德医院[①]院长谭学华医学博士报告，日本战犯曾在侵略中国的战争中使用飞机散布鼠疫病菌杀害中国人民。一九四一年十一月四日日机一架在常德城区投下谷麦等物很多。当时防空指挥部、警察局和镇公所等机关曾收集这些谷物，送请华德医院检验，该院院长谭学华即用这种谷麦放在无菌生理盐水中沉淀，再取其沉淀作涂抹片用革兰氏染色法染色后，在显微镜下发现这些谷麦内有多数的革兰氏"阳性杆菌"和少数"两极着色杆菌"。根据这种初步检验的结果，谭学华怀疑日机散布的是鼠疫杆菌，乃作第二次检验，将日机投下的谷麦和杂粮行取来的普通谷麦作比较检验，经过同样的培养，又发现日机投下的谷麦沉淀中除有多数革兰氏"阳性杆菌"外，并有少数革兰氏"阴性两极着色杆菌"，这次，"阴性两极着色杆菌"的发现，更使谭学华认定日机所散布的是鼠疫病菌。在日机投谷麦八天以后，即十一月十二日，常

---

① 华德医院应为广德医院。——编者注

德城区发现第一个鼠疫嫌疑病人名蔡桃儿者，入华德医院就诊，但在入院三十六小时以后即不治死亡，其病状与鼠疫症状类似。当时，红十字会已派救护队到常德地区进行救治工作，该队队长坎特（或译肯特）医师即会同谭学华将这个鼠疫嫌疑病死亡者的尸体解剖，发现死者的肝脏、胆囊、脾脏、肾脏等都肿大，当将其脾脏内血液中的细菌加以培养，即发现所有"两极着色杆菌"都为革兰氏阴性，证明这些细菌实即鼠疫杆菌，以上检验结果，经长沙湘雅医院医师吕静轩和红十字会细菌学系主任陈文贵等先后检查鉴定，都确认为鼠疫杆菌。当时，常德城区自发现第一个患鼠疫的病人以后，连续发现患鼠疫的病人很多，都在短时间内不治死亡。从这些死者尸体中，也同样发现鼠疫杆菌，证明日机投下的谷麦等物，确系为散布鼠疫病菌，毒杀中国人民。当地人民一致拥护苏联滨海军区军事法庭对主谋细菌战的日本战犯的审判，并认为侵略中国的日本战犯们必须受到严厉惩罚，以偿付他们对于中国人民所负的无数血债。

1950 年 2 月 10 日《滨湖日报》
常德人民的血海深仇——鼠疫被害者访问记

常德人民深深埋藏了八年的血海深仇，现由伟大友邦苏联二月一日致中、英、美等国的照会，建议在最近成立特别国际军事法庭，审讯日本法西斯细菌战罪犯日皇裕仁、石井、北野、若松、笠原等五人的正义行动，已经到彻底清算和偿还的时候。

全常德市人民每一个都记得这一笔血债的，这是残酷的帝国主义者在善良的人民头上所使用的千百万种中最残酷、最野蛮的毒害中的一种。像帝国主义者所使用的其他毒害爱好和平的人民的罪行一样，常德市的人民是忘不了的。

三区六保九甲的老人罗兴夫妇，他们的爱女罗玉珍即是在八年前遭受鼠疫的毒害而死去的。老人用悲痛的语调回忆自己爱女的惨死凄景："她病得厉害的时候，在屋里乱蹦乱跳，口里什么也不想吃，声音也嘶了，舌子也不灵活了，人也认不清了！"老人边说边哭了！三区九保六甲的罗德乔，是一个忠实可靠的店员，他也是传染鼠疫不治而死亡的，他的侄儿罗荣春说："因为当时没有钱，叔父的尸体被国民党政府用火烧了，骨灰也没有搞回来！"罗德乔的同族罗中恒因为寄居在罗德乔的家里，他也传染了鼠疫，只三天就不治死了。五区六保的老百姓说："当时鼠疫流行，传染而死的可能不少。"一个老街坊说："单我认得的就有卅多个，事隔八九年，可惜姓名记不完全了。"三区的五甲六保在常德说是当时日机投细菌媒介物较少的地方。

二区鸡鹅巷落的麦粒、棉絮、谷粒很多，日机投鼠疫细菌后不两天，街道上就可以看到病的老鼠，慢慢地乱爬，随便可以捉到。有些居民在这个时候感觉不舒服，发寒发热，再经过一两天，就发现有人全身青紫不治而死了。当地的老百姓说得出名字的有：李芝甫、何月山、孙阳久、夏玉梅等四个人。记者访问过一个受害家属程治安，他的爱人是患鼠疫而死的，他悲愤的［地］说："常德市区患鼠疫死的不下四百人，这都是血债，我的爱人只是这些被毒害而死中的一个，血债是要血来偿还，我要控诉，向全世界控诉这一笔血账……"他还悲愤的［地］告诉记者，他亲眼看见遭鼠疫而死的有一个回教同胞李泥儿，另一个商人夏佑梅。二区关庙街的居民大会上，□□□悲痛而激昂的［地］说："我的一个要好的朋友向兴盛夫妇是传染了鼠疫，相隔只有八天两个人都死了，这都是日本人害的……"二区的灾情是其他区较轻的一个，惨死的人据不完全统计，却在一百人以上。

一区的老百姓在听到了严惩日本鼠疫细菌罪犯的消息后，他们从悲哀转到愤怒，受害家属一致反映："在国民党反动派统治时代，我们的仇是无法雪洗的，现在好了，苏联这个朋友出来主持正义，人民政府代表我们控诉，我们要报仇，血债一定要用血来偿还……"据记者的访问调查，这一区被鼠疫毒害而死的还可回忆出来名字的有：王瑞生、王裁缝、杨五木匠、聂瓦匠、王甫生、吴绍卿、刘宝善、陈谦和父子、毛仁山、马瓦匠、梅老二的妻子等十二人，这些都是在市区内死的，另外因为害怕火葬而悄悄地抬到乡下去的还有很多，一个老年人说："患鼠疫而死的人总不下一百个吧！"

常德市各乡下因为鼠疫流行传染而死的惨景比市区还要厉害。县属仁道乡西庄坪居民李先利，到城里来买货而传染了鼠疫，回到家里就死了，后来凡是到他家里吃过饭的都传染了鼠疫，因而死去的有二十多个。石公桥也流行过鼠疫，丁长发一家十口人及一个到石公桥买货的商人，丁国豪父子，张治国一家六口，石谷生，石开年、石开祺的妻子，王春初和他妹子及家里请的先生和徒弟，石米生、石亦之的妻子，丁志青的妹妹等有七十多人。镇德桥也流行过鼠疫,死的人在五十人以上。

　　记者访问过一个血债的目击者杨老太太,她的两个孩子是从日本法西斯细菌残酷侵害下而侥幸活过来的,她痛苦但又愤怒而又兴奋的〔地〕充满着感伤的心情向记者回忆说:"日本飞机到常德散布鼠疫细菌是在一九四一年十一月四日的早晨,那一天早晨天上有很大的雾,好多人都还没有起床,大家也没有料到日本飞机会来到〔得〕那么早,飞机只低飞了三四个圈,丢下一些谷子、棉絮、麦子就走了,这就是日本人散〔撒〕的鼠疫。"杨老太太伤感的〔地〕说:"我的两个孩子是从死里救活过来的。"她愤怒的〔地〕说出国民党政府对当时鼠疫流行的处置:"当时国民党政府不但不想办法防治,还利用这个机会趁火打劫,什么火葬、什么隔离,患鼠疫的不想办法治,没有患鼠疫的当鼠疫诊,敲诈勒索,真不像话。"老太太听到记者说苏联提议严惩日本细菌罪犯的消息随即兴奋的〔地〕说:"那就好了,我们受害的人有报仇的时候了,这一笔血账只有苏联主持正义我们才得清算。"老太太是一个基督教徒,她感慨的〔地〕说:"上帝也不会饶恕这一些害人的罪人的。"

　　常德人民的血海深仇已埋藏过八年多了,现在在伟大友邦苏联的正义行动下,他们燃起了复仇的火焰,他们与全国人民一致,全力支持苏联此一正义的行动,严惩那一批滔天大罪的日本法西斯细菌罪犯,偿还常德人民所残酷遭受到的毒害。

1950 年 2 月 10 日《滨湖日报》第 2 版

1950 年 2 月 11 日《新湖南报》
被细菌武器侵袭时的常德

　　一九四一年十一月四日,是湖南人民特别是直接遭受鼠疫灾害的常德人民永远不会忘记的日子。那天清晨六时,很多人还在睡梦中,一架日本飞机就在常德市区低空盘旋,在市区的鸡鹅巷、关庙街、城隍庙、小西门、五铺街及沿河一带投下了大批的稻谷、麦粒、棉絮和瓷制的罐子(投下后都粉碎了),离城向距常德市区四十华里的石公桥村底〔的〕上空,同样又投下了这些鼠疫细菌的媒介物。两个孩子都几乎在鼠疫的侵害下断送性命的五十多岁杨万珍老太太沉痛愤恨地告诉记者:当时她曾亲眼看到日机投下这些东西。但是当时谁也想不到这些东西就是日本法西斯强盗有计划地制造出来屠杀人类的毒辣武器之一。当时国民党防空指挥部、警察局和镇公所等机关，曾收集日机投下的这些谷物，送请常德广德医院检验。该院谭学华院长即将这些谷物放在无菌生理盐水中沉淀，取其沉淀物作涂片，用革兰氏染色法进行检查，从显微镜下发现"两极着色杆菌"，因而怀疑日机散布的是鼠疫病菌。便将日机投下的谷麦和普通谷麦比较检验，第二次发现日机投下的谷物沉淀中，除有多数革兰氏"阳性杆菌"外，并有少数革兰氏"阴性两极着色杆菌"。谭院长认定日机所散布的是鼠疫病菌。在日机散布谷物后六天，常德市区关庙街十八号发现第一个鼠疫嫌疑病死者。当时红十字会派到常德的救护队队长坎特（犹太人）① 即会同谭学华院长，将死者进行解剖，发现死者的肝脏、胆囊、脾脏、肾脏等都肿大，当抽出其脾脏、淋巴腺等处的血液检验，发现多数"两极着色杆菌"，经培养证明这些"两极着色杆菌"都呈现鼠疫杆菌之特殊形态——革兰氏阴性反应。检验结果并经长沙湘雅医院医师吕静轩和红十字会细菌学系主任陈文贵等先后鉴定，都确认为鼠疫杆菌。据当时亲身参加鉴定工作的吕静轩医师用十分肯定的语气对记者说："那时我是用洋红与梅青染色，在显微镜下进行检验的，发现很多两极着色之小杆菌，有荚膜、无芽胞、无鞭毛及无运动性等，都很明显地可以断定是鼠疫病菌无疑。这铁的事实，日本战犯是无法抵赖的。"

　　当时常德人民遭受鼠疫残害的情形日益惨重，湖南各地报纸如《大刚报》等都刊登了日机散菌及鼠疫蔓延的新闻。各方医学专家和卫生工作人员如湘雅医院院长张孝骞、湖南卫生处主任技正邓一韪、卫生工程师刘厚坤、卫生署石茂年、红十字会钱保康等均驰往该地进行防疫医治工作。十一月三十日，陈文贵、邓一韪、李庆杰等医师曾在常德东门外徐家大屋解剖中疫已死的荷兰猪，除肉眼看见该荷兰猪淋巴腺与脾均肿大及肝肺充血之显著病理外，并用脾脏、心脏血液及颚下腺、耳下腺等处浆液作涂片检验，从显微镜下发现无数定型的鼠疫杆菌。进一步从正确可靠的动物试验法肯定了日机散布的是鼠疫杆菌。刘厚坤医师对记者介绍当时的灾情说：常德市因鼠疫死亡经过他们火葬或者消毒等处理的达数十人，有全家老幼均罹鼠疫而死的，也有得肺鼠疫等症于二十四小时之内即不治死亡

---

① 坎特即肯德。——编者注

的。但因老百姓大都不忍亲人火葬的观念,加上当时有些坏的工作人员藉此进行威胁勒索,因此有许多得鼠疫而死了的也不敢报上来,估计当时因鼠疫而死亡的约有四百人左右。常德地区的鼠疫,以后并向桃源等地蔓延。桃源木塘乡〈莫林乡〉的一个布贩子在常德关庙街歇了两晚,回家后得鼠疫死了,接着他的老婆、孩子都害他同样的病症死去,连给他们办理安葬的邻人,有些也染上了鼠疫症,前后共死了十多人。常德石公桥也都曾一度发生过鼠疫。常德城区鼠疫一直隐伏了很久。三月以后鼠疫复发……

当伟大的苏联友邦提议严惩日本天皇等细菌战犯的消息传到常德后,常德人民表示由衷的拥护。该市各人民团体立即联名发表通电称:"这一血债,必须清偿,我们绝不容许这次罪行的主持者——日本天皇等逍遥法外。我们人民除将搜集受害具体资料外,并向美帝国主义包庇日本侵华战犯,准备新的战争罪恶行为提出严重的抗议。我们愿作苏联这一正义行动的后盾。"

1950 年 2 月 11 日 《新湖南报》 第 1 版

1950 年 2 月 12 日《新湖南报》(二则)

我带着受难的回忆　要求严惩日本细菌战犯

秦　泰

日寇侵华战争中,曾残酷地在常德使用细菌武器,每一个常德市民至今还痛心镂骨,很清楚地记得这一笔血海深仇。我是当年的目睹者,同时也是受难人之一,现在把当时的情景追述如下:一九四一年十一月四日清晨,在常德市每天鸣放疏散警报的时刻的前半小时,日寇零式轻轰炸机一架,突然地侵入市空,低飞回旋一周后,便在市中心地区的关庙街和鸡鹅巷一带,投下了大批的稻谷、麦粒、棉絮和瓷质的罐子(投下之后都粉碎了);同时又沿河流投下了许多,方才绕向距离常德城市四十华里的石公桥村镇上空,在那里也投下相同的东西;当时常德市民都非常惊异,互相走告,不知是回什么事情,后来由医院搜集一些投下的稻麦颗粒化验,发现上面都有一种细菌(当初步化验后,还不能确定是鼠疫杆菌),经过几天以后,市区内就发现了黑死病的患者,数目一天天地增加,并且都是无法救而死亡的，跟着石公桥村镇也就发生了同样的情况，从此鼠疫就在常德城乡开始蔓延起来，整个常德便笼罩在恐怖中。那时蒋记政府也算破例地"注意"到了这一严重的趋势，……在城区和石公桥两地，办理免疫血清注射、隔离、封锁、消毒等项工作。市区设了一座火化场，地址在大西门外的千佛寺，死者皮炙肉燔，惨不忍睹……灾民露宿田野，遍地哭声，就这样前后经过三个月的时间；人民的生命财产，直接间接所受的损失，真是无法估计，才真把这一无比的灾难扑灭下去。……这一笔，每个常德人民都是受难者和见证者的血债，冤沉海底，将近十年了。今天才得到伟大的苏联提出严惩细菌战犯的正义主张；"冤有头，债有主"，我以受难者和见证人之一，向全世界爱好和平的人们，控诉日本以裕仁为首的战争罪犯，他们疯狂地使用细菌武器，大肆杀害无辜的人民，要求一致主持正义，严惩那些不可宽容的，以裕仁为首的恶魔。谁还企图包庇，谁就得对这笔血债负责任；常德数十余万人民誓为后盾，拥护苏联正义主张。

1950 年 2 月 12 日《新湖南报》第 4 版

细菌专家陈文贵 证实日寇细菌战罪行
并愿参加特别国际军事法庭作见证

（新华社重庆十日电）曾于一九四一年在湖南省常德调查检验日寇施放鼠疫细菌的细菌学家陈文贵，顷撰文叙述其当时的检验经过，并表示坚决拥护苏联的提议。陈文贵的文章写道：一九四一年我在贵阳红十字会救护总队部及国民党军政部战时卫生人员训练所主持细菌检验工作时，接到谭学华医师由常德来的电报，即率防疫检验队前往调查，于一九四一年十一月二十四日到达常德，距日寇飞机在常德上空投下可疑之谷麦等物相距二十一天。当晚发现病人龚操胜发高热，四肢无力，继发横痃在二十四小时后即死亡。二十五日在隔离医院作尸体解剖，发现死者脾肿大，肝脾及肠表面有血斑，胸腔及心包膜积水。采取心血，用鼠蹊淋巴腺、肝及脾之涂片，和用血液培养基作细菌培养检查，都发现鼠疫杆菌。再以豚鼠作动物实验，三天即死，乃确定死者确系传染腺鼠疫。当时，根据我们的调查，从十二日起发现鼠疫第一名死者（名蔡桃儿、女孩、十一岁）与鼠疫临床诊断的潜伏期约五至十天，病发后一二日即死的规律，完全符合。

至二十四日止,仅十三天已知共死亡十七人(内经检查六人均系染鼠疫)。发现鼠疫的地方及其他可疑之处,均集中在日军飞机投掷传染物最多的常德城内关岳庙、鸡鹅巷、关庙街等地。再从日寇飞机在十一月四日所投下之谷麦等物的化验结果,根据鼠疫传染病学原理,确定其带有鼠疫传染性之蚤,并发现其中有其他细菌。这就完全证实了日寇使用细菌战的灭绝人性的罪行。该专家称:一般情况,鼠疫的蔓延往往是沿粮食运输线的。常德正是产粮区,日寇企图经此使鼠疫在中国广泛蔓延,其残忍毒辣,令人发指!裕仁等战犯这种惨无人道的暴行必须加以惩罚;同时必须给新战争制造者以应有的教训。因此,我站在细菌学者的立场,坚决拥护苏联的提议,并愿意参加特别国际军事法庭对日本细菌战犯的审判,作为日寇在中国施用细菌武器的见证人。

　　按:陈文贵为细菌学家,一九三六年曾接受国联卫生部之聘请,前往印度的孟买哈夫金研究所研究鼠疫,现任重庆私立□仁医院副院长兼医务主任。

1950 年 2 月 12 日《新湖南报》第 4 版

五　回忆录

关于日本帝国主义强盗在常德市施放
鼠疫细菌的滔天罪行的回忆
谭学华

1972 年 3 月 24 日

今天上午，院领导指示，要我将前日本帝国主义强盗在常德市施放鼠疫细菌的滔天罪行的经过写一个材料。虽然时间已经过了 30 多年了，但我回想起来，日本帝国主义强盗这种不雇［顾］国际公法，惨无人道的［地］杀害我们常德同胞的滔天罪行犹如昨天的事一般，阶级仇，民族恨，一齐涌上心头，而美帝国主义强盗在 20 多年来，极力复活日本军国主义充当亚洲的宪兵，镇压各国人民的抗美爱国斗争和革命斗争。它的这种阴谋是永远不能得逞的！当年美帝在朝鲜战场上亦采取这种惨无人道的细菌战，毒爱［害］朝鲜人民的滔天罪行，亦被我中朝军民打得头破血流，一败涂地，终于被迫签订停战协定。但是美日强盗贼心不死，仍妄想扩军备战，称霸世界，这不过是狗急跳墙，作垂死挣扎而已！它们的寿命不会长久了！现将日本帝国主义强盗在常德市区不顾国际公法，惨无人道地施放鼠疫细菌的滔天罪行的发现经过记述于下：

在 1941 年 11 月 4 日黎明时，有日寇飞机一架，乘大雾弥漫之际，在常德市上空低飞三周，并施散了许多谷、麦、棉絮等物，其中以法院街、青阳阁、关庙街、府坪等处为最多。后来由伪派出所送来一包由日寇飞机撒下的谷子，请我们检验。我们用无菌生理盐［水］洗涤这些谷子，用离心［器］沉淀，取其沉渣作涂片染色，在显微镜下（油镜头）发现有许多杂菌，其中亦有少数两极染色较深的革兰氏阴性杆菌少许，类似鼠疫细菌。我们又用腹水作培养基，将日寇飞机撒下的谷粒放入培养基内，同时用粮店的谷物作对照培养。后来的结果，在日寇飞机撒下的谷粒中亦发现有类似鼠疫细菌的存在，而由粮店取来谷子作对照培养［的］则无此等细菌发现。

所以在 5 日上午由伪防空指挥部、伪警察局、伪卫生院、伪政府及本人等举行了一个座谈会，讨论日寇飞机昨天在常德市区施放谷物、麦子等物的事情，当时我提出几点意见：（1）日寇飞机通常总是上午 9 时到下午 4 时飞来常德进行轰炸，而此次是乘大雾弥漫之际，飞来常德，不投炸弹，而投撒谷麦及棉絮等物，此可疑者一；（2）日寇对我同胞的毒害是惨无人道的，而此所投下的谷麦等物必然是比炸弹更厉害，这就是烈性传染病的细菌。但在旧社会里常德市常常有脑膜炎、霍乱、伤寒、班［斑］诊［疹］伤寒、回归热、天花等流行，用不着日寇飞机施散这些病原体。只有鼠疫这个传染最烈、死人最快的病疫是从未有过，而我们的初步检验结果发现在日寇飞机所投下之谷粒上有类似鼠疫细菌的发现［存在］，此可疑者二；（3）据鼠疫传染途径，先必引起鼠类流行，然后通过老鼠身上蚤类咬人，而使人感染鼠疫。且鼠类喜食谷麦等物，故日寇利用感染了鼠疫细菌的谷麦引诱鼠类吃食后而发病，死后再传给人类，此其三；（4）据报载浙江衢县曾有日寇飞机在该处施放过鼠疫细菌的暴行，故此次在常德亦有可能，此其四。

我又提出几点建议：（1）由各警察所负责领导居民将日寇飞机所投下之谷麦等物（除收留一小部分严密封放留交上级专人检验外）一并清扫干净焚灭之；（2）在报刊上宣传日寇在常德可能已施放鼠疫细菌，并介绍鼠疫症状及防御方法，并杀灭老鼠等。（3）即打电报告给伪湖南省卫生处要其派专家来常德，检验、证实是否系鼠疫细菌，以及早作预防及治疗。（4）立即找一适当房屋作为防疫医院，以便万一真有鼠疫发生及流行时，作为隔离及治疗之用，避免鼠疫蔓延。

大家对我的意见及建议经过讨论后都表示同意并指定由伪县卫生院负责执行。但该院院长怕负责任，未能及时做到，及至 11 月 8 日伪卫生处来电要"切实查明据报"，但并未派专人来查，亦无人再报了。

在 11 月 9 日听说城内街道上常有老鼠出现（当时无人将老鼠送来检验），以上述法院街、青阳阁、关庙街等处为多。在 11 月 10 日到 11 日我们又听说城内发生有多人死于急症（发高热及瘀斑等，于 1—2 日死亡）。但未来我院诊治。在 12 日早餐时，住关庙街之铁铺内蔡桃儿（女）年 12 岁，由其母送来门诊处急症挂号。我当时询问病情经过，据其母说，患者于昨天照常吃了晚饭至起更时（约 9、10 时）忽然发生畏冷寒战，继则发高烧，头昏痛及恶心呕吐，一夜呻吟不止，烦躁不安等。以往有疟疾史，检查患者呈急性中毒病容，皮肤热，潮红，体温在 39 度上下，脉搏在 100 次以上，呼吸 80 多次，舌有厚苔，神智［志］尚清楚，颈软，肺呼吸音较粗，心跳速，无全身或局部淋巴结肿痛现象，无病理反射。

当时我因其来自死鼠较多的关庙街，故疑为鼠疫。但必须先除去恶性疟疾［的可能性］，所以当即要化验员汪正宇作白血球计算及找疟原虫。检查其与疟疾的相关性。检验结果，她的白血球计数在一万以上而中性细胞亦增高并未发现疟原虫。但却在涂片上发现有少数两极着色较深的类似鼠疫杆菌和日寇飞机所投下的谷粒检验时的发现颇相似。因此我们的初步诊断为鼠疫，并收入隔离病室治疗。

在 12 日下午，有伪 24 集团军的军医和苏联的医药顾问、红十字会救护中队长钱保康（上海人）及分队长肯德（奥地利人犹太籍）等人来院询问常德发生鼠疫情形，我介绍检验经过及将蔡桃儿的病情和化验结果告知，并请他们会诊，当时他们对我的鼠疫诊断不示同意。

但是 13 日上午 9 时蔡桃儿死亡。她自起病至死亡仅 36 小时（我们对蔡桃儿的病用支持疗法及强心剂和呼吸兴奋剂并注射葡萄糖等，因当时未有磺胺噻唑和链霉素，而我对治疗鼠疫更无经验，以前从未见过，这是我的终身憾事）。

在蔡桃儿死前，曾再作血涂片检查，发现涂片上布满鼠疫细菌。在该天下午，肯德医生又来到询问该患者，并在死者肝脾上穿刺抽取血液作涂片，亦发现同样结果，于是肯德医生才同意蔡桃儿系感染败血型鼠疫而死（这些涂色我曾寄给当时仁术医院的内科医生吕静轩，及后来鼠疫专家陈文贵医生和伯力士医生均认为确系鼠疫细菌无疑）。

于是我们报告了伪卫生署，伪军医署及红十字总会，和伪湖南省卫生处，告知日寇在常德施放鼠疫细菌的罪行，已导致鼠疫发生并在流行，要他们急采取预防措施。

在 13 日至 15 日数日间，我们又发现了数例腺鼠疫的病例，并劝其往伪县卫生隔离医院治疗。因该院未做准备，以致患者未得治疗和隔离，这是后造成鼠疫流行的一个主要原因。

在 11 月 16 日伪卫生署派来了一个防疫大队,负责人为石茂年(上海人),18 日伪省卫生处派来邓一韪医生(解放后曾任湖南医学院附属医院院长)。起初他们对我所发现的鼠疫均不敢作肯定回答,直到 11 月下旬陈文贵(解放后曾任中央卫生部防疫司司长)来常后又在一死者身上通过尸体病理解剖、血液培养及动物接种后,确定了常德鼠疫是实在的,而系日寇飞机所播撒的。

此后才成立了常德防疫委员会,由当时伪专员欧冠任处长,邓一韪任副处长,并有委员若干人,包括伪县医院院长方德成(浙江人,抗日战争胜利后在长沙开诊所)、伪商会长、伪工会负责人、教育界的人,我亦是委员之一。并在市东郊之徐家大屋设立隔离医院和检疫所,并在市区轮船码头和公路站以及东南西北各城门口成立了检疫站,亦[进]行了一些疫苗注射、疫情报告、死者调查和鼠疫患者的尸体火葬等措施。

在 1942 年春,伪卫生署又派来了德国[奥地利]犹太人伯力士(鼠疫专家)来常指导预防和治疗鼠疫工作。并开办了一个短期鼠疫检验训练班,他写了一本《鼠疫检查指南》。我曾替当过义务翻译,亦将这篇讲稿翻成了中文。

在伪反动统治时代,蒋匪帮的贪污无能是普遍存在着的,他们"消极抗日积极反共"是举世皆知的。就拿在常德搞防治鼠疫的防疫人员,听说亦利用职权进行贪污。如,调查死人的病情时(因为死了人要先通过他们了解,给予证明才能安埋,如系鼠疫死者必须火葬)。有些患慢性病死亡的(如心脏病或肺结核),因他的家人不送钱给这些调查人,他们就说是"死于鼠疫",就强迫送往火葬场焚烧。而对于确信死于鼠疫的人,若其家人送钱给他们,亦可以得到"死于慢性病"的证明而安埋了。亦听说在隔离医院的检疫所内,亦可以用贿赂所内的工作人员而早日解除检疫的时间。

在隔离医院的主治医生是王翰伯(常德斗山人,大地主,解放后曾在汉口中南区结核病院任医生,现在情形不明),对于患有鼠疫病人的治疗及护理不关心,以致死亡率很高,有的群众说,得了鼠疫一定会死的,因此患鼠疫的病人及其家属均不愿住隔离医院,而宁愿死在家里。再有些鼠疫患者怕死后烧尸,而偷出乡下间埋葬。

所以在 1942 年中，常德的鼠疫曾一度蔓延到镇德桥、石公桥镇等处。另外是在桃源（北部的莫田［林］乡），由一农民在常德卖布，感染鼠疫后带回该处，而导致鼠疫流行，听说亦死了不少人。总之常德鼠疫的流行及被鼠疫毒害而死的当在 500 人以上。

一方面是日本帝国主义强盗残暴的滔天罪行所引起，而伪反动政权及其下属爪牙对人民的生命漠不关心，残酷剥削所致。当 1943 年日本帝国主义强盗有进攻常德的企图时，伪政府派来的这些所谓"防疫人员"均逃跑一空。

而在 1943［年］冬，日寇攻进常德后，大肆烧、杀、抢劫，以致常德市整个被日寇焚毁（只剩下不到百分之五）。这样一来，连常德市的老鼠亦多半被烧死或饿死。虽然自 1944 年来，反动政府未再派防治鼠疫人员来过常德，而鼠疫这个"瘟神"和日本强盗的残暴，未再在常德发现了。

我在 1941 年 12 月间曾写了一个《常德鼠疫检验经过》材料，当时曾经在本市的前《新潮日报》以及长沙的前《大公报》和衡阳的前《大刚报》，亦在前湘雅医学院的院刊摘要登过。并前伪湖南省卫生处的《卫生通讯》和他们所编写的《常德鼠疫调查报告》内均登载过。

我的登在常德前《新潮日报》上的那篇《常德鼠疫检验经过》的剪下来的稿子，和我另外一篇《鼠疫并非不治之症》一稿，在 1952 年夏，当我在专区看守［所］时，有湖南省检察署一位干部来到看守［所］，要我的这两篇材料，并要我写了一篇《控诉美帝在朝鲜战场上施用细菌战的滔天罪行》，都由省检察署干部带去了（可以查询）。

在"文化大革命"前，湖南省政协文史资料室曾派人到常德（通过常德统战部），召开了一个座谈会。听说有本院的汪正宇、叶周宾、瞿月辉、我爱人田景仪等参加。我爱人不是医务人员，对于我们发现日寇飞机在常德施放鼠疫的详情不清楚，所以当时座谈会领导要她告知我写一份发现常德鼠疫情形的材料，直寄给长沙政协文史资料室。我当时亦将我所记得的写好寄出了。而该资料室接到我写的材料后通过常德统战部交给她［我爱人］人民币 6 元作为稿费。这是我在旧社会里从来没有得到的，虽然我亦写了一些文稿亦发表了的。

［这］使我对伟大领袖毛主席伟大的中国共产党所领导的人民政府更加热爱，更加要靠拢靠拢。尽自己的残余生命，认真读马列的书，读毛主

席的著作，改造自己的世界观，努力做些对人民有益的事情，来立功赎罪，争取早作"新人"。

日寇在常德进行鼠疫细菌战经过
邓一匙
1965 年

一九四一年，日寇在我省常德地区用飞机空投大量感染鼠疫的跳蚤进行灭绝人性的细菌战杀害我国人民。当时，我在省卫生处任主任技正，曾以防疫特派员的身份，率领防疫人员前往协同防治。现就回忆所及将日寇这次投掷细菌的经过记述如下。

一九四一年十一月四日（农历九月十六）早上六时许，天刚破晓，浓雾弥漫，常德市区发出了空袭警报。随即有巨型日寇飞机一架由东向西低飞，在常德市上空盘旋三周后，又从西门外折转市空。当时折转低飞时，没有投掷炸弹，而是在市区鸡鹅巷、关庙街、法院街、高山巷以及东门外五铺街、水府庙一带，投下大量的谷、麦、豆子、高粱和烂棉絮块、破布条、稻草屑等物。尤以关庙街一带，投下的数量最多。

空袭警报解除后，市民将这些东西扫集拢来，共约四五百斤（有些屋顶被击破，室内也散落一些敌机空投的东西），除由警察局取了一点存于玻璃瓶以备检验外，余尽焚毁。

常德地方当局即将空投情况和处理经过电报省政府，并派专人将两瓶毒物送省化验。与此同时，警察局另将敌人所投下的谷麦等一包，送东门外的广德医院进行了化验，据原广德医院医师谭学华提供的材料证实，该院当时将敌机投下的谷麦取出一小部分，用无菌生理盐水洗涤，然后用离心沉淀，取其沉渣作涂片，用革兰氏染色法，在显微镜检视下发现有许多革兰氏阳性杂菌；但也发现有不少两极染色较深的革兰氏阴性杆菌，与鼠疫杆菌图谱极相似。再用无菌方法抽出患腹水病人的腹腔积水约100CC，分别装入三个灭菌试管内。在第一、二试管内，放入敌机投下的谷、麦，而在第三试管内则投入由当地粮食行取来的谷子少许，以作对照。经温箱培养后，取出三管中的沉渣作涂片染色检查，结果在敌机所投下的谷物培养基中，又发现有革兰氏阴性两极染色较深的杆菌甚多，而对照管中则未发现。

十一月五日下午，常德县卫生院、防护团、广德医院和当地国民党军警机关开了一个座谈会，讨论敌机在常德投撒谷麦及棉絮块等物的问题。根据敌机反常的空袭情况和广德医院不正规的初步检验结果，发现敌机投下物中有类似鼠疫杆菌的存在，判断敌机投下的东西是带有烈性传染病的细菌。于是急电省卫生处，报告敌机在常德市上空投下谷麦等物的经过，请其即派专家前来检验，并进行防治工作。

敌机投下谷、麦等物后的五六天中，在常德市的大街上常有死老鼠发现；有的病鼠在大街上爬行迟缓，致被行人践踏而死，街谈巷议，以为怪事，但没有人将死老鼠送医院检验，也没有引起注意。

十一月十二日早晨，十二岁的女孩蔡桃儿，由其母背着到广德医院急诊。据其母诉说，他家住在城中关庙街，父亲是铁匠。先天晚上，患者吃了晚饭，到夜间九时左右，忽然畏冷、寒颤，继而发高烧，周身疼痛，整夜吵闹不安，等等。经谭学华抽取病孩的血液及腹股沟的淋巴节液，涂在玻璃上染色检查，发现有少数两极染色较深的杆菌，同敌机投下物中多发现的细菌相似。根据患者住在敌机投下谷麦等物较多的关庙街，再联系敌机空投的日期和发现死鼠，结合患者起病的日期分析判断，这一病例是鼠疫症。因此，收留住院，隔离治疗。当夜，患者病况更趋严重，多方抢救无效，十三日上午九时许死亡，距起病时间仅三十六小时。在死亡前，曾再作血涂片检查，发现涂片上满布鼠疫杆菌，以后在死者的肝、脾组织中，也发现有一些同样的细菌。蔡桃儿的死是日寇在常德进行细菌战的确凿罪证。

继蔡桃儿无辜死亡后，关庙街、鸡鹅巷一带相继发生病例多起，往往不及医治而死。染疫人数一天天增多，平均每天在十人以上，传染极为迅速，一人有病，波及全家。据后来了解，蔡桃儿一家就死去两人。疫势严重的蔓延，市民们谈虎色变。至次年二、三月间，疫情流行缓和下来。在这一段时间内，死于鼠疫的约在六百人以上，其中大多数是腺鼠疫（淋巴腺）。

防治和证实鼠疫的经过：

国民党湖南省卫生处最初接到省政府转来的常德疫情电报后，认为敌人进行细菌战的可能性最大，但无设备证实空投物品所含细菌的性质，必须慎重处理。因此，急电重庆国民党政府请示处理办法。得到复电的大意是：不得谎报疫情，有关国际信誉。后来知道真正发现了鼠疫病人，才开始重视，派医疗防疫队到常德。其时距发现鼠疫病人已有十多天了。

省卫生处在电告国民党政府的同时，向省政当局提出了假定防治鼠疫为对象的防疫工作计划。其中主要是设置防疫管理机构，负责进行防治工作。以六个月为期，约需经费十余万元（伪法币）。这个计划提出后，经财政厅会计处和审计处审查，认为疫情尚未证实，经费预算无所凭借；因此拖延下来，没有及时提交省政府会议正式通过。后来常德市已经发现了鼠疫病人，再次来电催促防疫，卫生处又找有关单位商洽。他们推脱责任说，这是地方性事件，应由常德地方当局拨款办理；又说事属战争性质，应由中央政府统筹拨款。经过为期一周的往返磋商，初步在省政府会议上通过了卫生处所拟定的计划，但经费被核减至二万余元；在中央拨款未到达之前，由省政府陆续垫付。省医疗防疫队临出发前，还是由卫生处垫借五百元才成行的。

十一月十一日，由我和护士长林慧清率领医事职业学校学生五十余人组成的省医疗防疫队到达常德后，即向专署报到，并会商防疫办法。随即开始调查疫情，召集市区各机关团体、学校代表开会，宣布成立常德联合防疫处（后改为湘西防疫处），并征求与会人员对鼠疫发生后应如何协助防治的意见。会议决定：一、迅速设立隔离医院，收治发热和可疑病人。同时向全市人口进行预防注射，并发给注射证。二、敌机空投物类最多的鸡鹅巷、关庙街、高山巷划为疫区，派兵警戒封锁，断绝交通，不准居民外出，直至疫情消灭后为止。在封锁期间，居民日用生活物资，指定购买地点，分别供应。三、在常德全市展开灭鼠灭蚤工作，动员市民捉老鼠，并规定死鼠应烧埋，活鼠应上缴。四、在常德西门外郊区建造火葬炉，专门焚烧疫病尸体，以免鼠疫蔓延。五、加强疫情报告管理。除公私医院、诊所一律登记病号，以备随时查核发现鼠疫外，并规定居民、旅社，凡有病发热者，必须报告防疫处派员调查，以便鉴定是否鼠疫患者。六、为防止疫病外传，在船舶码头、汽车站及通往乡村的交通线上设立检查站，凭预防注射证方可外出。七、开展防疫卫生宣传工作，并组织防疫卫生检查。

隔离医院设在东门外约二华里的徐家大屋，是迁走十余户居民，利用其房屋临时改建的。房屋周围挖了一条一丈五尺深、一丈二尺宽的壕沟，引水灌溉，使与外界隔绝，并防鼠类窜入。沟上架设了活动木桥，以便随时出入。这个医院陆续收治了一百二十多个病人，其中多数死亡，少数得愈。原因是设备条件太差，护理质量也不好。

常德鼠疫发生后，重庆国民党军医署和卫生署，派来德［奥地利］籍犹太人专家伯力士（Dr. Politzer），负责剖验鼠只和测定跳蚤的工作。由防疫处规定各保甲每天共送活鼠一百只，交他进行解剖。这个专家在常德工作了二个月光景，解剖了五六千只老鼠，断定常德市流行的鼠疫是老鼠和鼠身上的跳蚤传播的。火葬炉设在西门外，前后共火化了三百六十余具尸体。当时群众对火葬很有抵触，我们强迫实行，并将已掩埋的染疫尸体也挖出来火化。因此弄得人心惶惶，不可终日。一些群众怕火葬，往往有病不报疫情，或在夜晚偷偷运出城埋葬。如东门外陈家大屋有八十多岁的老头病死了，其家属就在深更半夜偷偷地埋在自家菜园里。

为了防止疫病外传，在常德市的六个城门口都设有检查站，由防疫人员对出进行人进行预防注射。由于事前没有做好细致的宣传解释工作，群众顾虑很大。有的因逃避注射而偷爬城墙出城；有的半夜爬城墙进来；有的则花钱买了别人的注射证作假证明。如在农历春节前，有一个家住桃源县马鬃岭李姓布贩，住在旅社中。他不愿注射防疫针，而买了一张注射证，以便出境。忽一日头痛发热，怕被发现送进隔离医院，于当夜雇舟潜行返家，第三天就死了。他家的两个儿子、媳妇和一名幼子相继患同样的病死亡。经卫生防疫处防疫人员由常德驰往防治，历时半个月，方得扑灭。这次在桃源县发生的是肺鼠疫流行。

重庆派来的医疗防疫队头一批共二十多人，由军医署训练班的细菌学教授陈文贵率领，于十一月十七日到达常德，陈文贵与我有同学关系，他听了我们介绍防疫情况并检查了广德医院所制的染色细菌玻片之后说："根据流行情况和证据看来，鼠疫是很有可能的。但政府考虑是否真正为敌机投下的鼠疫杆菌，还须作尸体解剖；剖验得到确切证明后，方可肯定。这样才能使国内外科学界信服无疑。"我当时对他说的这番话深为不满，因为他对地方的疫情报告太不信任了。但他是中央派来的，自己对细菌学没有他那么熟悉，又拿不出试验证据，只好唯唯听命，并设法找一个疫死的尸体给他作剖验，以便把日寇进行细菌战的罪行肯定下来。

恰好在十一月二十日傍晚，防疫人员在常德东门外拦住了一副抬往郊外埋葬的棺材。死者龚操胜，是个住在鸡鹅巷的裁缝，当天上午因病身死；其家属怕遭火葬，故潜行抬往郊外掩埋。拦住棺材后，防疫人员勒令抬往隔离医院的外围空地上，同时派人看守。次日，由陈文贵和我共同进行尸体解剖。我们将死者心脏的血，以及从肺、肝、脾、肾和腹股界淋巴腺取出的汁液，当场作玻片染色，并将血和器官的汁液注射到四只荷兰猪和两只兔子的腹腔内；同时还作了细菌培养等程序。从玻片染色的材料所见到的细菌，与广德医院所制的两张玻片上的细菌形态比较，不仅完全相同，而且更加清楚。至此，陈文贵才表示，当真像鼠疫杆菌。上述用作实验的动物，在两三天内都死了。我们又对这些动物进行解剖，此时细菌培养基上的细菌也生长出来了。经过检查，发现无论是动物体内的或培养基上的细菌，都与死者体内的细菌一模一样。在真凭实据面前，陈文贵承认常德的鼠疫是鼠疫杆菌所致，并根据他们自己的调查材料，判断为敌机空投物品所导致的鼠疫，他将这些情况立即电告重庆军医署，建议加紧防疫工作。

　　常德鼠疫流行严重并经过剖验证实以后，中央和省方陆续派出了二十个医疗防疫队约两百余人，在常德进行紧张的防治工作，进一步加强了预防措施。例如，敌机空投物类较多的地区，都经过"滴滴涕"消毒两三天后才解除封锁；严格执行交通检疫制度，由外地来的船只，一律须距河岸十丈左右停泊，等等，全市防疫工作，直到一九四三年三月才基本结束。

　　对于日本帝国主义这一滔天罪行，当时国民党统治区的报纸却没有报道过片纸只字。国民党政府在抗日战争胜利后也没有向远东国际法庭正式提出控诉，这是使人无法理解的。

《湖南文史资料》第 18 辑，湖南人民出版社 1984 年版

我所知道火化鼠疫死尸的情况

满大启

1997 年 8 月

1941 年 11 月 4 日清晨，日本帝国主义飞机公然违法〔反〕国际公法，在常德城上空投下带鼠疫杆菌的谷粒、麦子、豆子、高粱和棉絮块、破布条、稻草屑等物。不几日，常德鼠疫蔓延，死亡连绵。至今半个世纪多过去了，回想起来，仍心有余悸。

当时，我在距离常德城 120 华里的常德县立中学读书，消息传来，全体师生共愤，并担心家中的安危，纷纷写信询问。11 月下旬，我接到家父的回信，信中说："本月初日本飞机确实在常德上空撒下带鼠疫病菌的谷粒、破絮、草茎等物，至今死了不少人，听说鼠疫是一种可怕的传染病，放寒假后，回家途中切莫经过城区，可以绕道回家，以免遭到传染。"

我家住在常德城大西门外的乌龙巷，家中房屋宽阔，外人称满家大屋。为了免遭日本飞机空袭，湖南省第四行政专员公署和常德保安司令部从城区迁到我家办公，占据了大半栋房子，其特务排也驻扎在我家偏屋里。我回到家时，已是 1942 年元月初，鼠疫发病率进入高潮，每天都有数十人死亡。行政专员兼保安司令欧冠已作了严格规定：将鼠疫病人强迫抬到东门隔离医院治疗，将死尸强行抬到大西门外火葬炉火化；无病者一律打防疫针或服中药制剂防疫汤。警察、防空救护队、卫生队满街转，常德城笼罩着一片恐怖气氛。负责进行火化鼠疫死尸的保安司令特务排的文国斌班长。他还是一个青年，为人随和，喜欢看书看报。我们一见如故，常在一起玩耍。他向我借书看，我乘机向他要求看一看化尸的情况。他说："你是学生，要远远隔离。这种病传染性很大，上级知道了要受处罚的。"我说："正因为我是学生，我要把鼠疫危害的具体情况讲给同学们听，揭露日本军国主义的罪恶。"他说："也不行，你没有防疫设备，如果传染上了，谁也负不起责任。"我很失望。几天后，他向我打招呼："今天有个弟兄请假，多出一套防疫服，你可一同前去。但不要声张。"

火葬炉设在大西门外的千佛寺。寺庙也被日本飞机轰炸而烧毁，成为一片废墟。当局只好就地取材，利用旧砖块在此废墟上砌了三座火炉。炉高约3.5米，宽1.5米，深2.5米；呈塔形，分三层，即灰烬室、煅烧室和烟囱；东西向，炉门朝东。每炉间隔约3米。据文班长介绍说，每天下午四时工作，第二天上午六时结束，每具尸体焚化的时间约两个半钟头，每炉燃料的定额是200斤松木劈柴。当我们到来时，地上已摆了七具死尸，每具死尸用旧棉絮或被单从头到脚严严实实地裹着，外加绳索捆牢，分不清男女性别。但从身体长短上看，有两具是儿童、五具是成人。这是鼠疫防治隔离医院送来的。文班长与护士长办完交接手续后，下令士兵开始工作。士兵们分别将死尸装入炉中，在其周围填满柴火，浇上汽油，将炉火引燃，然后扣上炉门。一会儿，三座火炉里发出呼呼的声音，接着又吱吱作响，一股股浓烟从烟囱喷出。由于烟囱不高，有时一阵猛烈的旋风将浓烟卷下来，使我嗅到像烧焦猪头般的气味。但眼前焚烧的毕竟是人，是在［因］罪恶的日本细菌战而死去的同胞，不禁使我心酸起来。

士兵们时常打开炉门，用新砍的木棒搅拌尸体。一士兵大声叫道："班长，火炉烧炸了。"我随班长趋前一看：靠北的一座火炉在煅烧室与烟囱衔接处炸开了两尺多长的一条裂缝，火苗正在一厘米宽的裂缝中喷出。班长似乎不愿听到这种声音，责备说："这有什么大惊小怪的，还不快去挖桶稀泥巴来，将泥巴敷住裂缝！"班长又补充说："这种炉子，火烧的太猛，容易出漏子。浪费了柴火。你们听见了吗？"士兵们齐答："听见了"。

班长好像急不可待，下令道："出灰，装第二炉！"士兵们打开炉门，只见一块块黑疙瘩正在燃烧着，很显然尸体尚未完全化为灰烬。班长似乎知道了我的心事，说："人体最难烧的是心脏，要完全化为灰烬还要加半炉柴火，而且拖长了时间。只要装炉不碍事，即使有四肢剩下，也放在第二炉中焚烧。反正用不着分清谁是谁的骨灰。"士兵一边掏灰，一边用木棒敲碎炉中一根根的骨头，使其从炉桥上掉下来。

当第二炉点火的时候，常德防空指挥部救护队抬来两具尸体。由于没随带火化证明单，班长不肯接受。救护队的人解释说："我们从小关庙经过，有人反映，他的邻居老两口两天没有开门，也未听到烧火做饭，要求我们进屋检查。我们推开了门，只见床上躺着两具尸体。从症状上看，他们是感染鼠疫而死的，为了抢在天黑前将尸体送来火化，来不及办理手续。"班长要他们把尸体留下，赶快到防疫处开火化证明，并说："没有证明，谁付给柴火费！"

　　救护队走后，我问班长："要火化证明单，是否为了防止冒充鼠疫病而死，沾点便利。"班长说："不是"。人们禁忌火化，染上鼠疫病后，不报告，也不肯住隔离医院，就是死了，家里有人手，其家属在深更半夜偷偷抬到郊外掩埋，不使人知道。现在，焚化的死尸，包括正在焚烧的一共是 168 具，而实际死亡的人数多得多。

　　看看已到黄昏时候，我离别火葬场回家。在回家的路上，又看到隔离医院送来三具尸体。裹在尸体上的被单湿漉漉的，我估计那是喷洒的消毒灭菌药剂。我边走边想，文班长和他的士兵今晚又要工作一通宵了。

　　此后，我天天同文班长见面，要求他告诉我每天焚尸的数字，我就按日记在一个小本子上。农历正月十八我返校时，已累积到 257 具。到了学校里，我将焚尸的情况和这个数字讲给同学听，增加了同学们对日本军阀的憎恨。七月初旬学校放了暑假，我回到家时，听说鼠疫已得到控制，焚尸工作停止了，文国斌已调到传令班当班长。我特意找到文班长问询火化尸体的总数。他掏出日记本，翻开一看说："四月中旬，化尸工作停止，共焚化 309 具尸体。"现在，文国斌不知去向，我那个记录得残缺不全的小本子也已丢失，只能凭记忆记下这件不堪的往事，警醒今天的人们不要忘记昨天被欺凌的耻辱！

《武陵古今》1997 年第 5、6 期

第二部分　外国史料

一 美国史料

给美国大使馆武官处威廉·梅耶上校的信

常德宣道会负责人：E. 托瓦尔德逊

1941 年 12 月 19 日

敬启者：

你 12 月 5 日发出的信，要求了解常德发生腺鼠疫的情报，17 日才收到。

11 月 4 日晨，天将晓，雾很大，警报响起，一架日机抵达城市上空，飞得很低，在城市和〈广德〉医院上空盘旋三周后离去。

它丢下一些小包的未碾的稻谷，还有一些破纱布之类的东西。这些谷粒被送到广德医院做细菌学检查，发现含有类似于鼠疫杆菌的细菌。在这件事情上，没有进一步的调查和试验，不能下明确的结论。

培养的细菌注射到两只兔子体内，反应较轻。但是，几天后，一个小女孩被送到广德医院，显示出所有的鼠疫症状。小女孩死之前和死之后做的所有细菌涂片证实了广德医院医生的诊断。

自那以后，又有几个病例被诊断，中国政府的专家用小白鼠试验和进一步的实验室测试证明了这一点。鼠疫环境在这里形成了。

一个外国红十字会专家和他的中国同事已经在这里工作数周。这个人亲口告诉我们，有 20—25 个死亡病例，还有多少未被注册的病例很难知晓。就在前一天，一个成年男子死去。尽管还未达到疫病流行的程度，但此间医卫人员共识是，肯定会扩散。

此地年长者，对鼠疫闻所未闻，直到这次鼠疫之前，从未听说过鼠疫发生。毋庸置疑的是，这些谷粒为日机 11 月 8 日〈原文如此〉清晨所撒。

这是迄今我所能提供的全部情报,我们都希望罪恶的鼠疫不要扩散。

谨上

E. 托瓦尔德逊

"A Letter from E. Torvaldson to William Mayer",
Dec.19th, 1941, R112, E295A, B11, National Archives.

给美国大使馆武官处威廉·梅耶上校的信

长沙雅礼协会常务理事:W.W. 佩特斯
1941 年 12 月 20 日

威廉·梅耶上校,军事武官,美国大使馆,重庆,四川
亲爱的梅耶上校:

我收到了你 1941 年 12 月 6 日要求我们提供湖南常德鼠疫疫情的信件,今天刚好伯力士在前往常德调查鼠疫途中拜访我,也许你知道,他是一位疫病流行学家,原来受雇于国联,现在为国家卫生署工作。现在,他把所有的时间都奉献于鼠疫研究和鼠疫防控事业,在此领域蜚声国际。他很慷慨地把他获得的常德鼠疫的情报全都提供给我,我现在把它们提供给你。有一点你需谨记,不要提到消息来源,因为他的正式报告必须首先提交国家卫生署。

疫情是鼠疫,这一点毋庸置疑。这一点已经被伯力士和我们在长沙的湘雅医院的细菌实验室证明。在过去 10 天所有报送湖南卫生处的 30 个病例中,没有新发病例,这是一个控制疫情的好机会。

伯力士认为,常德鼠疫绝不是自然方式输入的。浙江和福建的鼠疫正在流行,但是它不可能跳过江西和湖南东部输入(流行路线必须经过衡阳和长沙,才能到达常德)。

一个常德长老会的传教士目睹了日机抛撒谷粒和其他东西。8 天后,第一例鼠疫病例发现。类似于鼠疫杆菌的细菌从日机投下的物质中被发现。尽管还不能下结论,但这是一个铁证,动物注射一定可以证明病原体的身份。

目前,此病例虽然直指日本人,但还是不能那么绝对。我正在等待动

物注射后的调查结果，一有结果我就向你汇报。

敬致

W. W. 佩特斯常务理事

"A Letter from W. W. Pettus to William Mayer",

Dec. 20th, 1941, R112, E295A, B11, National Archives.

华中——日本在湖南省常德发动细菌战 *

詹姆斯·吉登斯

1945 年 6 月 28 日

现在报送的是陆军医官调查日军在常德发动细菌战的报告。1945 年 5 月 28—29 日，该官员采访了一个在常德的医学博士，调查 1941 年 11 月 4 日日军在常德实施细菌战的情况。

该中国医生在耶鲁大学的中国分校接受过训练，在中国的教会医院工作多年。这名医官观察这名医生的工作，认为他训练有素、能力出众。这名医生亲历了日军发动常德细菌战并对此展开了调查。

1941 年 11 月 4 日，一架日本飞机在常德投下谷类，该医生收集样品，在医院进行检查。结果从上述谷类中发现细菌，且形态上具有鼠疫杆菌特征，经着色仍有上述特征。一周后，常德便有大批老鼠死亡，继而在居民中出现鼠疫病例，广德医院对其中的死者确诊为死于鼠疫。而 1942 年之前，常德附近从未发生过鼠疫。

从这位医生的调查来看，日军极有可能通过撒布染有鼠疫细菌的谷物的方式扩散鼠疫。

化学战部队驻中国代表处主任认为，这是迄今在中国获得的最有力的证据，证明日军运用了细菌战，这次细菌战或许具有试验性质。

化学战部队少校詹姆斯·吉登斯

---

* 当时国际上和美国情报界对常德细菌战是否为日军所发动，存在一些争论。为了弄清真相，1945 年 5 月 28 日，美国陆军部化学战部队专家吉登斯到常德实地调查，这是他完成调查后写给化学战部队的调查报告。该报告简称《吉登斯报告》。本报告由编者译出。——编者注

秘密

介绍　鉴于存在一些关于日军 1941 年 11 月 4 日对常德实施细菌战相冲突的描述，由此产生了怀疑和不确定性。为了评估此事件，情报部门遂建议我前往常德，获取一手情报。1945 年 5 月 28—29 日访问常德。

围绕调查的背景信息

毕业于雅礼协会创办的湘雅医学院的谭学华博士，是主要的情报来源，他是对此次鼠疫展开调查的第一人，鼠疫发生前、发生时、发生后都一直在常德，他在广德医院待了 7 年。

涂德乐（George Tootell），广德医院院长，训练有素，才干过人，美国传教士医生，在广德医院待了 30 年。他认识谭学华 7 年多了，对谭学华如此评价：一个能力突出、勤奋、聪明的医生。

陪同谭大夫在病房工作，人们可以得出如下印象：他是一个在简单实验室技术条件下得到很高技术水平、严谨的临床医生。他特别擅长传染疾病的诊断和治疗。

涂德乐说，在此之前，他在常德 30 年，从未听说此地发生过鼠疫。常德鼠疫第一次爆发时，涂德乐在美国休假，直到 1941 年 12 月 26 日才返回常德。此时常德鼠疫在流行。涂对谭的陈述的可靠性没有疑义，并且认为谭在鼠疫调查中工作出色。

谭医生被社区认为是极为优秀和能力卓越的好医生。一年前，有难民经过常德，但是在鼠疫爆发前几月已经停止。

涂德乐说，鉴于难民需要步行 8—10 天才能到达常德，因此鼠疫不太可能由难民引入。

鼠疫爆发前后，日军飞机频繁轰炸常德，所有轰炸都在晚间进行，没有一次是在凌晨进行。每次轰炸都由 3 架以上的机群执行。

谭医生对鼠疫事件的描述

1941 年 11 月 4 日，天将破晓，一架日机在常德上空低空盘旋 3 次，当时，雾很浓，这种天气在当地很正常。飞机没有投弹，但是投下了一些谷物，在常德北门附近和西门也投了一点。乡长收集了数量可观的谷物送到广德医院来由谭医生检验。

谭医生在谷物中没有发现跳蚤，于是用无菌盐水清洗谷物样品，离心沉淀，取其沉渣作涂片染色，在显微镜下发现有许多杂菌，其中包括少数两极染色较深的革兰氏阴性杆菌，类似鼠疫杆菌。由于没有培养液，从一个住院的肝腹水病人体内抽取了 30cc 腹水，分装于 3 个无菌试管中，用两个试管培养敌机所投下的谷物，其余一个则取普通杂粮做同样培养。置培养基于温箱内 24 小时后检视，在用作对照试验的杂粮管中，其液较清，而由敌机所投下的谷麦试管中，其液较浊。取此种溶液再做涂片，同样用革兰氏染色法染色，在显微镜下发现多数革兰氏阴性两极着色之杆菌，乃用测微器测量大小，平均 1.5×0.5 兆分。再取对照培养液做同样检查，则只见很多革兰氏阳性杆菌，但没有两极着色的杆菌。

由于缺乏试验用小白鼠，本地鼠又不适宜试验用，只好用两只兔子作为试验材料。一只兔子注射 1cc 街上所得之谷物培养液，另一只注射 1cc 无菌生理盐水。2—3 天后，前只兔子出现了发烧反应，而后者反应正常。

11 月 5 日上午，谭博士参加了一个乡公所官员参加的会议，谭在会上指出，也许是鼠疫，要立即采取防控措施。他建议：（1）收集日机扔下的谷物并且焚烧。（2）要求省卫生处派遣一名鼠疫防控专家。（3）鼠疫防控方案应该广为宣传。（4）建立一个隔离医院。上述会议结果报送省卫生处，但没有收到回答。

11 月 10 日，大街上出现死鼠，有人患病高烧。

11 月 12 日，一名 12 岁的少女，怀疑是鼠疫的第一个患者被带至广德医院，该少女从前一天夜间开始出现恶寒高烧等症状。主诉头痛，全身不适。经诊察，体温华氏 105 度（40.5℃），脉搏 115，看上去她患有急症，处于神志不清状态。脉弱，可以触诊到肝脏和脾脏，疟疾的血液涂片标本为阴性，白血球 12050，中性多核细胞 88%，在血液标本中发现少量细菌。用革兰氏染色法染色时呈革兰氏阴性，细菌两极有少量着色。

对该名患者实行隔离，每隔 4 小时投以 0.5 克磺胺。深夜体温为华氏 106 度（41℃），脉搏 116，呼吸数 47，次日晨（13 日）皮肤发绀，全面陷于危重状态。这时采取的血液标本多数出现两极着色杆菌，8 时患者死亡。

第二例是 11 月 14 日送到隔离医院的，是一名劳工，突然高烧，头痛，恶心呕吐，右淋巴结肿疼。穿刺涂片检查结果为革兰氏阴性鼠疫细菌感染。当天下午死亡。

解剖时，腹腔内没有积液。肝脏肿大，少部分有出血。肠内有若干出血。脾脏相当于正常大小的两倍，有出血部分。肾脏呈红色，骨盆有出血部分。心脏和肺未经检查。脾脏标本呈现革兰氏阴性，两极有着色细菌。

两人均诊断为鼠疫，同时向重庆的卫生署发出电报。

谭博士未能从最初的谷类培养中做出鼠疫菌试验的完全的细菌学证明。尽管如此，这项检查作业明确指出谷类中存在鼠疫杆菌。在评价上最重要的是对兔子进行鼠疫菌试验的效果。但具体情况不详，目前又无法获得这方面的为作出评价所需的专门资料，因此无法表明意见。

尽管如此，在投下谷类之前当地未曾发生鼠疫，出现形态上与鼠疫菌类似的细菌；谭博士对鼠疫流行的预测和谷类投下七天后出现鼠疫患者，这些都证实了病例的可靠性。

化学战部队驻中国代表处的评估：

这是迄今为止中国所拥有的日本使用细菌武器的最有力证据。这极有可能是真实的细菌战，也可能是实验性试验（an experimental trial）。

以下是《吉登斯报告》扫描件：

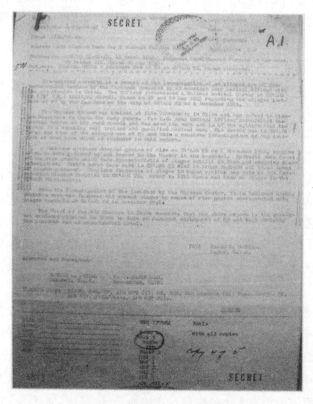

《吉登斯报告》(1)

SECRET

small, Gram negative bipolar staining bacilli. In view of the fact that no culture media was available, 30 cc. of ascitic fluid was withdrawn from a hospital patient suffering from Cirrhosis of the liver and 10 cc portions were placed under sterile conditions into each of three sterile test tubes. Two tubes thus prepared were then inoculated with grain obtained from the streets and one tube with grain from normal stores of rice. After inoculation for 24 hours the three tubes were observed and smears were prepared. The tubes inoculated with grain from the street showed more turbidity than the tube inoculated with normal grain. Smears stained by Gram's Method prepared from the tubes inoculated with grain from the street showed Gram positive rods and small Gram 1-negative, bipolar staining rods which measured 1.5 x 0.5 n. Smears from the tube inoculated with normal grain showed only Gram negative bacilli.

In view of the absence of guinea pigs in the locality and the fact that native rats were considered to be unsatisfactory experimental animals, two rabbits were used. One rabbit was inoculated intraperitoneally with 1 cc of culture from the tube inoculated with grain from the street. The second rabbit, which served as a control, was inoculated intraperitoneally with 1 cc normal saline. The second and third day after inoculation the rabbit that was inoculated with culture showed a febrile reaction but then recovered and remained healthy. The control rabbit remained healthy.

On the morning of 5 November 1941 a meeting of the village officials and Dr. Yang was held at which Dr. Yang expressed the opinion that the incident probably represented plague and that control measures should immediately be instituted. It was recommended that (1) the grain dropped by the Japanese plane should be collected and burned; (2) there should be sent to the Provincial Health Bureau to request an expert on plague; (3) anti-plague measures should be spread and (4) an isolation hospital for plague victims should be made ready. As a result of this meeting word was sent to the Provincial Public Health Officials at Lan Yao but no answer was received.

On 19 November 1941 it was noted that many rats had died on the streets and several people were reported to be sick with a high fever.

On 12 November 1941 the first patient suspected of having plague was brought to the Presbyterian Mission Hospital, a 12 year old girl with history of sudden onset of chill and fever the night before. She complained of headache and general malaise. On physical examination temperature 105, pulse 115. She appeared acutely ill and was delirious. The pulse was weak and the liver and spleen were palpable. Blood smear for malaria was negative. RBC 12,000, 85% polys. A few small bacilli were noted in the blood smear and when stained by Gram's method showed Gram negative, bipolar staining small bacilli.

The patient was isolated and given sulfanilamide, 0.5 gms. every 4 hours. At midnight the temperature was 106, pulse was 115, R. 27. Early the next morning (13 November) her skin was cyanotic and her general condition appeared quite critical. A blood smear taken at this time showed a good many bipolar staining rods. At 0800 the patient died.

At autopsy there was no fluid in the peritoneal cavity. The liver was swollen and showed small areas of hemorrhage. A few areas of hemorrhage were noted in the intestinal mucosa. The spleen was twice its normal size and showed areas of hemorrhage. The kidneys were about as usual and showed areas of hemorrhage in the pelvis. The heart and lungs were not examined.

Smears from the spleen showed many Gram negative bipolar staining bacilli. The smears and slides were observed by Dr. Chan rei-ssu of the Chinese Red Cross and Dr. Liu Pei-Chi from Changtu Medical School. Both men agreed with the diagnosis of plague and with this a telegram was sent to the Public Health Officials in Chungking.

A second case was admitted to the hospital on 14 November. The case, a 20 year old looking lad experienced a sudden onset of fever, headache and delirium on 13 November. When admitted to the hospital the right inguinal glands were swollen and tender.

《吉登斯报告》（2）

SECRET

INTRODUCTION

In view of the many conflicting stories, elements of doubt and the uncertainty of the incident reported to have been a BW attack by the Japanese on CH'ANG TE, Hunan, China, occuring on 4 November 1941, it was deemed advisable by the sources to proceed to CH'ANG TE and obtain first hand information in order to evaluate the incident. CH'ANG TE was visited on 28 and 29 May 1945.

CIRCUMSTANCES SURROUNDING THE INVESTIGATION

Dr. H. H. Tang (Tang Hsueh-hao) a graduate of the Ch'ang Ya Medical School (Yale in China) was the prime source of information. Dr. Tang was the first person to investigate the incident and remained in CH'ANG TE before, during and after the plague epidemic. Dr. Tang has been employed by the Presbyterian Mission (Kuang Te) Hospital in CH'ANG TE for over seven years.

Dr. George Tootell, Director of the Hospital and a well trained, capable, American missionary doctor, who has been at CH'ANG TE in the Mission Hospital for approximately 30 years, stated that he had known Dr. Tang for over seven years and considered him to be a capable, industrious and intelligent doctor.

On accompanying Dr. Tang at ward rounds in the hospital one gains the impression that Dr. Tang is an astute clinician, well trained in simple laboratory techniques. Dr. Tang is especially well qualified in infectious diseases and the laboratory diagnosis of these diseases.

Dr. Tootell stated that prior to the incident under consideration he had neither encountered or heard about a single case of plague in CH'ANG TE throughout his stay of approximately 30 years in the area. Dr. Tootell was on furlough in the United States at the time of the incident and did not return to CH'ANG TE until 26 December 1941. When Dr. Tootell returned, cases of plague were occuring in the area. Dr. Tootell further stated that he had no doubt in regard to the reliability of Dr. Tang's statements and considered that Dr. Tang had carried out a very excellent piece of work in his investigation of the incident.

Dr. Tang is regarded by the community as being an especially well trained and capable medical man.

At the time of the incident, 4 November 1941, there were very few refugees moving through CH'ANG TE. About one year before, refugees had passed through CH'ANG TE but this had ceased many months prior to the incident. At the time of the incident Japanese troops were held up at TUNG TING (TO CHUN), across Tung-T'ing Lake from CH'ANG TE.

Dr. Tootell stated that in view of the fact refugees were required to spend 8 to 10 days walking before reaching CH'ANG TE, it was considered unlikely that plague could have been introduced into CH'ANG TE by refugees.

Prior to the incident, as well as after it, CH'ANG TE received frequent bombings from Japanese planes. It was reported that all bombings had occurred in the evenings and that not a single bombing had occurred in the early morning. These bombings usually occurred were carried out by three or more enemy planes.

REPORT OF INCIDENT AS RELATED BY DR. TANG

Early in the morning of 4 November 1941, between daybreak and sun up, a single Japanese plane (type unspecified) circled CH'ANG TE three times at a very low altitude. At this time there was a heavy fog over the city, such fogs being common at that time of the year. No bombs were dropped by the plane but many grains of rice and barley were dropped. The plane is the vicinity of the North and East Gates of the city. Village officials collected a considerable amount of this grain and sent it to the Presbyterian Mission (Kuang Te) Hospital for examination by Dr. Tang.

No fleas were found in or associated with the grain. A sample of the grain was ground in sterile saline, the washings centrifuged and smears were made from the sediment. These smears when stained by Gram method showed Gram positive rods and a few ...

SECRET

《吉登斯报告》（3）

SECRET

Smear from material obtained from a gland puncture showed many Gram negative, bipolar staining bacilli. The patient died on the afternoon of the day of admission.

A third case is a 58 year old man from Chi Ling Village who became ill on the night of 12 November. On 19 November the right inguinal glands became swollen. The Red Cross investigated the case and smears made from material aspirated from the glands showed many bipolar staining Gram negative rods. The patient died on the evening of 21 November.

A fourth case became ill with a high fever on 11 November and died on 13 November. On 14 November smears made from material aspirated from the body showed many Gram negative, bipolar staining bacilli.

Other cases were reported to have died in the streets and dogs were reported to have pawed over the body. At Chiangtu a second telegram was sent to the Public Health officials in [...] which resulted in the arrival of several plague specialists. These were Dr. [...], National Health Commission Dr. Yang, Assistant superintendent from [...]; Dr. Li, Chiang Ya Medical School; and Dr. Chen, Red Cross Hospital [...]

After going over the material, these men reported to Chungking that they were not certain and stated that plague was very difficult to diagnose. On 24 November 1941 another case was autopsied and from whom came cultures and guinea pig inoculations substantiated the diagnosis of plague. About 25 November Dr. [...] Pollitzer, a plague expert arrived on the scene. He remained in the area for approximately one year and estimated that 150 cases had occurred and that the incidence in some reached 70% of the rat population. An isolation hospital was set up in operation and control measures and plague immunizations were put in effect. As a result of these efforts the epidemic was gradually brought under control. Cases spread into the country as far as 50 li to the northeast of the city.

COMMENT: Much of the above related material was published by Dr. Yang in the March 1942 issue of the Chiang Ya Medical Journal in an article entitled "History of Plague in Ch'ang Te, Hunan".

It must be admitted that absolute bacteriological proof of Pasteurella pestis is lacking in Dr. Yang's original cultures from rice grains. Nevertheless, this work strongly points to the presence of plague bacilli on the rice grains. A very important point in the evaluation is the effect of Pasteurella pestis on the rabbit; this is unknown to the source and no technical material is available at present to evaluate this point, therefore, no opinion will be expressed.

Nevertheless, the absence of plague in the area prior to the dropping of rice grains, the demonstration of bacteria morphologically similar to Pasteurella pestis, the prediction of plague epidemic by Dr. Yang and the appearance of cases of plague seven days after the dropping of the rice grains materially substantiates the authenticity of the incident.

COMMENT BY THE CHIEF OF THE US MISSION IN CHINA:

This is the strongest evidence obtained in China to date on Japanese employment of BW. It appears likely that this is an authentic incident, probably an experimental trial, since these tactics have not been observed or reported since.

From 713A/China, Kunming,   R-713-CH-43   28 June 1945

SECRET

《吉登斯报告》（4）

档案来源：英 PRO

二　苏联史料

编者按：1949 年，苏联在其远东滨海军区伯力城设立军事法庭，对其在中国东北俘获的 12 名日军细菌战罪犯进行了审判，即著名的"伯力审判"。1950 年，苏联以俄、中、日、英等文字出版了该审判的部分记录，全名《前日本陆军军人因准备和使用细菌武器被控案审判材料》（简称《伯力审判材料》）。第一次向世界公开揭露了日本侵华期间准备和实施细菌战的事实。《伯力审判材料》是研究日本细菌战史最重要、最基本的史料之一。在此选择《伯力审判材料》中关于常德细菌战的记录。

731 部队细菌产生部部长川岛清在伯力审判法庭的供词
1949 年 12 月 25 日

国家公诉人：请你说说你们屡次到中国去进行远征的情况。

被告川岛清：我首先就要说明我在第 731 部队内服务的那个时期的情形。当时第 731 部队在 1941 年间有一次而在 1942 年又有一次派队伍到华中去过，在那里用致命细菌武器反对过中国军队。

问：请你继续讲下去。

答：我已说过，第一次远征是在 1941 年夏季举行的。第二部部长太田大佐有次通知我说，他要到华中去，并且他当即与我告别。过后不久，他回来时又对我说过，在华中洞庭湖附近的常德城一带，曾用飞机向中国人投放过鼠疫跳蚤。这样，据他所说，就算是举行了一次细菌攻击。此后太田大佐向第 731 部队长石井做过一次报告，他做报告时我在场。据他报告说，第 731 部队派出的远征队在常德一带用飞机投放过鼠疫跳蚤，结果发生了鼠疫流行病，有相当数量的人染上了鼠疫病，但究竟有多少人，我却不知道。

问：第 731 部队内有多少工作人员参加过这次远征呢？

答：约有四五十人。

问：在 1941 年举行这次远征时，是用什么办法把鼠疫传染到地面上的呢？

答：当时用的是从高飞的飞机上撒放鼠疫跳蚤的办法。

问：究竟是用的投掷细菌炸弹的办法，还是用的从飞机上撒放跳蚤的呢？

答：是用撒放跳蚤的办法。

资料来源：《前日本陆军军人因准备和使用细菌武器被控案审判材料》（中文版），莫斯科：外文书籍出版局 1950 年印行，第 269 页。

川岛清在苏制中国地图上证实常德细菌战的手迹

1949 年 11 月 21 日

编者按：川岛清在伯力法庭受审供述常德细菌战实施情况时，苏联审讯官拿出苏制地图向他取证，他在该地图上准确标出了"常德"的位置，并在地图上写下证明此次细菌战的文字及签名。以下是该份取证地图的复印件：

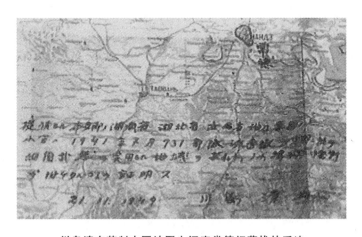

川岛清在苏制中国地图上证实常德细菌战的手迹

资料来源：［日］731 部队细菌战被害国家赔偿诉讼律师团编：《细菌战裁判资料集》第 6 集，2001 年发行，第 231 页。

苏联公诉人公诉词[*]

1949 年 12 月 29 日

1941 年夏季,〈731 部队〉派出了第二次远征队到中国内地去,领导人是该部队里一个部长太田大佐。这次远征队是专门派去散播鼠疫流行病的。日军司令部给予远征队的基本任务,是要破坏中国军队的交通线,其重要枢纽是常德城,所以要在常德居民中间引起鼠疫流行病。该远征队内曾有 30 个细菌学专家参加,全队人数达 100 人。在远征队转回后,太田大佐曾向石井做过报告,当时有该部队总务部长即被告川岛列席。太田向石井报告说,该远征队在常德城及洞庭湖一带居民点上空,撒播过大量染有鼠疫的跳蚤。太田和石井都非常称赞这次远征的成绩,因为当时在常德一带的居民中间引起了强烈的鼠疫症。

资料来源:《前日本陆军军人因准备和使用细菌武器被控案审判材料》(中文版),莫斯科:外文书籍出版局 1950 年印行,第 478 页。

---

[*] 这是苏联国家检察官斯米尔诺夫针对日军发动常德细菌战的公诉词。——编者注

三　日本史料

编者按：《井本日志》是战后日本国内发现的日本陆军实施细菌战的重大史料。1993 年 6 月，日本中央大学教授吉见义明、立教大学讲师伊香俊哉，于日本防卫厅防卫研究所图书馆发现其所藏的前日本支那派遣军总司令部作战参谋（1939 年 9 月—1940 年 10 月）、陆军参谋本部作战课课员（1940 年 10 月—1942 年 12 月）井本雄男的工作日记，学术界称为《井本日志》。在此日记中记录着关于日军实施常德细菌战的内容。

《井本日志》：常德细菌战的实施
1941 年 11 月 25 日

据长尾参谋关于"保"事件的报告：[①]

11 月 4 日，接到目的地天气良好的报告，一架 97 轻型飞机起飞（以下 4 个字被抹掉）。

5 点 30 出发，6 点 50 到达。

雾浓，降低高度搜索，因 800 米高空附近有云层，决定在 1000 米以下实施（增田少佐驾机，一侧菌箱开启不充分，将其投在洞庭湖上）。

鼠疫跳蚤 36 公斤，其后岛村参谋搜索。

11 月 6 日，常德附近开始中毒流行（日军飞机一架在常德附近撒布病毒，触碰到的人中毒很深）

---

① "长尾参谋"：南京中国派遣军参谋，他负责与 731 部队联络实施常德细菌战，然后向日军参谋本部汇报。"保"事件：即对常德实施细菌战的事件，"保"是日军"细菌作战"的代号。——编者注

11 月 20 日前后，猛烈流行。依据从各战区收集的卫生资料。

结论："如果命中，确实引发疫病。"

1941 年 11 月 25 日《井本日志》14 卷，

[日] 吉见义明、伊香俊哉：《日本军的细菌战》，载 [日] 战争责任资料中心《战争责任研究季刊》第 2 期（1993 年冬季号），第 14 页。

一、長尾〔正夫支那派遣軍〕参謀ヨリ㋩号ノ件

4／11 朝目的ノ方向ノ天候良好ノ報ニ接シ 97 軽一キ出発（以下四字分抹消）

〇五三〇出発　〇六五〇到着

霧深シ H〔高度〕ヲ落トシテ捜索、H 800 附近ニ層雲アリシ為一〇〇〇 m 以下ニテ実施ス（增田少佐操縦、片方ノ開函不十分　洞庭湖上ニ函ヲ落ス

アワ36kg、其後島村参謀捜索シアリ。

6／11　常德附近ニ中毒流行（日本軍ハ飛行機一キニテ常德附近ニ撒布セリ、之ニ触レタル者ハ猛烈ナル中毒ヲ起ス）

20／11頃猛烈ナル「ペスト」流行、各戦区ヨリ衞生材料ヲ集収シアリ

判決

「命中スレハ猛烈ナル発病ハ確実」

（一九四一年一一月二五日付「井本日誌」一四巻）

《井本日志》对常德细菌战的记录

资料来源：对日索赔日本律师团编《细菌战裁判资料集》第 1 集，2000 年，第 129 页。

编者按：2011 年夏天，日本"NPO 法人 731 部队细菌战资料中心"理事、独立研究者奈须重雄，经过 8 年的查寻，终于在日本国会图书馆关西馆所藏的 50 万份博士论文中，发现了十分重要的有关日军对华细菌作战的《金子顺一论文集》。金子顺一是 731 部队军医少佐，曾长期在石井四郎领导下从事细菌武器研究，是 731 部队通晓细菌战内幕与真相的极少数核心人物之一。《金子顺一论文集》属于密级最高、多为"石井机关"人员执笔的第一部"研究报告"（全称为日本陆军军医学校防疫研究报告）。《金子顺一论文集》8 篇论文中的《PX 效果略算法》证实了日军在常德发动鼠疫细菌战的历史事实。

《金子顺一论文集》:731 部队 1940 年至 1942 年鼠疫跳蚤作战概见表

金子顺一论文《PX 效果略算法》一文中有一份"既往作战效果概见表"，该表实际上是"731 部队 1940 年至 1942 年鼠疫跳蚤作战概见表"。以下是"概见表"扫描件（图 15），模糊而难读懂。

攻　　撃　目　　標	PX kg	効　　　　　果		1・0kg 袋 算		
		一　次	二　次	Rpr	R	Cep
15.6.4. 農　安	0.005	8	607	1600	123000	76,9
15.6.4. 提袋大査	0.010	12	2424	1260	243600	203.0
15.10.4 衛	8.0	219	9060	26	1,159	44,2
15102'7 宿　溪	8.0	104	1450	52	777	14,9
16.1.1. 4 常　德	1.6	310	2500	194	1,756	9,1
17.8.19〜21	0.131	42	9210	321	2,550	70,3

既往作战效果概见表（扫描件）

资料来源：[日] 奈须重雄先生提供。

将上表添加说明文字后可制成下表：

（731 部队）既往（鼠疫跳蚤）作战效果概见表

攻击 （时间）	（攻击） 目标	PX/kg （鼠疫跳 蚤/公斤）	效果 （死亡人数）		1.0 kg 换算值 （1 公斤鼠疫跳蚤的换算值）		
			一次 （感染）	二次 （感染）	Rpr（首次 感染 1 公斤 跳蚤可造成 的死亡人 数）	R（1 公斤 跳蚤可造成 的总死亡人 数）	Cep（1 公斤 跳蚤的流行 系数）
15.6.4	农安	0.005	8	607	1600	123000	76.9
15.6.4—7	农安大赉	0.010	12	2424	1200	243600	203.0
15.10.4	衢县	8.0	219	9060	26	1159	44.2
15.10.27	宁波	2.0	104	1450	52	777	14.9
16.11.4	常德	1.6	310	2500	194	1756	9.1
17.8.19—21	广信广 丰玉山	0.131	42	9210	321	22550	70.3

编者注：表中括号内文字在原表中没有，是为了说明而加上去的。

资料来源：［日］奈须重雄《秘密资料〈金子顺一论文集〉发现的意义》，罗建忠译，《武陵学刊》2012 年第 3 期，第 82 页。

该表"常德"一项："16.11.4"是指实施常德细菌战的时间是昭和 16 年 11 月 4 日，即 1941 年 11 月 4 日。"1.6"指在常德投下了 1.6 公斤跳蚤。"310"、"2500"是指常德细菌战第一次流行死亡 310 人，第二次流行死亡 2500 人。"194"指按 1 公斤跳蚤计算，第一次流行可使 194 人死亡。"1756"和"9.1"指常德细菌战的效果以流行指数 9.1 计算，1 公斤跳蚤的死亡效果是 1756 人。

该表不仅记录了常德细菌战情况，而且记录了 1940 年在吉林农安、大赉，浙江衢州、宁波和 1942 年在江西广信、广丰和浙江玉山实施细菌战的情况，是 731 部队在中国实施细菌战的一份铁证。

我在 731 航空班的经历*

[日] 松本正一

2000 年 11 月 15 日

一 我参加 731 部队之前

1920 年（大正 9 年）8 月 31 日，我作为家住埼玉县北埼玉郡埼车町大字道地 1597 番地的松本家第四代出生了。有 4 个妹妹、3 个弟弟，我在 8 个兄弟姊妹中是长男。

普通小学毕业后，我志愿做教师，但经济条件不宽裕。承蒙当时高中学校的老师关照，得到不动丘高中学校的化学老师吉田先生的准许，担任了物理化学老师的助手。因此，像旁听生一样在教室里学习了国语、汉文、英语、数学等主要科目。

那以后的理想是想当一名学校的老师，但当时如果没有取得相应的教学资格的话，不能当代课老师录用。于是，我参加了少年航空班士兵的考试。我虽然考试合格了，但因为是长男，没被录用。

当时，在仙台有一所通信省航空局仙台驾驶员培训学校，1938 年 10 月左右，我进了这所学校。在这里，我接受了 8 个月的飞机驾驶训练。1939 年（昭和 14 年）5 月 30 日，结束了训练课程。毕业时，取得了二级飞行员的资格。但是，由于培训学校的飞机驾驶训练不够，毕业后也不能正式驾机。

为此，1939 年（昭和 14 年）6 月，我又进入了熊谷陆军飞行学校学习。在这里半年时间，作为通信省委托的飞机飞行员，我接受了驾驶战斗机的实战训练。

临近毕业，教官问起了去向。我述说了希望成为民营制造公司的试飞员的想法，但是没有实现我的理想。结果，我被教官安排了去向，被任命为关东军特务机关陆军飞行兵伍长（预备役）。这支部队隶属 731 部队。除了我分配到 731 部队外，还有同期学习的樱永孝雄、铃木公司。1939

---

  * 该文是原日军 731 部队飞行员松本正一先生 2000 年 11 月 15 日在"731 部队细菌战诉讼案"一审法庭上的证词（陈述书）。该证词以证词人在 731 航空班的亲历，揭露了 731 部队众多鲜为人知的在中国实施细菌战的历史细节，和常德细菌战的有关情况，颇具史料价值。本文由常德市外事办罗建忠翻译。——编者注

年 11 月 27 日，我取得一等飞行员的资格后结束了训练。

二　来到哈尔滨（平房）731 部队

731 部队的总部在哈尔滨。在新宿的陆军军医学校有 731 部队的派出所。在那里集中了十七八个人（其中飞行员 3 人），在石桥坚治的安排下，我们开赴了哈尔滨。先乘火车去博多，然后乘船去釜山，再从朝鲜半岛去大连，经过新京，到达哈尔滨。

731 部队原名关东军防疫部队，1940 年叫关东军防疫给水部，1941 年以后才开始叫 731 部队。我隶属 731 部队第二部的航空班。

航空班由增田美保任班长，福森宪雄任顾问，荻原周夫任教官。我们三人（松本、铃木、樱永）属荻原的部下。之后，军医平泽正欣、野吕文彦、稻森、池川重德也加入了航空班。稻森死后，权田飞行教官也加入了进来。

航空班里除了飞行员以外，还有维修兵、（无线）通讯兵、卫生兵。没有爆破手，侦察兵等专业人员。像这样的工作由卫生兵担负。

731 部队的航空班当初飞机不够，我们赴任时，731 部队在哈尔滨只有八八式二型（侦察轰炸机）、九一式（战斗机）、九四式（侦察机）、小型伤员运输机。八八式二型飞机安装有空投装置，撒播细菌时被使用过。九一一式飞机比我在熊谷陆军飞行学校驾驶的九五式飞机还要古老。这种飞机不是军队分配下来的。小型伤员运输机可以乘坐飞行员和三名伤员。有一天，我驾驶时，发动机熄火，掉下来摔坏了。那以后，就用九五式（战斗机）代替了小型运输机。再后来引进了九七式飞机。我主要驾驶九五式飞机，铃木驾驶九四式飞机。

我们在哈尔滨居住处是总部另外的地方。宿舍是一栋三层建筑，我一个人开始住在宿舍里。之后，与荻原、樱永三人搬进了带有浴室的教官公寓。

三　在平房的有关细菌战的工作

有关在哈尔滨进行的细菌兵器的开发和实验，我所知道的如下。

1. 细菌兵器。首先，开发了撒播跳蚤的兵器。把感染了鼠疫菌的大量跳蚤装入铝箱里，将这个箱子安放在飞机两翼的下面，在空中打开箱子的前方和后方，撒播跳蚤。这种箱子开始是菱形，后来变成了流线形，箱子的开关由驾驶室里的飞行员操作，这种兵器在实战中使用过。其次，研制了被称为"鸟弹"的炸弹，用于副伤寒菌。这种"鸟弹"用玻璃制成，里面装有水，所以空气进不去，不适合鼠疫；另外在空中爆炸时，好像不会达到效果，所以，在实战中没有使用。此外，还有"衣弹"、"哈弹"等铁制的炸弹。这些主要是在碎片上涂上细菌使用。再有，九七式二型（重型轰炸机）飞机经过改装，做成了有空中装置的飞机。这就是将四根管子捆成一根，先分成两段，再通过空气压缩，从空中撒播副伤寒菌。结果在实验中压缩筒爆炸，没有在实战中实施。并且很不幸，实验中铃木和3名维修工感染了副伤寒，回到哈尔滨，铃木也因为这个原因而丧命。

2. 细菌实验。在细菌作战实验中，航空班的任务是实验和实战及其效果的调查。平泽负责鼠疫，增田负责副伤寒菌。我们作为飞行员在平房附近的安达飞机场兼实验场参加了实验。这个安达就是进行细菌兵器实验的地方。实际进行的实验是将感染了鼠疫菌的跳蚤和副伤寒菌空投的实验，为了检测其功效，将捕房的"圆木"放在实验台上使用了。我实际上没有参与空投装有细菌的炸弹的实验，只是进行了空投染上颜色的水的实验。

3. 其他任务。除了细菌作战的实验和功效调查以外，航空班还有其他任务。其一，是用飞机从埼玉县春日部队运老鼠的任务。听说春日部队在埼玉县一万多户农民家饲养了老鼠。老鼠用于制造鼠疫菌，运送地方不只是哈尔滨，还有新加坡、爪哇。把大量的老鼠装入很大的箱子里，一次运五六箱。其二，是运送731部队的干部和宪兵往返东京和哈尔滨、南京、杭州等地执行任务。其三，有一次运送了"圆木"。平常用卡车运的，这次是用轰炸机从平房运到了安达。因为在安达使用"圆木"频繁进行了细菌兵器的实验，所以，也许这批"圆木"也当作实验使用了。另外，有时一个人驾小型运输机，从杭州到上海取行李，运到南京。行李是像装茶叶的箱子，很重。

四　在杭州的细菌作战

我于1940年（昭和15年）夏天到秋天3个月时间，奉命赴杭州出勤。航空班里增田班长以下至少三分之二的20名人员（飞行员15名、维修工等）出了勤。其他负责细菌兵器的山口班的队员和731部队的宪兵2名和1名翻译也去了杭州。航空班用飞机将他们从哈尔滨运送到杭州。使用的飞机是九七式轻型轰炸机,山口班的队员也有坐船去的。

731 部队的干部将这次杭州出勤叫作"杭州作战",作战的内容没有告诉我们这些下级队员。我在杭州的主要任务是用飞机运送材料和物资器材,或将 731 部队干部们运送于东京、南京、哈尔滨之间。飞机场是当时中国国民党建成在笕桥的飞行学校的旧址。在杭州好像实施了细菌作战。我虽然没有直接参与细菌作战,但从干部和其他队员那里听到了作战前后的一些内容。

其一是 1940 年(昭和 15 年)的秋天,增田驾驶单发射的九七式轻型轰炸机,今村卫生兵作为爆破手。把两个装有感染了鼠疫菌的跳蚤的箱子安放在飞机机翼下面撒播了。攻击地是衢州,称为"衢州作战"。这次攻击,安放的两个箱子之中,听说一个在衢州上空打开,播撒了跳蚤,另一个没有打开,留下了跳蚤,结果,箱子在返回中途被扔了。

那之后,增田、平泽和佐伯又驾驶单发的轻型轰炸机执行了细菌作战攻击任务。听说这次细菌作战的目的地是衢州、宁波(这时叫"宁波作战")、杭州。由于上次的失败教训,装跳蚤的箱子使用的是比原来缩小了的流线形跳蚤箱,投撒时用电动开关打开箱子的前部和后部,靠风把跳蚤从箱子里吹出去后落下。这个箱子是安放在九七式单发轻型轰炸机的机翼下面的。

在有一天的实验中,用八八式二型飞机撒下了感染鼠疫菌的跳蚤。由获原驾驶,卫生兵今村作为爆破手同乘。箱子的装备不是航空队做的,是由山口班的专门技师做的。这个实验是将检测板放在地上调查撒播在地面哪个位置。从高空 300 米至 500 米左右低空飞行撒播。实验地是杭州的钱塘江附近。我没有直接参与这个实验。但是,为了调查撒布效果而去过现场。另外,有次攻击作战时,将感染了的跳蚤从飞机上撒下去时,箱子的后部没有打开,从而跳蚤卷成一团没有很好地落下,于是,飞机又飞回了笕桥飞机场。在飞机场的草丛中打开箱子,里面的大量跳蚤就窜了出来,在场人员慌慌张张采取消毒措施,但处理不恰当,结果只好连飞机也烧了。

五 在南京的细菌作战

我于 1941 年(昭和 16 年)的秋天至第二年 6 个月的时间里执行了从哈尔滨到南京的出机任务。这次出机动作很大,我所在的航空班大约超过

30 名队员去了南京，其他山口班的队员也有很多去了南京。这时赴南京的 731 部队被称为"奈良部队"。这次出机时，航空班所有的九七式单发重型轰炸机、九七式双发重型轰炸机，包括九七式双发轻型轰炸机等也一起移到了南京，在南京与 1644 部队合流。航空班使用了南京城内的航空队飞机场，南京飞机场里有九七式重型轰炸机 3 架，还有 AT 轻型轰炸机、重型轰炸机。

在南京，我印象中记得进行了两次细菌攻击。航空班的平泽驾驶的九七式单发轰炸机，把在轻金属的铝箱里装有感染了鼠疫菌的大量跳蚤撒播了出去。这批跳蚤是从哈尔滨运来的。听说攻击地是常德，从常德市城区大约 200 米的上空投下了跳蚤。之后，听说这次攻击达到了非常好的效果。

在南京时，队员被强迫命令更换姓名。没有说明其理由。我变成"桂"姓、增田班长叫"赤诚"、樱永叫"大江"。奈良部队没有军服，相反发了襟章。实际上有的人佩戴，有的人没有佩戴。我戴中尉的襟章，樱永戴大尉的，荻原戴少佐的。其中，有留长发的，有穿夹克的，服装比较自由。我们住在偕行社。偕行社是一栋三层至五层的大建筑，位于南京的繁华街。这里本来是只有将校才可以住的地方，但当时 731 部队人员就住在这里，我与增田班长、樱永、今村、平泽、稻森、荻原住在一起。在偕行社，除了宾馆以外，还提供便宜的日用品，处理的军需品，我们只要有证件，什么都可以弄到手。在南京的时候，有时被命令驾机飞行 20 至 30 分钟进行破坏活动。稻森在南京因飞机失去控制坠落了。我去的时候飞机已燃烧，正冒着烟。

六 6 次飞机事故

我在航空班主要负责运输。731 部队里的飞机很陈旧，因此，发生了多起事故。我曾驾驶过 3 架轰炸机、两架轻型飞机、一架小型运输机共遭遇 6 次事故。一次是在南京驾驶重型轰炸机的时候，本来是计划樱原去的，可他说"松本，谁都可以去，所以你去吧"，于是我就去飞了。但是，发动机熄火了，飞机扎进了小河沟的土沿旁。第二次是在岐阜县，和荻原一起驾重型轰炸机从立川运老鼠到哈尔滨的途中，飞机两边的发动机都熄火了，于是马上降低高度窜到了松林里，撞倒十五六根树后落下了。第三次是驾重型轰炸机在沙哥霍钦米市遭遇了事故。当时是把老鼠运往新加坡后返回,在距沙哥30分钟的地方,右边的发动机熄火了。但是,后边的减速板降不下,同乘的两名维修工想用手降下来也不行。结果,飞过了沙哥飞机场,扎进了田地里。之后,我被叫停飞行一星期。第四次是在哈尔滨飞机场,试飞轻型轰炸机时,机身突然着陆,被弹了一下,但我没有受伤。第五次是在哈尔滨驾驶刚修理好的轻型飞机,汽油管的栓子一直关着就返回了,因为栓子关着,不能切换,所以在哈尔滨的民用机场紧急着陆,飞机的起落架拿不出,故而飞机翅膀被折断。第六次是在哈尔滨乘坐小型运输机时,飞机起飞后从30米上升到50米时,发动机熄火了,撞到高压线落下。我被撞掉了四颗门牙。我共遭遇了6次事故,但都活了下来,故被称作"摔不死的家伙"。

七　战争结束及回国

1945年8月在哈尔滨,11日左右,上级命令部队转移,航空班被传令销毁证据,我们烧毁了器材库、宿舍、破烂飞机。14日左右乘飞机去了奉天,在奉天住了一晚,当晚收听了天皇广播,知道战争结束了,从而也没有必要再执行任务了。因此,就那样乘飞机回国了。从奉天跨过朝鲜半岛,在京城住了一晚,经釜山,从那里飞到了九州的民用机场。停留一周时间后,在恶劣的天气下,经过海岸线回到了熊谷。

以上就是我在隶属731部队的6年时间里发生的一些事情。731部队开发细菌兵器,并将其用于实战和所谓的实验,在中国各地进行细菌攻击的事实确信无疑。

资料来源:〔日〕731部队细菌战被害国家赔偿请求诉讼辩护团编:《细菌战裁判资料集》第2集,2001年。

第三部分　相关文献

《东京地方法院就侵华细菌战国家赔偿请求诉讼案一审判决书》节录

2002 年 8 月 27 日

编者按：1997 年 8 月，中国 180 名原告向东京地方法院提起要求日本政府对细菌战受害者进行谢罪、赔偿的诉讼。2002 年 8 月 27 日，东京地方法院站在袒护日本政府的立场上，以所谓“国家无答责”，“受害者个人无权向加害国提出赔偿要求”，“中日国家间战争责任问题已经解决”等理由作出一审判决，驳回原告的一切要求。

但是，法庭在 5 年的审理中，面对原告团和律师团提出的 500 项书面证据及 11 名证人（原 731 部队队员 2 名、日方学者 6 名、中方学者 3 名）的法庭证词，31 名原告的陈述，进行了事实调查后，不得不在判决书中认定：旧日本军在中国各地实施了残酷的细菌战，其细菌战行为是非人道的，并违反了国际法，构成了国家责任等。以下节录该判决书中这些相关部分。

……经本法院研究本案的各个证据，至少有下列事实可以认定：

（1）731 部队的前身，是 1936 年成立的关东军防疫部，1940 年改编成关东军防疫给水部队，不久后称 731 部队。该部队自 1938 年以来，在中国东北的哈尔滨郊外平房进行了扩大设施的建设，并设立了本部。最盛时还设有其他支部。该部队的主要目的是细菌武器的研究、开发和制造，这些均在平房本部进行。另外还把中国各地从事抗日活动的人送到 731 部队。该部队在研究、开发细菌武器过程中，对这些人进行了各种人体实验。

（2）从 1940 年到 1942 年，731 部队及 1644 部队等，在中国各地进

行了细菌武器的实战（细菌战），如下所示。（认定之证据列入事实末尾
的括号内）

A. 衢县（衢州）

1940 年 10 月 4 日上午，日本军机飞到衢县上空，从空中撒播了感染
有鼠疫菌的小麦、大豆、小米、糠麸、布片、棉絮等。当日下午，经县长
指示，对居民进行了总动员，对飞机投下物进行了收集清理和烧毁。

10 月 10 日以后，在上述投掷物投下的地区出现病亡者（但其病因是
否是鼠疫尚未确认）。同时，老鼠的尸体也开始陆续出现。11 月 12 日，
鼠疫患者首次被确诊，患者多出现在投掷物地区。11 月 12 日以后衢县发
生的鼠疫，是因为日军飞机投下了感染鼠疫的跳蚤，使鼠疫在老鼠之间流
行，然后传染到人，这种主张是合理的。

1940 年末，中国当局接到报告，因鼠疫而死亡的患者为 24 人。可是
鼠疫患者被其家人隐藏，也有人因唯恐被隔离而逃亡。病亡者的实际数量
当超过上述数字。此外，证人邱明轩称，衢县细菌战的受害者达 1502 人。

同时，衢县的鼠疫还在周边其他地区传播，很多人也因此染病死亡。

（证人松本正一、吉见义明、邱明轩，原告吴世根）

B. 义乌

1941 年 9 月，在衢县感染鼠疫的铁路工人返回义乌后发病，以此为
源头，义乌开始流行鼠疫。

鼠疫又从义乌传播到周边农村，经原告陈知法等实地受害调查会的调
查，在义乌城区因鼠疫死亡的人数为 309 人。

（证人邱明轩，原告陈知法）

C. 东阳

1941 年 10 月，义乌的鼠疫传播到东阳县，并在该地流行。

据原告郭飞龙的证言，该人居住的歌山镇有超过 40 人因鼠疫死亡。

D. 崇山村

江湾乡的崇山村包括北部的上崇山村和南部的下崇山村，是住宅密集
之地。可是上下两村之间几乎没有交流。1942 年 10 月，下崇山村首先爆
发鼠疫，呈现死亡者频繁出现的事态。到 12 月上旬，上崇山村的鼠疫基
本得到控制。可是下崇山村又从 12 月开始出现鼠疫死亡者。这次鼠疫被
认为是义乌鼠疫传播流行的结果。

崇山村因鼠疫死亡的人数，截至 1943 年 1 月共 396 人，相当于崇山村当时总人口的 1/3。

（证人上田信）

E. 塔下洲

1942 年 10 月崇山村的鼠疫传播到塔下洲村。

塔下洲村因鼠疫死亡的人数，在两个月内达到 103 人，相当于全村总人口的 1/5。

（原告周洪根）

F. 宁波

1940 年 10 月下旬，日本飞机飞到宁波上空，在城市中心开明街一带投下了混有感染鼠疫菌的跳蚤（后来鉴定为印度鼠跳蚤）的麦粒。

10 月 29 日，在跳蚤投下的地区出现了鼠疫患者，伴随着治疗活动，中方也进行了积极的防疫活动，封锁了污染区，消毒和烧毁了感染房屋，通过这些治疗和防疫活动，到 12 月初最后一名患者出现，鼠疫基本被平息。

人们认为，这次鼠疫流行，主要是投下的感染跳蚤直接叮咬了人引起来的。

据《时事公报》的报道、国民政府中央防疫处处长的报告书，以及证人黄可泰等人根据当时参加治疗的医师提供的情报和调查，此次鼠疫流行造成有名字记录的 109 人死亡。

（证人松本正一、吉见义明、黄可泰，原告何祺绥）

G. 常德

1941 年 11 月 4 日，731 部队的飞机飞到常德上空，在县城中心投下了感染鼠疫的跳蚤、棉絮、谷物等物质。

11 月 11 日，开始出现鼠疫患者，最初发现大约两个月内为第一次流行期，县城地区有死亡患者 8 人（据当时的《防治湘西鼠疫经过报告书》）。可是间隔 70 余天后，1942 年 3 月又发生了第二次流行。到 6 月末，县城地区总计死亡 34 人（据当时的《防治湘西鼠疫经过报告书》）。

第一次流行，很大原因是投下的感染鼠疫的跳蚤直接叮咬了人，引起鼠疫流行。第二次流行是老鼠感染了鼠疫菌后，经过冬天，开春后以跳蚤为媒介感染了人。

1942 年 3 月以来，常德城区的鼠疫传播到农村，在各地出现了许多死亡患者。

据"常德市细菌战受害调查会"极其深入和广泛的调查，常德的鼠疫患者死亡人数达 7643 人。

（证人吉见义明、中村明子、聂莉莉，原告易孝信、丁德望）

H. 江山

日军于 1942 年 6 月 10 日占领江山，约两个月后撤出江山，撤退之际使用霍乱菌实施了细菌战。其方法主要是直接倒入井里，或附着在食物上、注射在水果里等。

江山人食（饮）用了这些食物，造成感染霍乱死亡。据原告郑科位和周法源最近的调查，当时七斗行政村因霍乱死亡的人数达 37 人。

（原告周道信）

（3）这些细菌武器的实战使用，是日本军队战斗行为的组成部分，是依据陆军中央的指令进行的。

（证人吉见义明、松村高夫）

（4）关于细菌武器引发鼠疫、霍乱的受害情况

鼠疫是 14 世纪在欧洲泛滥的恐怖的细菌感染病症，欧洲称"黑死病"，疾病类型有腺鼠疫、败血症鼠疫、肺鼠疫和皮肤鼠疫等。一般症状是前期轻微发病后突然发烧发冷，伴随着激烈的头痛、晕眩、恶心、呕吐等，然后迅速引起高度的心脏障碍及血管障碍，身体出现深色斑点和痉挛，直至在极度痛苦中死去。但是当前利用磺胺剂和抗生药物可以治愈。

人类感染的鼠疫类型多为腺型鼠疫，约占 80%—90%，被感染鼠疫的跳蚤叮咬后发病。肺鼠疫的传染源是鼠疫患者的咳痰和唾液。败血型鼠疫主要是腺型鼠疫引起的二次型传染。特别是像本案受害地区那样的人类紧密联系的地域，鼠疫凭借那种社会形态传播。由于人们接连被死亡追逐，引发相互间的歧视和猜忌，带来区域社会的崩溃，在人们的心灵深处留下深刻的烙印。而且由于鼠疫本来是啮齿类动物的疾病，在人之间流行后，病原体在生物界留存，使人受感染的可能性长期存在。从这个意义上说，鼠疫不仅使区域社会崩溃，而且也造成环境的长期污染。

（证人上田信、聂莉莉、中村明子、邱明轩及法庭辩论要点）

霍乱是经由口腔传染的消化器官的传染病，病情严重时发展为米汤状

排泄的痢疾和呕吐，引起脱水症，并引发肌肉痉挛，如不及时治疗，死亡率相当之高，是一种给人带来极大痛苦的疾病。当时，通过适当的输液和抗生物的配合治疗，能使死亡率大大下降。

传染性极强的这种疾病，因患者接连死亡，也造成区域社会的差别和相互猜忌。

（原告周道信及法庭辩论要点）

……

《日内瓦议定书》中明确阐明了禁止使用细菌武器。可是，细菌武器与战斗目的相比具有不适当的特点。至少从最初（125 个国家）就达成了这样的共同认识和默契。以此为前提，《日内瓦议定书》才明确规定禁止使用细菌武器。该议定书从 1928 年正式生效以来，从多数国家的行为中确认了其法律意义，以至以该议定书为内容的国际惯例法确立。所以日军在中国各地进行的细菌战实战（行为），明显适用《日内瓦议定书》中的"使用细菌作战方法"。

《海牙陆战公约》的内容，至迟在 1911 年作为国际惯例法业已成立。《海牙陆战章程》第 23 条中规定："除各专约规定禁止者外，特别禁止。"《海牙陆战公约》的前言中也指出，"在颁布更完整的战争法规之前，缔约各国认为有必要声明，凡属他们通过的规章中所没有包括的情况，居民和交战者仍应受国际法原则的保护和规章中所没有包括的情况，居民和交战者仍应受国际法原则的保护和管辖，因为这些原则是来源于文明国家间制定的惯例、人道主义法规和公众良知的要求"。这样综合考虑的话，将《日内瓦议定书》以及据此确立的国际惯例法所禁止的害敌手段，解释为符合《海牙陆战章程》第 23 条"除各专约规定禁止者外"，是恰当的。因此，被告违反了以《日内瓦议定书》和《海牙陆战公约》第 3 条为内容的国际惯例法，使用了细菌武器，因而产生了国家责任。

原日本军队在中国各地把细菌武器用于实战（本案称细菌战），符合《日内瓦议定书》中"使用细菌作战方法"，被告在本案细菌战中负有以《海牙陆战公约》第 3 条为内容的国际惯例法规定的国家责任，这样解释是恰当的。

……

本细菌战一案确实给予受害者以极大和悲惨的伤害，原日军的战斗行为属于非人道的行径是毋庸置疑的。……

如果探讨我国对本细菌战受害一案应如何予以补偿,应该考虑依据我国的国内法和国内的处置(法)来进行。那么究竟如何处置为好,假如处置的话采取什么样的方法,在国会上陈述这些事情以及面对各种各样问题的同时,应由高等法院之后的裁断解决。

资料来源:中国社会科学院近代史研究所近代史资料编译室主编,王希亮、周丽艳编译:《侵华日军731部队细菌战资料选编》,社会科学文献出版社2015年版,第604—613页。

关于731部队细菌战诉讼
一审判决的批判探讨

[日] 土屋公献[*][*]

一

1997年8月，180名中国原告向东京地裁提起了要求日本政府赔偿和谢罪的731部队细菌战受害赔偿请求诉讼。在5年的审理中，法庭对近500项书面证据及11名证人（原731部队队友2名、日方学者6名、中方学者3名）的法庭证词、31名原告的陈述进行了事实调查审理。

今年8月27日，法庭作出了一审判决，根据某法律理论驳回了原告的所有请求，日本政府获得了胜诉。但是，判决内容认定了细菌战是根据日本陆军中央的命令进行的这一事实，承认中方原告所指出至少在中国8处导致了10000人以上的死亡，同时指出"受害是极其悲惨和巨大的，原日本军的军国主义行为是非人道的"。明确判定本案适用于《日内瓦议定书》中"细菌学性战争手段的使用"一条，根据以《海牙陆战条约》第3条为内容的国际惯例法，被告（日本国）应承担国家责任。

我们辩护团提出诉讼之际，制定了以下目标：

第一，通过胜诉告慰受害者的在天之灵，恢复其被践踏的尊严；唤起日本政府的反省，通过使其真诚地谢罪和实施对受害者个人的赔偿，恢复中国以及亚洲人民对日本的信赖（这才是谋求和平、实现友好关系的绝对条件）。

---

* 731部队细菌战被害国家赔偿请求诉讼辩护团团长、日本律师联合会前会长。——编者注

第二,通过公开审判,可以弄清过去被掩盖的历史真相;同时,通过旁听者和传媒的对外宣传,纠正错误的历史认识。

第三,通过法庭作出的有良心和勇气的判决,可以确认日本司法的健全性和法庭的正义性。

第四,一旦(日本)国家的司法机关经过证据调查对细菌战的事实进行认定,这一认定就具有绝对的权威,以后任何人也不能否认、歪曲和掩盖事实的真相。

但是,这次的判决并没有达到所期待的最高目标,这不仅使我们大失所望,而且激起了原告以及中国人民的极大愤慨。但是,第二个目标在某种程度上得到了实现,第三个目标的一半、第四个目标几乎全部得到了实现。

二

此次的一审结果,结论上虽然是败诉,但也有以下所述的积极意义,它既包括事实方面的,又包括法律关系方面的。

1. 判决在事实关系方面的积极意义

本判决不仅认定了 731 部队(关东军防疫给水部)及 1644 部队(中支那防疫给水部)参与了细菌武器的研究、开发、制造,还作为法院初次认定了日军在侵华战争中实施细菌战给中国民众带来了巨大伤害的事实。即是说,法院认定了以下事实:(1)根据陆军中央的指令,731 部队及 1644 部队在 1940—1942 年间,用鼠疫菌和霍乱菌在中国各地实施了细菌战。(2)原告们提出的由于日军对衢州、宁波、常德、江山等地直接实施细菌战,导致了鼠疫和霍乱的流行。由于对衢州实施的细菌战而引起了义乌、东阳、崇山村、塔下洲的鼠疫流行。(3)原告们主张仅此 8 个地区的细菌战受害死亡人数就超了 10000 人。关于 180 名原告的受害情况,认可了原告陈述书及其在法庭就细菌战导致的受害进行的陈述。

2. 判决在法律关系方面的积极意义

该判决关于日军于 20 世纪 40 年代在中国各地开展细菌战这一问题,以《海牙陆战条约》第三条为内容的国际惯例法作为法律依据,判断认定了日本政府负有国家责任。判决书中是这样判定的:《日内瓦议定书》以及通过该协议成立的国际惯例,对杀敌手段的限制同样也符合《海牙陆战条约》第23条1项中所说的"特别条约所规定的禁止事项"。所以，违反以《日内瓦议定书》为内容的国际惯例法中关于禁止使用细菌武器的情况，也同样适用于以《海牙陆战条约》第3条为内容的国际惯例法的规定，由此产生了国家责任。如前所述，日军在中国各地使用细菌武器的行为违反了《日内瓦议定书》及相应的国际惯例，所以根据《海牙陆战条约》第3条规定，认定被告负有相应的国家责任是适当的。

本案判决，认定细菌战所导致的受害是悲惨而且是损失巨大的，且是非人道的。同时，还示意对本案细菌战受害者政府应在国会探讨某种形式的补偿。关于前一部分，判决文如下：本案细菌战受害的确是悲惨且损失巨大，法庭认为日军实施的这一战斗行为被指责为非人道的，也是在所难免的。关于后一部分，判决文是这样的：如若我国探讨对本案细菌战受害进行某种赔偿，本法庭认为当由国内法及国内措施加以解决，是否采取某种措施，如果采取某种措施的话，采取何种措施，当由国会依据上述种种事实，作出高层次的裁量。

可以说，本案判决不仅具有在事实认定方面的意义，而且在作为法庭首次明确指出日本政府对细菌战负有国家责任的基础上，提示将来对细菌战受害者实施某种补偿的必要性以及具体措施方面，都有重要的积极意义。

三

我们对法庭在几个法律争议的问题上，几乎全部采纳被告方所持论点，而对原告方所持法律论点予以驳回感到强烈不满。法庭的这一做法，使用陈旧的法律理论并固执己见，缺乏以正义、公平为依据的主见，存在值得批判之处。

第一，用过时的所谓国家无答责的解释论应用于当代的案件审理。本次判决认为，由于国家的权力作用而导致的受害，受害者不能对国家提出赔偿要求。这一国家无答责的原则是国家赔偿法施行（昭和22年10月）前的"法令"。但是，这一法理即使是战前的案例或是有力学说（也存在相反的案例和学说），但绝不是被制定的"法令"，这个问题没有超出解释论的范畴。国家赔偿法的附则所说的"对于在法律实施前发生的行为所造成的损害，根据以前案例（解决）"，其中的所谓"以前案例"并不单指解释论,对于被视为民法特别法(私法)的国家赔偿法来说,根据第715条的使用者责任意味着国家担负赔偿的责任。更何况,所谓权力作用是指"国家对个人发出命令并强制其服从的作用",对住在别的国家的他国国民,并且不属于日本占领和支配下的本案的中国人,所谓无答责的法理根本不能适用。

国家无答责是从明治宪法下的行政裁判所法(行政法院法)第17条"行政裁判所受理损害索赔的诉讼"范围外的案例中产生出的法理,但并没有否定司法法院的私法处理。

当然,现在根本就不存在的行政裁判所(宪法第76条)。把行政裁判所时代的明治宪法(第61条)下产生的所谓国家无答责的解释论使用在当代诉讼之中,本身就存在着很大的不合理。现在的诉讼应使用现在的通用的民主性的解释论。

第二,对国际法中的个人的法律主体性和个人请求权加以否定。此次判决强调国际法的"传统的思维",认为国家法是国家间的法,个人不是法律主体,受害者个人不能直接对加害国提出损害赔偿的请求。并认为1907年的《海牙陆战条约》第3条中没有承认个人请求权,同时以此为内容的国际惯例法也不成立。判决还强调该条约无论从条文的解释上来看,还是从其制定过程、实行案例来看,都很难解释为认定了个人请求权,主张个人请求权并未作为惯例法得以成立。

但是,《海牙公约》成立当时,正值人权思想高涨、私权得到尊重的时代,至少个人作为受保护主体的地位已确立。该条约第3条规定"违反条约条款的交战当事者(国)承担损害发生时的赔偿责任",并且遵从当场付款的原则。对理应得到的当场赔偿的受害者在没有得到赔偿的情况下,主张其没有请求赔偿的权利的解释是不合理的。这种情况下,因请求赔款的手续不足而不能进行索赔,但是根据宪法第98条第2款:国家法是国内法的一部分,因《海牙公约》的规定在民法第79条中被以同等程度加以表述,因此,国内法庭在审理案件时直接适用是完全没有问题的。

卡鲁斯·郝文博士等的有关学说十分值得重视,而且认定个人请求的几多实例也充分表明了国际惯例法的成立。

总之,现在进行的诉讼应该依据现有法律予以裁判。

战时日本战斗机误袭外国船只造成外国人受害,对于受害的外国人,日本政府就支付了赔偿金(巴拿伊号事件)。关于这一事例,在这次731

细菌战受害诉讼判决中，法庭认为该事例是国家与国家之间所解决的问题，并不属于个人请求权被承认的事例。但是，即使是通过所属国的外交保护权而得到的赔偿，也不能不说是个人的法律主体性得到了承认的例子。当然，这也是否定前面的国家无答责法理的好例子。

另外，判决提出 1972 年的《日中共同声明》和 1978 年的《日中和平友好条约》中中国政府已放弃战争赔偿请求，以此断定在国际法上本案被告日本政府的国家责任问题已得到了解决。但是，正如福冈地方法院在 2002 年 4 月 26 日作出的判决那样：《旧金山和约》缔结当时，中国政府主张中国人民对在日本侵华战争中所遭受的损失有索偿的权利。1995年 3 月，在中国全国人大代表会议上，当时的国务院副总理兼外交部部长钱其琛发表了"在《日中共同声明》中所放弃的是国家间的赔偿，并不包括个人的赔偿请求。个人赔偿请求是公民的权利，政府不应予以干涉"的见解。所以本案判决中（日本的国家责任问题）已得以解决的判断是错误的。

第三，否定国际惯例法及条理。判决认为，所谓条理是以一般社会的正义观念为基准而被承认的道理。正因为如此，古今东西历来就有别人的住居谁也不得争夺这样的自然法则。而本案判决则认为，因为条理是在法律不健全的情况下才发挥作用的，在现有法律体系下以条理直接来作为裁判规范是不能允许的。世上原来就不应允许制定违背条理的法律，更何况，在法律不健全的情况下，可依据明治 8 年的太政官布告（现仍有效）的"如没有成文法律可依惯例；如没有惯例可依条理进行裁判"。

判决认为，有"国家无答责"的法律原理存在，所以就不承认与此相反的条理，但是根据前文所述，国家无答责并不是法。凡是允许以公权之名实施横暴、残虐、非人道行为的法理，在古今都不会被认可。只要这一观念在日本不明确下来，日本将会永远被世界指责。在慰安妇等问题上，联合国人权委员会、国际劳工组织等国际组织都认为不能允许日军的这种行为，要求日本政府进行谢罪和赔偿。它们的依据，都来自条理、国际惯例。

判决认为，如果"轻易运用条理，唯恐法官会以条理的名义根据主观信念作出判断"。但是，民法第 79 条规定："故意或过失而对他人的权利造成侵害，对其所造成损失负有进行赔偿的责任"，这是贯通古今东西的既成文化，也是国际上共通的成规。虽然战争中敌对双方军人互相消灭对方被视为理所当然，但关于战斗方式也是有规定的。判决中，法庭也认为"根据《海牙陆战条约》第 3 条规定的国际惯例法，（日本政府）应承担国家责任"。

诉讼中，原告主张，原爆受害者医疗法、战争伤亡亲属等保护法、台湾住民战争伤亡亲属慰问法，以及德、美、加、奥地利等国实施的战后补偿也是基于条理的。对原告的这一主张，判决认为这些无非是各国出于方方面面的考虑而制定的法律而已，仅仅是特例。但是，比如，对战争期间在加拿大的日裔被非法拘禁的赔偿在该国立法前就已实行。与前几例相比，必要性更高的本案，即使日本还没有立法，法官基于条理作出令政府对受害者进行个人赔偿的判决也是理所当然的。

四

在以人权与和平为基调的宪法下，法庭有坚持正义的判决，维护良好惯例的使命。只要不断地积累，惯例法即成立，那么法庭就没有理由站到相反立场上。

如果法庭以法律的不健全为理由而拒绝正义的审判，这简直就是"司法的不作为"。行政、立法、司法这三权，继续这种不作为并与正义背道而驰，那么国际社会不会永远容忍它。

如上所述，本案判决的法律理论终究会破产的。更何况本案判决中，已确认了由于日军的细菌战导致受害的事实，而且认定了日本政府作为细菌战受害的加害一方负有国家责任。今后，我们原告团将根据法律的根本原理——正义这一原则，为原告争取胜诉！只要法律服从正义，那么法庭的结论就只有原告胜诉，而别无其他。

一审判决后，我们马上提出了上诉。在二审中，我们原告辩护团一方面期待法官拿出良心和勇气，另一方面，我们将在要求恢复人的尊严这一细菌战受害者心灵的呼唤下，竭尽全力斗争到底！

《常德师范学院学报》2002 年第 6 期，第 12—14 页。

细菌战诉讼一审判决的
意义及今后的诉讼焦点

[日] 一濑敬一郎* 著 张元明 译

2002 年 8 月 27 日，东京地方裁判所对 731 部队细菌战诉讼进行了判决，驳回了细菌战被害者 180 名原告要求被告日本政府进行谢罪和赔偿的诉讼请求。但是经过诉讼当中的证据调查，细菌战的事实逐步得到了证明，裁判所也不得不在判决中认定日军实施过细菌战的事实。但是裁判所没有支持原告们要求谢罪及进行赔偿的诉讼请求。对此，我们辩护团感到十分愤慨，并对这一错误的判决表示强烈的谴责。

8 月 30 日，原告团办理了上诉的手续，二审将于 2003 年开始。我们辩护团有决心和原告团团结一致，将这场诉讼进行到底，直到胜利。

一 细菌战诉讼经过

（一）诉讼概要

到目前为止，为了追究日本的战争责任，中国的细菌战受害者在日本法院共提起过两次诉讼。第一次起诉是在 1997 年 8 月，原告是细菌战中国受害者 108 名。第二次起诉是在 1999 年 12 月，原告是细菌战中国受害者 72 名。诉讼中的细菌战受害地共计 8 处，其中浙江省 7 处（衢州市、宁波市、义乌市、东阳市、崇山村、塔下洲、江山市），湖南省 1 处（常德市）。在诉讼中原告要求日本国政府进行谢罪、道歉，并对每个原告支

---

* 一濑敬一郎为细菌战诉讼案事务局局长。——编者注

付 1000 万日元的损害赔偿金。

(二) 细菌战诉讼的进行

法院于 1998 年 6 次、1999 年 6 次、2000 年 6 次、2001 年 9 次开庭审理，2001 年 12 月 26 日是第 27 次也是最后一天开庭审理。2002 年 8 月 27 日作出一审判决。

1998. 02. 16 第 1 次审理。由律师团、3 名原告（王丽君、胡贤忠、王选）出庭陈述意见。

05. 25 第 2 次审理。3 名原告（金祖池、杨大方、薛培泽）出庭陈述意见。准备书面（1）提出（海牙条约被告答辩的反论）。对作为细菌战证据的《井本日志》及其作者井本熊男本人的证据保全申请。

07. 13 第 3 次审理。3 名原告（方运胜、黄岳峰、李安谷）出庭陈述意见。准备书面（2）、（3）提出（受害论的展开）。意见书提出。

10. 12 第 4 次审理。准备书面（4）提出（被告主张的反论）。证据保全申请理由的补充书、文书提出命令的申请（《井本日志》件）、建议书提出（原告王选）。

10. 09 第 5 次审理。文书提出命令申请理由的补充书的提出。其后，旁听的美国学者（研究 731 部队）在律师会馆发表演讲。

12. 21 第 6 次审理。准备书面（5）提出（隐蔽论的提出）。文书提出命令申请理由的补充书（二）、意见书提出。

1999. 02. 15 第 7 次审理。准备书面（6）提出（隐蔽论的提出）。建议书提出（原告王选）。

03. 15 第 8 次审理。准备书面（7）提出（理发不作为论的主张）。调查委托的申请书、文书提出命令申请理由的补充书（三）、建议书提出（原告王选）。

06. 14 第 9 次审理。准备书面（8）提出（隐蔽论的主张）。请求解释书、文书提出命令申请理由的补充书（四）、建议书提出（原告王选）。

08. 30 第 10 次审理。准备书面（9）提出（条理论的提出）。建议书提出（原告王选）。

10. 04 第 11 次审理。准备书面（10）提出（根据日本民法提出的请求）。文书提出命令申请理由的补充书（五）。

12. 06 第 12 次审理。提出证人建议（细菌战的加害、受害事实关系、向证人调查的请求）。

2000.03.06 第 13 次审理。准备书面（11）提出（隐蔽论的主张）、同（12）提出（细菌战的残酷性）。

05.22 第 14 次审理。第二次诉讼第 1 回（当日法院决定将第一次诉讼与第二次诉讼合并审理）。

06.19 第 15 次审理。第二次的原告向道仁、吴方根从中国来日到法庭陈述意见。有关证人采用的意见书提出。

09.11 第 16 次审理。决定采用原告方申请的 11 名证人和 7 名原告证人名单。

11.15 第 17 次审理。原告方 3 名证人的证言。证人筱冢良雄、证人松本正一、证人上田信。

12.08 第 18 次审理。原告方 3 名证人的证言。证人吉见义明、证人聂莉莉、证人中村明子、

2001.01.24 第 19 次审理。原告方三名中国研究人员的证言。证人辛培林、证人黄可泰、证人邱明轩。

02.05 第 20 次审理。原告方两名证人的证言。证人松村高夫、证人近藤昭二。

02.28 第 21 次审理。原告方 4 名证人的证言，证人陈知法、证人周洪根、证人丁德望、证人易孝信。

03.21 第 22 次审理。原告方 3 名证人的证言。证人吴世根、证人何祺绥、证人周道信。

05.21 第 23 次审理。法律理论上的诉讼请求的论证（一）、法庭辩论（二）。

07.18 第 24 次审理。法律理论上的诉讼请求的论证（二）、法庭辩论（二）。

09.10 第 25 次审理。法律理论上的诉讼请求的论证（三）、法庭辩论（三）。

11.19 第 26 次审理。律师团辩论。准备书面（15）提出原告方 4 名证人（张彩和、何英珍、马培成、金效军）证言。

12.26 第 27 次审理判决。律师团辩论。准备书面（17）（18）提出原告（王选、王锦悌、王晋华、张曙、楼良琴、张礼忠、杨大方、高明顺、李本福）最终意见陈述。此日结束审理。

2002.08.27 第 28 次审理。由东京地方法院下达一审判决。

(三) 辩护团关于细菌战事实的调查活动

1. 听取原告证言

辩护团于 1995 年至 1997 年 8 月间,到湖南省的常德、江西省的广丰、玉山及浙江省的江山、衢州、崇山村、金华、义乌对原告进行了取证。1997 年 11 月至 1998 年 3 月间,为进行第二次起诉,再次在上述地区进行了取证。

2. 采集 731 部队队员的证言

辩护团十分重视采集原 731 部队队员的证言。例如,对筱冢良雄 (76 岁)、松本正一 (79 岁) 等进行取证。

原少年队队员筱冢良雄在日本战败后,在中国参加了中国人民解放军,因为曾是 731 部队队员,于 1952 年被捕,关押在抚顺战犯管理所。现在他是中国归还者联络会的会员。筱冢在哈尔滨市平房的 731 部本部从事过培养鼠疫菌和繁殖用于细菌武器的跳蚤的工作 (详细情况请参照晚声社的《细菌战部队》)。

731 部队第 2 部航空班是负责从空中撒布传染鼠疫的跳蚤等细菌武器的部队。松本正一曾是该部队队员。他于 1940 年为了在浙江省进行细菌战,途径南京 1644 部队,以杭州市飞机场为前线基地参与了作战。1941 年他被派往南京 1644 部队,并以江西省南昌飞机场为前线基地参与了细菌战。

3. 731 部队本部 (细菌战武器工厂) 的调查

细菌战部队的中心设施为 731 部队本部。其重点设施是在黑龙江省哈尔滨市郊的平房。直到现在,平房内还残存着大量有关制造细菌武器的遗迹。辩护团于去年 8 月进行了现场调查,包括对 731 部队本部旧址进行测量和拍摄。原 731 部队队员筱冢和松本也参加了这次现场调查,并且在现场进行了详细的解说。这些调查结果作为证据,归纳为《731 部队本部现场调查报告》。

4. 听取参谋本部作战课课员的证言

辩护团几次听取了战败前不久的参谋本部作战课课员朝枝繁春 (85 岁) 的证言。他曾命令石井四郎破坏 731 部队设施,并杀害全体因用于活体实验而被监禁的囚人 (即所谓"圆木"),他是最先隐藏细菌战事实的人。

辩护团还于 1999 年 7 月到东京世田谷区原参谋本部作战课课员井本熊男（2000 年 2 月 3 日死亡，终年 96 岁）的住处进行了当面采访。辩护团请求井本向法院提交《井本日志》，但是井本拒绝以律师为代理人提交自己的日记。

二　原告的主张和被告的应对

（一）细菌战受害事实的原告的主张

1. 细菌战受害事实的概要

第一，浙江省衢州市。日军于 1940 年 10 月在衢州用飞机投下感染到鼠疫的跳蚤发动了细菌战。从 1940 年 10 月到第二年即 1941 年的 12 月，由于日军细菌战的影响，衢州市的死亡者至少有 2000 人。

衢州的鼠疫开始流行，并向义乌市区传播，从 1941 年 9 月到 1942 年 3 月间，至少有 230 人死亡。随后鼠疫又从义乌向东阳传播，从 1941 年 10 月到 1942 年 10 月到 1943 年 4 月间，至少有 113 人死亡。

另外，鼠疫从义乌市区还向崇山村传播，从 1942 年 9 月到同年的 12 月间，至少有 396 人死亡。在崇山村，在半数的住房被烧，感染鼠疫的部分村民被日军细菌战部队用于人体解剖。鼠疫从崇山村又向塔下洲传播，从 1942 年 10 月到 1943 年 1 月间，至少有 103 人死亡。

第二，浙江省宁波市。日军于 1940 年 10 月在宁波用飞机投下感染鼠疫的跳蚤发动了细菌战。从 1940 年 11 月到同年 12 月间，宁波的细菌战受害者至少有 109 人。鼠疫流行区被隔离，住房被烧，该地区的居民流离失所。

第三，湖南省常德市。日军于 1941 年 11 月在常德用飞机投下感染鼠疫的跳蚤发动了细菌战。1942 年 3 月，常德市区发生的鼠疫向该区中的河洑、东江、东郊、芦荻山、斗姆湖、许家桥、石门桥、聂家桥、韩公渡、石公桥、周家店、桃源马鬃岭、桃源九溪、草坪、大龙站、断港头、镇德桥、白鹤山、肖伍铺、南坪、黄土店、钱家坪、双桥坪、瓦屋垱、中河口、蒿子港、黑山嘴、黄珠洲、洲口、冲天湖、太平铺、毛家滩、丹洲、德山等 50 个村流传，在 1941 年 11 月到 1945 年 11 月间，湖南省常德市的死亡人数达到至少 7643 人（据 2000 年 11 月的调查统计）。

第四,浙江省江山市。日军于 1942 年 8 月在浙江省江山市将混入霍乱菌的食物投放地面发动细菌战。1942 年 8 月前后,江山市市区、农村的蔡家山、七里桥等地的死亡者至少有 100 人。

另外,除本诉讼涉及的地区之外,在侵略战争中还有其他受害地。比如,在浙江省的金华市可能有过炭疽菌的受害,云南省也有关于鼠疫细菌战和霍乱细菌战的报道,此外,在河北省和山东省以及中国东北地区,在战争末期也可能发生过细菌战。在今后的调查工作中我们将就细菌战的全貌进行更为详细的调查。

2. 违反国际人道法的细菌战的残暴性

第一,违反《海牙公约》和《日内瓦议定书》。

日军在实行细菌战的过程中,大量生产使用由生体移植而使毒性增强的鼠疫菌、霍乱菌,使中国的城市和农村,发生并流行鼠疫等疫病,其目的就是大量屠杀手无寸铁的中国人民。细菌武器是一种对人、牲畜、农作物等一切有生命的事物进行大量屠杀的最为残忍的武器。日军无差别杀害大量民众,对中国人民进行了一场最为残酷和卑劣的灭绝种族的大屠杀。这种暴行违背了《海牙公约》和《日内瓦议定书》。

第二,被称为"亚洲的法西斯"的残暴性事实。

细菌武器有极强的隐秘性,即使是疫病流行,也不能完全肯定是由于细菌武器造成的。由于细菌战使用的病原菌在人体内有相当长的潜伏期,所以关于原因的判断需要一定的时间。而且,鼠疫菌即使在流行过后,还会因为存活着感染的老鼠而再次流行。消灭感染的老鼠需要十年甚至更长的时间。

细菌战的残暴性由此可见一斑:用传染病杀人,使受害者亲属陷入困境,还使周边地区长期处于混乱状态,彻底破坏地域生态根基。

3. 被告国日本对细菌战的隐瞒

被告国日本二战失败后,国家的方针是完全隐瞒细菌的事实,妨碍对受害者的救济。

第一,战败前后的隐瞒。

731 部队等日军,烧毁、破坏关于细菌战研究、实行的有关证据。

第二,美军占领下的隐瞒。

第一期是从战败到 1946 年末,美军曾两次到日本就日军细菌战进行调查,但 731 部队干部统一口径,隐瞒抓中国俘虏进行人体解剖的事实。

第二期是从 1947 年 1 月到 12 月，美军曾两次到日本就日本细菌战进行调查，731 部队干部向美军提供了细菌战的部分资料，用来换取从美军那里得来的战争责任免除。

在第一期调查和第二期调查之后，从 1946 年 5 月 3 日开始的东京裁判的全过程继续向国际社会隐瞒细菌战的事实。

第三，1950 年国会答辩对事实的隐瞒

1949 年 12 月，苏联在伯力对参与细菌武器准备和使用的日军 12 名俘虏进行审判，继续隐瞒细菌战事实（植田俊吉法务总裁）。

1950 年 3 月，被告日本国在听取众议院议员关于政府是否隐瞒了细菌战的事实的国会提问中，作了"政府不应该参与战争犯罪人的问题"的答辩，继续隐瞒细菌战事实（植田俊吉法务总裁）。

第四，20 世纪 80 年代对细菌战的隐瞒。

a. 1982 年国会答辩上的事实隐瞒

1980 年，鲍威尔从美国公文记录发布 GHQ 资料。1981 年，森村诚一出版《恶魔的饱食》，常石敬一出版《消失的细菌战部队》。1982 年 4 月，针对利夫众议院议员的国会提议，拒绝对 731 部队进行调查。

b. 1982 年防卫厅防卫研究所的细菌战记录的非公开

1982 年 12 月，被告国防卫厅防卫研究所所制定《战争事实资料的一般公开规定》。其中，把"有可能引起社会不满的内容"，以及"关于细菌武器实验的报告·记录"和"对细菌武器的疑惑"定为非公开对象。

c. 1983 年家永教科书删除了关于 731 部队的记述

文部大臣批准了家永三郎教科书修订社提出的关于 731 部队的内容全面删除的意见。

第五，20 世纪 90 年代隐瞒。

a. 井本业务日记的发出、公开以及被告的非公开处理

1993 年，在防卫厅防卫研究所的图书馆，中央大学的吉见义明教授发现了参谋本部井本熊男大佐的业务日记，由此，日军发动细菌战成为不可动摇的事实。但是，日本政府防卫厅对该日记采取了不公开的措施。

b. 与随军慰安妇、毒气等的真相调查相对立的细菌战的隐瞒

1993 年 8 月，关于随军慰安妇的问题，河野官房长官发表谈话承认与军队有关。化学武器禁止条约（日本 1993 年加入该条约）明确记载成员国有处理遗弃的毒气化学武器的义务，并且这项工作已经具体展开。但

是日本政府仍然继续对细菌战进行隐瞒。

c. 对最高裁判所关于对 731 部队活动的认定进行隐瞒的行为

1997 年 8 月，最高裁判所在 1983 年为解决家永教科书的鉴定纠结下达的判决中，认定文部省把有关 731 部队的活动记述删除的行为属于违法，从而认定了以细菌战为目的的 731 部队的存在。这一判决赋予了政府及立法院对细菌战进行调查的义务，但是，政府仍然继续对细菌战进行隐瞒。

d. 在 1997 年国会答辩中对细菌战的隐瞒行为

在 1997 年 12 月乃至 1999 年 2 月，栗原君子参议院议员和田中甲众议院议员针对 731 部队的细菌战进行了四次国会质问。但是，政府以"731 部队活动状况的有关证据没有发现"（1998 年 4 月 2 日村冈官房长官答辩）、《井本日志》"不是正式的文件，涉及隐私"为由，将错就错地采取了不公开的措施，继续隐瞒了细菌战。

（二）原告诉讼请求的法律依据

原告针对被告的不法行为，明确提出了以下 3 项主张：（A）"在战争中，被告在中国实施了细菌战，给中国人民带来了伤亡"。（B）"在战败及战后，被告对战争中实施细菌战的行为进行了彻底的隐瞒，这不仅使被害者们向被告主张权利变得更加困难，还给被害者们增加了精神上的痛苦"。（C）"在战后，即使是在实施细菌战的事实更加明朗化后，被告仍然殆于对被害者的损失进行补偿的立法，这也是给被害者们增加痛苦的行为"。

原告要求日本国进行"谢罪和赔偿"的法律依据如下：（A）类举张的根据是《海牙公约》第 3 条、中国民法、日本民法、公理；（B）及（C）类举张的依据是日本国家赔偿法第 1 条。

原告们主张的详细内容已经向裁判所提出。

（三）被告国日本的应对

被告国日本的应答是不诚实的。

首先，被告国日本对细菌战的责任问题采取了全部否认的对策。其主张是，根据《海牙公约》，不承认受害个人的赔偿请求权。关于战前政府的不法行为。则主张"由于国家无答责原则，不发生国家责任"。但是，此主张是完全错误的。

除此之外，对原告主张的细菌战的一切事实既未承认也未予以否认。

三　围绕事实的争论

（一）原告的意见及陈述

在第一次诉讼中，共有 9 名原告在前三次的开庭中进行了意见的陈述（1998 年 2 月、5 月、7 月）。在第二次诉讼中，也有 2 名原告到日本，在法庭上进行了意见的陈述。到案件结审之际，2001 年 12 月共有 13 名被害者即原告陈述了意见。

（二）证据保全《井本日志》

辩护团曾要求保全有关井本熊男的证据，并且在 1999 年 12 月要求将井本熊男作为证人进行调查，现因其死去而失去了调查的机会。

关于陆军参谋本部作战课课员井本熊男与细菌战的关系，1993 年以来，在吉见义明教授对《井本日志》的研究中已经得到阐明。在《沉默的文件》（共同通讯社）中，井本在接受采访时承认了作为陆军参谋参与细菌战的事实。井本以律师为代理人提出了对命令提交有关原告要求的文件的意见书，承认参与了细菌战，并做了如下主张：

"不否定井本在某种程度上参与了参谋本部的细菌战。"

"为了得到石井部队的石井大佐、增田中佐等关于细菌战的情报、作战、准备、预算等，必须与参谋本部、陆军省等进行多方面交涉，其中向作战课课长也进行了报告、联络。"

"昭和 14 年初，命令井本负责上述报告、联络。"

"井本的工作是在访问石井大佐的时候，将谈话内容向作战课课长报告。"

"负责在参谋本部作战课与石井大佐联络。"

因此井本承认自己向石井部队下达了细菌战的作战命令。井本还在意见书中微微得意地说，"其实陆军中央和 731 部队的联络并非单线"，"在参谋本部除井本以外还有别的途径"。井本对尽快解明细菌战全貌，包括说明井本以外的途径，负有不可推卸的责任。

《井本日志》在防卫厅防卫研究所战史部曾经向研究者和一般市民公

开，但是自 1993 年吉见义明教授等发现《井本日志》中有关于细菌战的记述，并发表了论文，日记很快即成为非公开读物。在本件细菌战审判中，井本的代理人主张《井本日志》是属个人所有的文书，防卫厅只要受井本的"委托"，并且认为不公开《井本日志》是因为吉见义明教授等在阅览之后，未经转载出版许可，便发表了论文的缘故。

但是《井本日志》本来是隶属参谋本部作战课的井本熊男作为军务的一环做成的业务日记，根本不是个人的文书。至少《井本日志》就像日记各全卷扉页的履历表上记载的那样"昭和 34 年 9 月井本寄赠战史室"，它已属于国有。事实上，防卫厅保管了《井本日志》40 多年，并使其为防卫厅研修所战史室编写《战史丛书》等战史研究服务。

一方面井本为被告国的立场辩护，另一方面国家假借井本的意向，为了隐藏细菌战事实不公开《井本日志》，拒绝向细菌战审判提交《井本日志》。辩护团曾要求保全证据（验证日记），其后又要求下达提交文书的命令。现在，在井本死后，法院驳回了辩护团关于要求公开《井本日志》的请求。

（三）证人、原告询问

从 2000 年 11 月开始到 2001 年 3 月止，共有 18 名证人（其中证人 11 名，原告 7 名）分 6 次在法庭上作证。各证人均提出详细的鉴定书并进行了作证，像这种大量的证人和原告在法庭上作证是史无前例的。

关于日军加害行为方面的证人有：原 731 部队士兵（细菌制造）筱冢良雄；原 731 部队航空班飞行员松本正一；发现《井本日志》并将其公布的吉见义明（中央大学教员历史学者）。

关于被害事实方面的证人有：在崇山村进行了被害调查的上田信（立交大学教员、历史学者）；在常德进行了被害调查的聂莉莉（东京女子大学教员、文化人类学者）；常年在衢州、江山的被害进行调查的邱明轩（医师）；常年对宁波的被害进行调查的黄可泰（医师）；黑龙江省的 731 部队的研究者辛培林（黑龙江省社会科学院教授）。关于加害行为和被害的因果关系方面的证人有：731 部队的研究者松村高夫（庆应义塾大学经济学部教授）；关于因果关系的细菌学学者中村明子（东京医科大学客座教授）。关于被告的隐瞒行为方面的证人有：常年持续对 731 部队的队员进行采访的近藤昭二（记者）。

（四）书证

180 名原告均提出了与被害者事实有关的陈述书，这些陈述书共提出了 485 件书证。

（五）小结

2001 年 12 月 26 日，辩护团提交了 337 页的最终文书。这样，原告们在诉讼过程中，对日军实施细菌战的事实通过举证进行了证明。

四　日中共同的诉讼斗争

（一）对诉讼进行声援

从 1997 年 8 月起诉始，至 2002 年 8 月下达判决止，原告团及其声援团多次到日本进行旁听，支持诉讼。另外日本的市民团体如：731 细菌战展示会实行委员会（代表西川重则）、731 细菌战裁判宣传委员会（事务局长奈须重熊）、ABC 企划委员会（事务局三桑静夫）等也与中国原告团、声援团一道进行了旁听，对中国原告们给予了极大支持。一两国的声援团成员们还经常在一起进行交流。在 8 月 27 日，也就是判决下达的这一天，由中国浙江省 22 人，湖南省 46 人组成的原告声援团专程来到日本，旁听判决、进行游行，声援诉讼。中国的山东、重庆、上海、香港等地的多家媒体也来到日本对判决进行跟踪采访、报道。另外上面提到的日本市民团体及志愿者等共 104 人也同中国人民一道参加了上述活动。中国、日本及美国等世界各国的媒体一道参加了记者招待会，并将判决的情况向全世界进行了报道。

（二）向日本政府抗议

8 月 28 日原告及支援者、调查委员会向日本政府强烈要求、必须就细菌战被害事实进行调查。川田众议院议员、外务省、防卫厅、厚生劳动省的官员大约 10 人参加了会见，对访日团、调查委员会及被害者们公开了他们手头的有关 731 部队的资料。

（三）在国会进行质询

细菌战审判起诉以后，国会把 731 部队细菌战列入议事日程。1997 年 12 月由参议院决算委员会组织一次质询会，1998 年由参议院总务委员会组织两次，都是由栗原君子议员进行质询，

在 1997 年 12 月还介绍了 108 位原告细菌审判的起诉，并针对日本政府是否应该向中国承认细菌战事实，向中国的受害者谢罪的问题询问了政府的见解。桥本首相介绍了 1995 年村山首相的谈话，并强硬地回答说，日本国就战争受害问题已经谢完罪了。1998 年 4 月在国会的质询，在介绍了家永教科书审判最高裁判决关于 731 部队以数千名中国人为人体实验材料并杀害的事实以及《井本日志》的内容之后，询问了政府关于"日本政府调查 731 部队等细菌战部队在中国进行细菌战的事实的责任"及"承认《井本日志》中所写的内容"的见解。

但是村冈官房长官等却无视《井本日志》以及作为活证人的井本的存在等具有决定性的证据，始终坚持"在政府保存的文书中，没有关于 731 部队的活动情况的资料"，"政府难以断定 731 部队的具体活动内容"等虚伪的回答，充分暴露了政府企图隐藏事实的态度。

特别是在第三次质询时，栗原议员在追及"根据《井本日志》的记载可以清楚地知道，细菌战是依据大陆命令和大陆指示，即天皇的命令而进行的"，"细菌战是以天皇为首的日本陆军中央的指挥下进行的，对此政府有何见解"时，政府竟以"无权认定"为借口逃避应对。

五　一审判决评价

为解决一审判决中存在的错误并更好地向二审裁判所进行陈述，进一步提出上诉理由，批驳一审判决，辩护团目前正在进行有关文字材料的准备。以下的有关文字说明部分引用了辩护团声明及土屋辩护团长的论文。向高等裁判所提出的材料完成后，将同时提交中国有关方面。

（一）对日军实施细菌战的事实法院第一次作出了认定

原告团和辩论团在第一审的诉讼中付出了巨大的努力，获得了能使二审支持一审原告诉讼请求的重大依据。

首先，在判决中，在事实认定上，裁判所首次对日军实施细菌战的事实给予了认定。即：根据陆军中央的命令，731 部队、1644 部队等在 1940 年至 1942 年间，在中国各地用鼠疫菌、霍乱菌等实施了细菌战；原告在诉讼中提到的在衢州、宁波、常德、江山等地流行的鼠疫和霍乱，是日军在当地实施了细菌战导致的；原告们在诉讼中提出的发生在义乌、东阳、崇山村、塔下洲等地的鼠疫，是因细菌战导致鼠疫流行的后果；原告们在诉讼中提到的 8 个地方，因细菌战而死亡的人员就达一万名以上；根据陈述书和原告们在法庭上的陈述，180 名原告所受到的伤害，认定为是由于细菌战所导致的。这样，在本次的判决中，原告们所主张的有关细菌战的基本历史事实，都得到了认定。

（二）对细菌战违反国际惯例法、构成国家责任的认定

1. 判决认定，日军实施了细菌战的行为，违反了以《海牙陆战条约》第 3 条的规定为内容的国际惯例，国际责任成立这一认定包括以下两个方面。

第一，判决认为，旧日本军在中国各地实施的细菌战违反了《日内瓦议定书》中"禁止将细菌学用于战争手段"的规定。由于在本案的细菌战实施时，以上述议定书为内容的国际惯例已经成立，所以认定细菌战违反了《日内瓦议定书》等国际惯例。

第二，判决认为，细菌战实施了根据《日内瓦议定书》那样的条约，以及通过这些条约成立的国际惯例所禁止的伤害敌人的手段，也就是违反了《海牙陆战条约》第 23 条第 1 项所规定的"由特别条件规定的禁止"的有关规定。由于本案的细菌战在实施时，海牙陆战规则已经成为国际惯例，所以认定，实施了细菌战的日本违反了《海牙陆战条约》第 3 条等国际惯例，并由此产生了相关的国家责任。

本案判决的上述认定，是根据与细菌战有关的国际人道法的基本框架得出的，具有重要的决定性意义。

2. 但是，本案的判决认定，依据《中日共同声明》及《中日友好和平条约》，被告的国家责任问题已经由于中国放弃赔偿请求而得到解决。这是极其蛮不讲理的说法。1995 年 3 月副总理兼外交部部长钱其琛在中华人民共和国人民代表大会上，发表如下见解："中日共同声明所放弃的是国家间的赔偿，不包括个人的赔偿。请求赔偿是公民的权利，政府不应

干涉。"中国政府也曾多次重申过上述见解。

根据上述对《中日共同声明》的理解,该声明只涉及中国的国家战争赔偿问题,对中国的战争被害者来说,个人具有的损害赔偿请求权不受任何限制。提及并错误的理解《中日共同声明》是本案判决的缺陷。辩护团有理由坚信,一定能驳倒裁判所的法律理论。

(三) 对于本案细菌战受害者,政府应在国会探讨进行某种形式的补偿

本案判决,认定细菌战所导致的受害是悲惨而且损失巨大的,完全是非人道的。同时,对于本案细菌战受害者,还示意政府应在国会探讨进行某种形式的补偿。关于前一部分,判决文如下:本案细菌战的确是悲惨且损失巨大,法庭认为日军实施的这一战斗行为被指责为非人道的,也是在所难免的。关于后一部分,判决文是这样的:如若我国探讨对本案细菌战受害进行某种补偿,本法庭认为当由国内法及国内措施加以解决,是否采取某种措施,如果采取某种措施的话采取何种措施,当由国会依据上述种种事实,作出高层次的裁量。

可以说,本案判决不仅具有在事实认定方面的意义,而且法庭首次在明确指出日本国政府对细菌战负有国家责任的基础上,提示将来对细菌战受害者实施某种补偿的必要性以及具体措施,同样具有重要的积极意义。

(四) 否定个人赔偿请求权

在几个有争议的法律问题上,我们对法庭几乎全面采纳被告方所持论点,而对原告方所持法律论点予以驳回感到强烈不满。法庭使用陈旧的法律理论并固执己见,缺乏正义与公平。

本次判决最主要的错误是采用"国家无答责"的法理,对国家法所规定个人请求权加以否定,进而否定国际惯例法及条理这三点。

第一,本次判决认为由于国家的权力作用而导致的受害,受害者不能对国家提出赔偿要求,这一"国家无答责"的原则是国家赔偿法施行(昭和 22 年 10 月)前的"法令"。但是,这一法理虽在战前或是有力学说(也存在相反的案例和学说),但绝不是被制定的"法令",这个问题还是没有超出解释论的范畴。国家赔偿法的附则所说的"对于在法律实施前发生的行为所造成的损害,根据以前案例"解决,其中的所谓"以

前案例"并不单指解释论，对于被视为民法特别法（私法）的国家赔偿法来说，根据第 715 条的使用者责任意味着国家担负赔偿的责任。

更何况，所谓权力作用是指"国家对个人发出命令并强制其服从的作用"，对居于异国的他国国民，尤其是对不属于日本占领和支配下的本案的中国人，所谓无答责的法理根本不能适用。

"国家无答责"是从明治宪法的行政裁判所法（行政法院法）第 17 条"行政裁判所受理损害索赔的诉讼"范围外的案例中产生出的法理，但并没有否定司法法院的司法处理。

当然，现在根本就不存在行政裁判所（宪法第 76 条）。把行政裁判所时代的明治宪法（第 61 条）的所谓"国家无答责"的解释论使用在当代诉讼之中，本身就存在着很大的不合理。诉讼应使用当代通用的民主性的解释论。

第二，国际法中个人的法律主体性和个人请求权的问题。此次判决强调国际法的"传统的思维"，认为国际法是国家间的法，个人不是法律主体，受害者个人不能直接对加害国提出损害赔偿的请求，并认为 1907 年的《海牙陆战条约》第 3 条中没有承认个人请求权，同时以此为内容的国际惯例法也不成立。判决还强调该条约无论从条文的解释上来看，还是从其制定过程、施行案例来看，都很难解释为认定了个人请求权，主张个人请求权并未作为惯例法得以成立。

但是，《海牙公约》成立当时，正值人权思想高涨、私权得到尊重的时代，至少个人作为受保护主体的地位已得以确立。从对条约签订过程进行详细分析的，Kalshoven 博士等的有关学说和现存的事实案例来看，应该可以说《海牙公约》第三条承认个人向加害国提出损害赔偿的请求。

该条约第 3 条规定："违反条约条款的交战当事者（国）承担损害发生时的赔偿责任"，并且遵从当场付款的原则。对理应得到当场赔款的受害者在没有得到赔偿的情况下，主张其没有请求赔偿的权利的解释是不合理的。这种情况下，因请求赔偿的手续不足而不能进行索赔，但是根据宪法第 98 条第 2 款：国际法是国内法的一部分，因《海牙公约》的规定在民法第 709 条中被以同等程度加以表述，因此，国内法庭在审理案件时直接适用是完全没有问题的。

第三，判决至今也没有对由于交战双方的战争行为而受到损害的个人拥有向加害国提出损害赔偿请求的权利这一国际惯例法的存在予以否认。

判决还认为,如果"轻易运用条理,唯恐法官会以条理的名义根据主观信念作出判断"。

凡是允许以公权之名实施横暴、残虐、非人道行为的法理,古今都不会被认可。民法第709条规定:"故意或过失而对他人的权利造成侵害,对其所造成损失负有进行赔偿的责任",这是贯通古今东西的既成文化、也是国际上共通的成规。虽然战争中敌对双方军人互相消灭对方被视为理所当然,但关于战斗方式也是有规定的。判决中,法庭也认定"根据《海牙陆战条约》第3条规定的国际惯例法,(日本政府)应承担国家责任"。只要这一观念在日本不明确下来,日本就会被世界永远指责。早在慰安妇等问题上,国际人权委员会、ILO等国际组织就劝告日本政府对原日军的侵略的侵略行为进行谢罪与赔偿。这无论从哪方面来讲,都是建立在条理、国际惯例法的基础之上的。

诉讼中原告主张,原爆受害者医疗法、战争伤亡亲属等保护法、台湾住民战争伤亡亲属慰问法,以及德、美、加、奥地利等国实施的战后补偿也是基于条理的。对原告的这一主张,判决认为这些无非是各国出于方方面面的考虑而制定的法律而已,仅仅是特例。但是,日本对战争期间加拿大的日裔被非法拘禁的赔偿在该国立法前就已实行;与本案相比,即使日本还没有立法,法官基于条理作出令政府对受害者进行个人赔偿的判决也是理所当然的。

在以人权与和平为基调的宪法下,法庭有坚持正义的判决、维护良好惯例的使命。只要不断地积累,惯例法即成立,那么法庭就没理由站到相反立场上。

如果法庭以法律的不健全为理由而拒绝正义的审判,这简直就是"司法的不作为"。行政、立法、司法这三权,继续这种不作为并与正义背道而驰,那么国际社会是不会永远容忍它的。

六　二审的课题和明确细菌战责任的意义

(一)使被告日本国在二审中承认细菌战的事实

在二审中必须使被告国承认细菌战的有关事实。虽然一审中对细菌战的有关事实进行了认定,但是,被告国对于细菌战事实没有进行任何表态。在二审中决不能让被告再采取这种态度。

（二）日中共同声明、日中和平友好条约并没有免除日本发动细菌战的责任

一审判决在认定了有关事实及被告国家责任的同时，又判定被告不承担责任。因此在二审中必须明确：日中共同声明、日中和平条约并没有免除被告国的战争责任。因为被告从未承认实施过细菌战的事实，所以中国也不可能免除其相关的战争责任。

（三）关于细菌战被害者个人赔偿法的现代法理论的确立是当务之急

一般的法理论及国内法并不适用于细菌战诉讼，必须采用恰当的法理论。因为实施细菌战的战争犯罪行为，是破坏人类尊严的残酷行为。只有以恢复人类尊严为基调的法律理论才能开辟杜绝战争之路。所以，战争赔偿理论，也必须以个人的权利主体性为基础进行构建。裁判所采取的理论，是与现代以战争违法化为根本的国际人道法背道而驰的。我们辩护团坚信，在细菌战审判的斗争中，能够打破裁判所在战争赔偿问题上一贯采取的过时的法理论的壁垒。

（四）努力促成支持细菌战诉讼的国家舆论

2002 年 4 月，福冈地区法院对三井矿山强制劳动事件判处公司负责赔偿，法官对除斥制度进行了限制，在判决中这样写道："除斥制度的适用的结果明显违反了正义均衡的理念，如果对除斥的制度适用的限制符合情理的话，应当对此进行限制。"这个判决是创造法律的一个例子，其原动力则是"正义均衡的理念"和"情理"。

细菌战的判决打破了法律解释了吗？答案是否定的。原告提出的谢罪、赔偿的个人请求是正义的要求，法官同样也应该感受到其正义性。法官由此承认了细菌战的事实，同时在国际法上作出了解释。但是法官却停滞至此。他们缺少了什么呢？知道细菌战的人现在还为数不多，所以正义得到支持的力量还很有限。但是只有通过诉讼才能使有力的正义创造法律得以实现。

今天，世界正面临战争的危机，如 20 世纪末期的海湾战争、科索沃战争及 2001 年 10 月以来的阿富汗战争等。现在，美国对伊拉克及至针对伊朗、朝鲜的帝国主义侵略战争的危机都在进一步加深。小泉内阁在

2001年制订了恐怖对策特别措施法,并派遣海上自卫队到印度洋参加了阿富汗战争,2002年还企图强行成立有事立法法案,动员国民参加对伊拉克的侵略战争。

　　日军实施细菌战的行为是惨无人道的战争犯罪行为。日本已经逃避了半个多世纪的战争犯罪责任。日本关于对细菌战一点儿责任也不负的政治姿态通过这次判决得到了司法上的确认。这次判决是容忍侵略战争的反动判决,我们绝对不能允许。期望和平的我们勇于直面这次判决产生的恶果并将给予坚决的反击。

　　二审的结论决定于多少民众能知道细菌战事实。在本次判决的第二天,在许多报纸的头版登载了关于判决认定了细菌战事实的报道。在读到这一报道的读者中,大概有大半人是首次知道细菌战。在日本人中,知道细菌战的人也很少。

　　我们相信,当知道细菌战事实的人越来越多,裁判所被绝大多数民众的声音包围,裁判官的良知被唤起的时候,通过诉讼,日本政府进行赔偿和谢罪那一天就会到来。

　　我们辩护团决心和原告团、支援团一起,为了2003年即将开始的东京高等法院的上诉,为赢得诉讼的胜利奋斗到底。

《常德师范学院学报》2003年第1期,第3—9页

中国(常德)发生的鼠疫同日军 细菌战的因果关系[*]

[日] 中村明子　著　王希亮　译

一　关于湖南常德流行的鼠疫

从 1941 年 11 月到 1942 年 1 月，湖南常德开始流行第一次鼠疫，1942 年 3 月后又流行第二次鼠疫。在鼠疫流行之前，日军飞机向这一地区投撒了谷物等异物，时为 1941 年 11 月 4 日。11 月 12 日，第一位患者入广德医院检查，主检医师分别是谭学华和汪正宇，他们最初就怀疑病原体是鼠疫，所以进行了鼠疫菌的检查。他们之所以怀疑病原体是鼠疫，是因为 1940 年 10 月上旬在衢州，10 月下旬在宁波都发生了鼠疫流行，而且在发生前都有日军飞机投下异物的事实。经过检查，1941 年 12 月，广德医院检验师汪正宇作出报告，报告包括患者解剖结果的医学鉴定，以及医师谭学华的诊断结论。

在常德第一次流行鼠疫时，鼠疫研究的权威者陈文贵和伯力士被派往现场，进行调查和指导，对广德医院患者进行诊断和检查研究投下物。

陈文贵于 11 月 24 日到达常德，12 月 14 日完成调查报告书（英文）。伯力士 12 月 21 日到达常德，于 12 月 30 日提出报告书，在他的报告书中，建议当局应对感染鼠疫菌的老鼠进行跟踪调查，以研究对付鼠疫的对策。

根据伯力士的建议，在常德第二次流行鼠疫之时，王诗恒和容启荣作

---

　　* 该文作者中村明子，女，东京医科大学细菌学教授。该文是她在日本法庭为中国受害者所作的证词。原载日本律师团事务局编《细菌战裁判资料集》第 3 集，2001 年发行。——编者注

出了常德第二次流行鼠疫的研究报告。在他们的报告里，记载了患者的住所、性别、年龄、职业以及发病日期、诊断结果、治疗内容等。直到今日，这仍然是重要的第一手资料。所以，本证词是以这第一手资料为中心，来分析常德流行鼠疫的因果关系。另外，利用的史料还有1943年4月湖南省卫生处作出的《湖南省防治常德桃源鼠疫工作报告》，报告了湖南常德及其近郊鼠疫流行的经过和各种报告书的情况。

（一）关于常德投下的异物与初发鼠疫患者的细菌学、临床医学的检查报告——检验医师汪正宇的记录

1941年11月，在常德流行鼠疫之前，人们说日本飞机向这一带投下了带有鼠疫菌的异物，经检查发现异物是谷物，送到广德医院由医师谭学华和检验师汪正宇对此进行了检查。广德医院是美国籍教会医院，是常德地区唯一具有入院治疗设备和100张床位的医院，从初发患者的检查到死后的解剖检查，都在广德医院进行。在感染症流行疾病的疫学解析中，对初发患者的诊断是重要的，必须要有详细的诊断经过记录。而初检验师汪正宇的检验记录是判断常德鼠疫流行原因的重要证据之一，以下引用之，并对其检查内容予以研讨，来检证它的可信性：

> 民国三十年11月4日早，一架敌机飞来常德上空，低空来回飞行后投下大量粟、麦之类，之后，防空指挥部、警察局及乡镇公所分别将收集到的少量粟、麦送到医院检查。（当时医院检验师汪正宇的报告书，下同）

1941年11月4日早5时左右（《井本日志》记为6时50分），一架日本飞机飞到常德上空在雾中低飞，投下谷物、棉类和颗粒状的不明物，投下地点在县城中心的关帝庙街、鸡鹅巷及东门附近，下午5时解除警报后，投下物的一部分送到位于东门附近的广德医院。投下物的采集从投下到收集约12个小时，检查随后进行。

1. 涂抹标本验查

> 我们检查的方法如下：第一阶段将敌机投下的粟、麦放入少量的无菌的生理盐水中浸泡，15分钟后用多枚无菌纱布过滤，去谷物，

将过滤液用离心沉淀器沉淀，将沉淀物做成标本（切片），凝固后用革兰氏染色法染色，在显微镜下检查，发现除多数革氏阳性杆菌外，还有少数两极着色的阴性杆菌，更增强了最初的怀疑。

这里所进行的检查，符合鼠疫诊断中"涂抹标本"检查的规范，当然，被检查物是谷物，不是活体。一般来说，检查材料被大量病原体感染时，首先要做成检查材料的标本（切片），对染色标本进行显微镜观察，这是现在也利用的手段之一。而且，对检查材料实行无菌处理，可见当时的检查是慎重的，对检查的结果也作出了客观的记录。也就是说，因为谷物含有杆菌类，发现多数革兰氏阳性杆菌是正常的。

但在显微镜下发现了少数两极着色的阴性杆菌，于是"增强了最初的怀疑"，因为两极着色的阴性杆菌除了鼠疫菌外是没有的，不能不推断为鼠疫菌。而且，利用显微镜进行观察是早期诊断的重点，所以，推断是充分的。

2. 培养检查

为了检验是否确定，进行了第二阶段的细菌分离分离培养，惭愧的是，我们的小医院受人员、财政的限制，数年来几乎没有进行细菌培养，立刻准备适当的培养基有困难，正在进退两难之际，突然想到我院一位肝硬化入院的患者，腹腔中大量积水，不得已用无菌法抽出其30ml腹水，分装入三个无菌试管内，其中两个培养敌机投下的谷物，另一个培养普通的谷物以作比较研究。试管放入恒温箱24小时后检查，装入普通谷物的试管中液体清澄，而放入敌机投下谷物的试管液体却混浊，将混浊液做成标本，经革兰氏染色法染色后在显微镜下观察，发现了多数革兰阴性的两端着色杆菌，经测微仪测定，平均1.5×0.5百万分之一CM。而对比用的培养液经同样方法检查，发现多数革兰氏阳性细菌，没有发现两端染色的阴性杆菌，这样，越发增加了我们的怀疑。

以上进行的程序完全符合"培养检查"的规范。当然，在20世纪40年代，检查室的设备以及检查材料不能说是完备的。但是，在低劣的条件下，想方设法通过培养证明鼠疫菌，特别是在没有琼脂培养基的情况下，利用肝硬化腹水的患者的腹液，进行了细菌的培养。而且，用了两个试管装进投下谷物，为了对比又用了一个试管装入普通谷物，对照检查以求得检查的客观性是十分重要的。检查的结果，"培养对比谷物的试管液体澄清"，谷物中常见的杆菌类是一定能够呈现出来的，因为杆菌在培养液里不能均一发育，也很少呈现浑浊。

另外，通过涂片检查发现了多数的革兰氏阳性细菌，这当是杆菌类无疑，而且，"培养投下物的试管中的液体相当混浊"，这说明检查材料污染程度甚高。还有，经涂片标本检查，"发现多数革兰氏阴性两端着色的杆菌，用离心沉淀器测定大小，平均 1.5×0.5 百万分之一 CM"。可以看出，第一阶段的涂片检查是对少数细菌的检查，而利用培养液检查则是对多数细菌的观察，再通过显微镜观察细菌的大小及染色体，推断是鼠疫菌无疑。总之，检查的结果是客观的，从细菌学的角度是能够站住脚的。

3. 动物试验

从谷物的培养液里发现了可疑的两端着色的阴性杆菌，我们决定进一步调查它的感染力，因不能立即捕捉到家鼠，当地又没有饲养的土拨鼠，只好用两只白兔做实验。但让白兔感染鼠疫是困难的，只能多次实验。首先对白兔观察 2—3 天，确认它们的生活、饮食没有大的差别后，再测其体温和华氏 102 度到 103 度间，然后于 11 月 10 日上午，将敌机投下的谷物培养液 0.5ml 和无菌生理盐水 1ml 注射到白兔甲的腹部皮下，为了对比，以白兔乙注射了无菌的生理盐水，然后隔离观察，结果，白兔甲的体温升高到了华氏 104 度，白兔乙则没有变化。之后，没有发现特别异常，所以实验停止。

上述进行的就是动物实验，因为没有容易感染鼠疫的老鼠或土拨鼠，用兔子做实验是不很合适的，但使用了大型啮齿动物兔子。实验者不只是给兔子投入了培养液，而且投入前观察了兔子的健康状态，投入后又隔离避免交叉感染，可见是为了得出客观的结论而慎重地进行。结果的判断没有主观认定，因为仅有体温的上升变化，所以停止了实验。在当时的条件下，使用兔子做实验是可以理解的。

11 月 11 日，许多人传说着，城内有块地域发现许多老鼠尸体，急病人发生，病人发病后 1—2 天死亡，我们没法收集死老鼠，并期待患者来院治疗，但没有搞到这些老鼠。

鼠疫流行前，出现死老鼠具有重要的意义。汪正宇等人想收集死老鼠，又希望病人来院，但到 11 日前没有病人来院。

4. 临床诊断

12 日早，一位少女大约 12 岁，由母亲领着来院，经医师详细检查、询问，怀疑是鼠疫或者恶性疟疾，于是进行了血液检查，结果白血球 12050 个（每立方毫米），中性多核细胞 88%，淋巴细胞 8%，单核细胞 4%，血球膜中没有发现疟疾原虫和其他寄生虫。但发现了与敌机投下物检出的同样的两极着色的杆菌，遂让患者住院，严重隔离。到 13 日病情恶化，从上腕静脉采血做成标本，经染色进行显微镜观察，发现大量两极着色的杆菌，与 MANSON——BILHARZ 二人所著的《热带病学》第 222 页中的鼠疫杆菌图完全相同，患者当日早 8 时因心脏衰竭而死。

以上的临床诊断是医师根据患者的症状怀疑是鼠疫或疟疾，所以进行了血液检查，因患者白血球增加认定为鼠疫，1ml 白血球数在 10000 个到 15000 个。而患者是 "1ml12050 个"，从白血球像看，如中球增加显著可有 8 成或 9 成把握判断为鼠疫患者，而被检查的患者的中性多核细胞为 88%，另外鼠疫患者发病的同时，淋巴球明显下降到 10% 以下，被检查患者的 "淋巴细胞 8%，单核细胞 4%"。以上的结果很明了，血液检查提供了客观的诊断资料，都与鼠疫的血液相符合，患者的疾病确实是鼠疫。

检查医师还实施了患者的血液涂片标本检查，患者来院的 12 日，"发现与敌机投下物相同的两极着色杆菌"，在病状恶化的 13 日，"从上腕静脉采血，作为标本，经过染色进行显微镜观察，发现大量两极着色杆菌"，并参照《热带病学》，作出患者确实所患鼠疫的诊断。

5. 尸体解剖的细菌检查

同日午后 4 时，红十字会救护分队的肯德医师和医院的医师共同进行尸体解剖检查,发现体内淋巴腺红肿,肝脏充血,脾大色浓,肾脏肿大,心肺及浆膜黏膜肌肉有广泛出血痕迹。抽出少量脾脏血液进行琼脂接种培养,做出标本,染色,结果发现两极着色的杆菌,与从静脉采血调查的结果完全相同。14日,将琼脂培养的细菌基作为标本,染色后再显微镜下观察,仍然是两极着色的革兰氏阴性杆菌,并把死者脾脏的血液标本送到长沙湘雅医院吕静轩医师处,请其检查,吕医师也认为类似鼠疫杆菌。之后,红十字会细菌学系主任陈文贵亲自检查死者的血液标本,毫无疑义地确定是鼠疫杆菌。

从上述的解剖检查所见,各器官出血性的病变都显示了鼠疫的特征,另外,从死者脾脏采取的血液经过琼脂培养基的培养,以及病菌涂片标本和患者死亡直接抽取的血液涂片标本对比检查,都确定了患者的死因是鼠疫。

6. 鼠疫的确认

从前述的各检查以及临床症状,最终确认患者是败血症鼠疫。此后,来诊断的患者络绎不绝,检查的结果都与鼠疫症状相同,鼠蹊淋巴肿胀,触有痛感,采液做成标本、染色观察,发现两极着色的鼠疫类杆菌,为此,会同当地卫生部门给卫生署拍发电报,要求派专家来常德确认,并防止其流行。

以上是基于检验技师汪正宇的记录,从当时的诊断技术看,可以探讨他们当时的检查是否得当,如果考虑当代传染病学的常识,他们利用腹水代替培养基,在动物实验中,又利用兔子代替老鼠,是存在不够完备的问题。但在当时,他们在一般的医院里进行细菌检查,并付出了极大的努力,并在检查的始终贯穿客观精神,应该予以高度的评价。而且,从检查的结果以及对检查结果的解释,担当检查和诊断的医师们的技术水平也是不可低估。

(二) 常德第一次流行鼠疫的原因

1941年到1942年在常德流行的鼠疫,按患者出现的时间,其经过分为第一次流行和第二次流行。第一次流行从1941年11月11日,发现因败血病的3名患者。11月12日,又出现诊断为腺鼠疫的2名患者。11月

23 日、12 月 13 日、12 月 18 日和 1942 年 1 月 11 日，再先后发现 4 名诊断为腺鼠疫的患者，总计 8 人，这是从初发患者历时 2 个月的小流行。

在鼠疫第一次流行时，陈文贵被派到现场调查，他与伯力士的报告书都推定鼠疫流行的原因是日军飞机投下了感染鼠疫的跳蚤，以下介绍两个报告的内容。

1. 陈文贵报告书

陈文贵报告书（*Report on Plague in Changteh，Hunan*）作为常德流行鼠疫的记录，由中国卫生署保存下来。陈文贵是 1936 年受国联卫生部邀请，赴印度哈弗肯（音译）研究所研究鼠疫的细菌学者，1941 年 11 月常德发生鼠疫之际，作为鼠疫专家被派往常德。从 11 月 24 日到 12 月 2 日，进行了 8 天的调查和指导。当时，携带了鼠疫诊断必要的实验器材及预防用的菌苗，治疗用的磺胺类药物等。陈文贵到达的当日，即 11 月 24 日，就对当日死亡的患者进行了解剖和细菌检查，同时还检查了此前死亡的 5 名患者的临床记录，得出的结论都是鼠疫。

陈文贵在 11 月 24 日前检查了 6 名鼠疫患者，包括 11 月 18 日发病、19 日死亡的一名男性。但是，对于这名男性，在王诗恒和容启荣的报告书中均没有涉及（截至 11 月 24 日）。

陈文贵的报告书中有以下几个要点。陈文贵对 11 月 11 日到 24 日死亡的 6 名患者的结论是，11 月 4 日早，日本飞机散布的投下物是鼠疫发生的原因：

（1）从 1941 年 11 月 11 日到 24 日，常德发生了鼠疫。

（2）鼠疫发生的原因是日本飞机投下了感染鼠疫菌的跳蚤。其根据有以下三点：

第一，日本飞机投下谷类之前，常德不属鼠疫污染区。

第二，常德流行的鼠疫又不可能受临近地区污染流传所致，因为距离常德最近的鼠疫污染区衢县距离常德 2000 公里（原报告书 2000 公里，实际 600 公里——原文注）

第三，常德发生鼠疫的地域正是飞机投下谷物的周边区域。

2. 伯力士报告书

伯力士是研究鼠疫的第一人，1921 年 6 月开始在哈尔滨的 WHO 医院工作,1945 年在 WHO 新设的传染医院工作,这一年著有《鼠疫》 (*PLAGUE*)。1941 年,他是国民政府卫生署的外籍专家,为调查鼠疫情况 被派往常德。1941 年 2 月 21 日,伯力士到达常德,之后再常德滞留达一 年之久,进行鼠疫的调查研究。伯力士到达常德后就确认鼠疫流行是日本 飞机撒布投下物所致。1941 年 12 月 30 日,他给卫生署长金保善提交了 报告书,该报告书可能参照了陈文贵的报告,内容有相似之处。但他作为 研究鼠疫的世界级权威。详细解析了常德初期流行的鼠疫,并指出了鼠疫 感染的路线,这一记录具有重要的意义。

伯力士报告的要点如下:

第一,1941 年 11 月 4 日早,日本飞机向常德市内的一些地区投 下了混有某些物质的大量的谷物。

第二,11 月 12 日入院、翌日死亡的患者,在其生前的血液和死后脾 脏抽出的涂片标本中,发现大量的革兰氏阴性杆菌,确认是鼠疫菌。

第三,第一例开始后连续发生 6 例,通过显微镜观察均确认是鼠 疫。6 名患者中 1 人确诊为败血症鼠疫,另 5 人淋巴腺肿。到 12 月 20 日,发病的 7 名患者都是常德居民,都感染了鼠疫。

第四,虽然未能从投下物中检查出鼠疫菌,但是,从 11 月 4 日 以来(日机)的连续攻击以及常德发生鼠疫流行的结果看,不能排 除其因果关系。

第五,鼠疫菌在无生物的情况下难以长时间存活,本例中多数革兰 氏阴性杆菌混有的场合,即使存在鼠疫菌,但难以靠培养增殖,所以, 在培养液中没有发现鼠疫菌,鼠疫菌不附着在谷物上也不会失去生路。

第六,根据印度鼠疫研究调查团和其他研究者的实验,土拔鼠类 的啮齿类动物即使同感染鼠疫菌的无生物长期接触,或者投入多量污 染鼠疫的饵料也不会感染鼠疫,所以,飞机投下的谷物中是否感染了 鼠疫并不重要。

第七,人类接触感染鼠疫的谷物而感染鼠疫的可能性也很小,如 果飞机投下物中存在感染鼠疫的跳蚤,以跳蚤为媒介,人才有可能感 染鼠疫。

第八,投入常德的谷物、棉絮、布片等能很好地保护跳蚤,考虑 跳蚤是(鼠疫)媒介是很自然的道理。

第九，初发患者于 11 月 12 日入院，这以后（日机）连续攻击的 8 天里，正是感染鼠疫的跳蚤从投下到叮咬人类的适合期，鼠疫跳蚤可以在数周或数月间传播鼠疫，最初发生的 6 名鼠疫患者都是飞机投下大量物质的两个地区的居民，只有一例是附近居民。

第十，常德流行的鼠疫是敌人所为的假定是不可否定的，根据是：a. 中国湖南从没有流行鼠疫的记载；b. 距常德最近的曾流行鼠疫的地区是浙江省东部和江西省南部，如果从这两地流入，最快也需要 10 日以上，而且，两地的鼠疫要发生在常德之前；c. 常德与浙江、江西靠江河交通连接，感染鼠疫的老鼠或跳蚤不可能利用船运；d. 常德出产稻米、木棉，附着感染鼠疫的老鼠或跳蚤的商品不可能从它地运过来。

第十一，根据以上的观察和考虑，毫无疑义，常德流行的鼠疫与 11 月 4 日日机的攻击相关。

第十二，当前没有发现感染鼠疫的老鼠，印度老鼠跳蚤也不多见，所以，此次流行的鼠疫不可能与老鼠有关联。

伯力士的报告，认定了常德流行的鼠疫是"投下物的存在"和"患者的发生"的因果关系，并在时间和空间上的确认，结论是投下物中感染鼠疫的跳蚤。而撒布投下物的日期到发病者出现的日期也同腺鼠疫的潜伏期一致，发生腺鼠疫的原因则是被感染鼠疫的跳蚤叮咬所致。在常德患者发生的地点，没有发现以跳蚤为媒介的感染鼠疫的老鼠，所以，跳蚤直接叮咬人的推断成立。再看下表。

鼠疫患者距投下物的间隔天数

鼠疫患者编号	发病日期	距投下物的间隔天数
1 号	11 月 11 日	7 天
2 号	11 月 11 日	7 天
3 号	11 月 12 日	8 天
4 号	11 月 14 日	8 天
5 号	11 月 23 日	19 天
6 号	11 月 24 日	20 天
7 号	11 月 28 日	25 天

从投下物到鼠疫患者出现的间隔天数，7 例中有 4 例在 8 天之内，符合腺鼠疫的潜伏期，其余 3 例为伯力士所说的感染可能期。

3. 陈文贵、伯力士报告说明了鼠疫感染的路线

（1）陈文贵和伯力士的报告里，分析常德因投下的传染物体而流行鼠疫的路线可能有三条：

第一条路线是老鼠吃了感染鼠疫菌的投下物，然后感染跳蚤，再感染到人的身上。陈文贵提出两条否定理由：

一是对收集的投下物进行培养和动物实验都没有发现鼠疫菌；二是敌机投下谷物类后，在常德并没有发现鼠类的大量死亡。

伯力士的报告书里也指出了陈文贵报告中提出的两条理由，即：

通过两支试管对投下物进行培养和涂片标本检查，没有发现鼠疫菌；死亡的老鼠没有剧增现象。

两个人的报告没有差异。而伯力士更进一步指出，即使感染了鼠疫菌，但鼠疫菌在非生命物体上不能长期存活，即使人或老鼠长期接触或食用了投下的谷物也不会感染，这是经过印度调查团实验的结论。

第二条路线是投下谷物的同时，感染鼠疫的跳蚤也随同落下，受谷物的引诱，老鼠接近感染鼠疫的跳蚤时，跳蚤就附在老鼠身上，于是，鼠疫开始在老鼠之间流行，并传染到人体。陈文贵的报告书中写道：这样的理论是可能的，但调查时所见的各种事实有异。4 例鼠疫患者都是在谷物投下后的 15 天发病，没有经过老鼠之间的流行，老鼠间的鼠疫流行需两周的时间，那么，人的流行要在老鼠流行后两周才有可能。

第三条路线是感染鼠疫的跳蚤直接叮咬了人体，而引起鼠疫的流行。陈文贵的报告书中指出：

一是鼠疫的潜伏期在 3 日到 14 日之间；二是 6 例患者都居住在敌机投下物最多的地区。根据以上两个理由，理论是第三条路线的可能性最大。伯力士的报告也推断为第三路线，但还认为第二条路线是以后鼠疫流行的隐患，孕育着危险性。伯力士在报告书的最后指出：鉴于没有发现感染鼠疫的老鼠，当前还不能断定在老鼠中是否流行了鼠疫。之所以保留第二条感染路线的意见，是因为：现在还只能检查有限的老鼠，这是重要的决定因素，所以这是继续调查时不可缺少的工作。

伯力士的担心果然在后来成为现实，当他于 1942 年 1 月中旬再次返

回常德进行调查时，果然发现了感染鼠疫的老鼠，而且数量剧增，接着发生了 3 月以来的第二次流行。

（2）陈文贵和伯力士都得出第三条路线的可能性为大的结论，理由之一是从日机投下物中没有检查出鼠疫菌。

但根据汪正宇的报告，直接从投下的谷物中和通过培养液检查出鼠疫菌，两者的"矛盾"可以说明从谷物投下到开始检查之日时间的差异。

汪正宇的检查很早就开始了，11 月 4 日早 5 时左右谷物投下后，下午 5 时就把谷物送到检查室。而陈文贵的检查是在谷物投下后的三四天，请伯力士观察试管里的培养液，用显微镜观察以及利用土拨鼠实验的情况都是在 12 月 23 日，距谷物投下已经过去 49 天。如同前述，附着在谷物等非生命物上的细菌，由于菌种的不同会迅速死去，从细菌的种类看，有些菌种会长存或者共存，这是根据寄生体的不同而决定，鼠疫菌的寄生体是鼠类啮齿类动物或跳蚤，在这些生物体中能长期生存，而附着在谷物上的鼠疫菌会在数日内死亡。

能够与谷物共存的细菌有革兰氏阳性杆菌类细菌。所以，从投下的谷物中观察到多数的革兰氏阳性细菌，而只有汪正宇从投下的谷物中检查到少数的革兰氏阴性杆菌（怀疑是鼠疫菌），这也就不奇怪了。

（3）汪正宇观察到少数革兰氏阴性杆菌，虽是少数，但十分重要。使用细菌武器，如果考虑将鼠疫菌附着在谷物上，那么检查投下物时会发现许多鼠疫菌，而从谷物中检查出鼠疫菌的时间，应比少数菌附着的时间更长。此次检查出少数的鼠疫菌，应不是人工的将鼠疫菌附着在谷物上，而是在投下的谷物中混有感染鼠疫的跳蚤，跳蚤排泄的鼠疫菌污染了谷物。所以，在初期的检查时的结果就很容易理解了。

（4）陈文贵和伯力士在常德调查结束后的十天提交了报告书。卫生署之所以派鼠疫专家伯力士博士去常德，正是从长远角度考虑：阻止鼠疫的流行，不让鼠疫演化成地方病，必须消灭感染鼠疫的老鼠。伯力士博士被派到常德不久，就着手开始感染鼠疫老鼠的调查，1942 年 2 月以后，观察到感染鼠疫的老鼠开始增加，随之鼠疫患者也呈多发趋势，常德开始了第二次鼠疫的流行。

12 月 12 日，陈文贵在提交报告书的同时，将鼠疫流行情况以英文论文形式分送给各国大使馆，虽然检查的技术不够完善，科学的证明尚不够充分，但目的是把常德鼠疫流行的情况与日军的关系通知给各国使馆。

4. 关于常德第二次流行鼠疫的原因

1941 年 11 月到 1942 年 1 月，湖南常德第一次鼠疫流行，在经过约 70 天的间隔期后，再次爆发了鼠疫。从 1942 年 3 月到 6 月，有 34 名患者报告，包括第一次流行总计出现 42 名患者。关于常德鼠疫的流行，容启荣编有《防治湘西鼠疫经过报告书》和王诗恒的 *Report of Plague in Changteh*，这些资料不仅有 42 名患者从发病到结果的经过记录，而且详细记录了感染鼠疫老鼠每天的检查的情况，作为疫学解析的情报具有极高的价值。

鼠疫原本是啮齿类动物间的传染疾病，通过跳蚤为媒介传播，所以，鼠疫的自然流行一定是啮齿类动物流行在前，而人类流行在后，因而出现感染鼠疫的老鼠大量死亡。所以，如果发现老鼠大量死亡，这是鼠疫流行的前兆，因此检查老鼠是否染疫是重要要素之一。

现以容启荣和王诗恒的报告为基础，对常德发生的鼠疫进行鼠疫学上的分析。

（1）常德第二次流行鼠疫的情况。常德第一次鼠疫流行时的患者都居住在日机投下污染谷物和棉类的地区及临近地区，而且，第一次鼠疫流行时只有人受到感染，没有发现大量死亡的老鼠，证实这次鼠疫流行不属于自然流行的状态。

第二次流行是从 1942 年 3 月 20 日到 7 月 9 日约 4 个月时间，患者达34 人，因为第二次流行是在第一次流行后的两个月，所以，在人感染鼠疫前，发现了大量感染鼠疫的老鼠。第二次流行的鼠疫乍一看似乎是自然流行状态，这是因为在第一次流行时防疫工作不够充分，感染鼠疫的老鼠带菌越冬，到春天后活动增加，可见，这与第一次流行有着密切的关联。

（2）常德流行的鼠疫系人工流行的可能性。1941 年至 1942 年间常德流行的鼠疫，不属于自然流行的决定性证据是《井本日志》中记载了（人工）实施情况，在《井本日志》的 1941 年 11 月 25 日日志中记载：

> 4 月 11 日早，接到目的方向气候良好的报告，97 轻型飞机一架出发。雾深，降落 H（高度）搜索，H800 附近有云层，1000m 以下实施（增田少佐操纵），一面的容器开启不充分，将容器丢在洞庭湖，粟 39kg，其后岛村参谋搜索。

实施内容是在常德附近散布粟，另外，在井本的 11 月 6 日、11 月 20 日的日志中也记述了关于常德鼠疫的报告。

（3）投下鼠疫菌的发生源，鼠疫发生的变化。日机投下的所谓粟，实际是感染鼠疫的跳蚤，这些感染鼠疫的跳蚤被投到该地域后，首先可能是跳蚤叮咬了人而发生鼠疫。在第一次流行的 8 名患者，都不能否认这种可能性。初发患者都是在 11 月 11 日发病，是 11 月 4 日日机投下（跳蚤）后直接被叮咬，到了第 8 天出现败血并发症，符合鼠疫的潜伏期。第一次流行期的患者都是在 11 月 4 日投下物撒下后的两个月期间内发病的，这是感染鼠疫的跳蚤在冬季两个月的时间里继续带有鼠疫菌的结果，对照 Holdenried 的报告，直接被投下跳蚤感染（叮咬）的可能性也不能否定。其次可能是投下的鼠疫跳蚤附着在老鼠身上，然后传染给了其他跳蚤，再传染到人身上。第二次流行极有可能是经过这条传染路线而发生的。第二次流行时发病的 34 名患者中，其中腺状鼠疫 12 人，败血症鼠疫 13 人，肺鼠疫 8 人，腺状鼠疫和败血症 1 人，根据鼠疫病症的临床观察，肺鼠疫是由患者的吐沫直接传染给他人，腺状鼠疫和败血症鼠疫是跳蚤直接叮咬所致。

（4）流行的扩大所带来的鼠疫老鼠的存在及事态变化。常德鼠疫的流行，第一次是在人群中直接发生的，没有发现死亡老鼠的记录，正因为没有发现死亡的老鼠，说明不是自然流行的。从 1942 年 3 月末开始的第二次流行，在人群流行之前，首先发现了大量感染鼠疫的老鼠，导致民众鼠疫的流行。

在常德，最早发现感染鼠疫的老鼠是在 1942 年 2 月 4 日，直到 3 月 23 日，这种老鼠的数量逐增。第二次流行的初发患者于 3 月 20 日发现，间隔最早发现鼠疫老鼠为 46 天。到 4 月 2 日，感染鼠疫的老鼠持续增加，以这一天为高峰逐渐转为减少趋势，到 6 月中旬持续增加，以一天为高峰逐渐转为减少趋势，到 6 月中旬持续减少。而鼠疫患者从 3 月 20 日发现第一例开始，第二次流行的患者陆续增加。4 月 13 日 3 人，4 月 14 日 2 人，4 月中旬是高峰，以后逐渐减少，到 6 月 13 日第二次流行大体结束。此后，对常德、桃源等地继续进行详细的疫情调查，结果，没有发现鼠疫的流行，但还是检测出少量的感染鼠疫的老鼠，这意味着鼠疫流行的潜在危险性。

（5）桃源县莫林乡鼠疫的流行。1942 年 5 月，距常德约 32 公里的桃源县莫林乡开始爆发鼠疫，属于肺鼠疫。原因是常德第二次流行最盛时的5月4日，一位常德男性返回莫林乡，该患者在常德感染了鼠疫，从而引发了莫林乡感染鼠疫的可能性，从瘟疫学上讲，莫林鼠疫的流行也应纳入常德的第二次流行范畴。患者发生肺鼠疫后，通过唾沫传染给看护的家属，接触之人随即发病，这是典型的肺鼠疫流行模式。这次流行，包括初发患者共死亡16人。

（6）常德新德乡石公桥、广德乡镇德桥鼠疫的流行。1942年10月到11月间，距常德约23公里的新德乡石公桥、广德乡镇德桥也发生了鼠疫流行，仅获得报告的死亡人数达36人。这次流行因为没有详细的记录，还不能断定其传染源，但发生在常德之后，（常德鼠疫）传播到防疫手段薄弱的农村是可想而知的。

（7）常德、桃源、石公桥、镇德桥鼠疫的第一次流行。1954年由WHO出版的《鼠疫》（*PLAGUE*）中，作者伯力士对常德发生的鼠疫流行是这么记述的：

1941年，在湖南常德发生了因细菌战而流行的鼠疫，之后，老鼠也大量感染，出现了约100人的病例。

其中约100人的病例之说，系指常德42人，桃源16人，石公桥、镇德桥36人，合计94人。伯力士对常德、桃源、石公桥、镇德桥第一次鼠疫的流行，已明确认定是细菌战造成的。

二　日本军与细菌战

（一）日本军队细菌战的考虑

战后已经50余年，日军在中国实施细菌战的事实逐渐浮出水面，当时的日本军队是如何考虑实施细菌作战的呢？1942年3月6日，关东军牧医中佐[①]做了一次"关于细菌战"的讲演，读了他的讲演记录，对日军实施细菌战的目的就一清二楚了。以下是牧军医中佐讲演的概要：

〇细菌无论在战时，还是在平时都可以使用。

〇弹药只能使用一次就失效，实施一次细菌攻击，以后会持续流行传

[①]　中村明子的说法有误，牧军医中佐应为731部队石井四郎的重要助手增田知贞。见拙文《对一份日军细菌战文件的解读》（《民国档案》2011年第2期，第131—134页）。——编者注

染病，能产生持续的影响，这同普通兵器有别。

○细菌是人的肉眼看不到，又不注意的，可放手使用。

○由于能长时间传染疾病，发生战争后，能威胁作为交战国原动力的国民的日常生活，并给予各种精神的威胁，这便是细菌战的特长。

○为什么发生了传染病，是因为受到细菌攻击，如何预防，如何处置，都是难题，乃细菌战的特长。

○同毒气不同，不是立即出现反应，不易觉察受到攻击（无味），细菌可持续的泛滥和传染，这些特长和不同，即使被议论说是"细菌战"，任何国家都在实验实施，都力图获得好的战果。

○关于攻击的方法，利用飞机播撒带有疾病的昆虫，比如带有鼠疫的跳蚤、副伤寒的跳蚤、带有病原体的动物的排泄物以及土拨鼠、老鼠等。

○为了细菌战的准备，必须调查城市周围的卫生状况以及地质情况等，是否有医院，研究传染病的情况，进行研究的程度，必须进行普遍的调查。

○如果卫生整体状况好，不易流行传染病；预防接种情况如何，民族具有什么习惯，都必须进行详细的调查。

讲演还对细菌战的防御做了如下提示：

○实施细菌战的攻击是卑鄙的，同时又是恶心的事情，所以现在被指责和厌恶。因此在如何防御上也是十分重要的，攻击要讲究专门的方法，防御也是必须任务，而且特别重要。

○了解敌人的意图，迅速地处置，为此，必须做好周到的准备和研究。

○指挥官必须站在前头抗击传染病，仅依靠军队是不能处置的，平时就应向地方教授防治传染病的方法。

○担心使用细菌武器被说成无人道，或者认为使用了就连续的使用，今天不使用了就没关系的想法是危险的，要考虑到今天虽不使用，不远的将来要在战场上大量使用，在遭受突袭的情况下就意味着细菌武器的使用。

以上牧军医中佐的话，解释了细菌武器的威力虽然不能立刻显示出来，但一旦传播开来，其影响就是长期的，所以应该了解它而予以实施。他还举出细菌武器的种种特长，并把细菌战的实践列入视野，特别是关于从空中撒布感染鼠疫跳蚤的方法，与日军在常德实施的细菌战方法相同。

（二）1941 年在常德实施细菌战之前，731 部队关于鼠疫的研究

1. 鼠疫学的研究

从 1940 年 6 月中旬到 11 月下旬，在农安发生了鼠疫，患者 353 名，死亡 296 名。同年 9 月下旬到 11 月中旬，在新京也发生了鼠疫，患者 28 人，死亡 26 人。松村教授发现了上述关于鼠疫学、临床、细菌学的详细研究报告，即陆军军医学校军事防疫学教师高桥正彦的研究报告（昭和 18 年 4 月 3 日收到），内容是"关于昭和 15 年（1940 年）在农安及新京发生的鼠疫流行"，共有 6 篇，主要记载了其研究成果。这 6 篇报告都注有 ［密］字，分别是：《鼠疫流行的疫学观察——农安》、《鼠疫流行的疫学观察——新京》、《流行的临床观察，附"关于鼠疫血清杀菌的反应"》、《流行中细菌检索的成绩》、《关于流行中分离的鼠疫疫菌》、《流行时防疫实施的概括》。

在各篇报告中都注明"担任指导：陆军军医少将石井四郎"，可见，这个研究报告是 1940 年在当时 731 部队石井四郎的指导下完成的，也是此前 731 部队进行基础研究的野外应用。

在这份研究报告中，诸如鼠疫流行的季节性消长、一般民居和患者环境卫生的比较、传染线路的分析，以及在鼠疫流行时感染鼠疫的老鼠或跳蚤的情况等都做了记述，并指出满洲是鼠疫多发地区，人发生鼠疫的直接传染源是老鼠，媒介则是跳蚤，鼠疫流行的条件是带有鼠疫菌的老鼠要占 0.5% 以上等。从这些记载可以看出他们已经把展开（细菌）实战纳入了视野。农安流行鼠疫时检出了带菌的老鼠，并认定老鼠身上附着多数带菌跳蚤，但鼠疫菌流入该地的线路不明。报告还提出应更详细地研究鼠疫流行的季节消长和鼠疫菌的越冬等问题。

2. 鼠疫菌的细菌学研究

1940 年农安和新京流行鼠疫之际，731 部队对流行鼠疫进行了多角度的细菌检索，当然是从患者身上检出鼠疫菌，并对死者进行了解剖，分别对各疾病（腺状鼠疫肺鼠疫）、各器官、各部位采取了标本，实施了显微镜观察和细菌培养，还在流行地域捕获了老鼠并从跳蚤身上分离出鼠疫菌。此外，还从患者和死者身体分离出鼠疫菌 71 株，从流行地区的跳蚤分离出鼠疫菌 9 株，从虱子分离鼠疫菌 1 株，另 2 株毒性鼠疫菌，存放在研究室进行比较研究。结果发现，1940 年在农安和新京流行的鼠疫菌的形状、性质相同，而且与此前在 731 部队保存的菌类相同。在临床观察中，对因鼠疫而死亡的 57 人都有解剖记录，很可能与 1948 年 731 部队向美国陆军提交的、保存在某军队实验场的"Q 报告书"是同一版本，该报告书中也记载了 57 名鼠疫死者的情况。

3. 关于鼠疫血清诊断的研究

是否感染了鼠疫和如何判断疫苗的效果。在针对血清中鼠疫菌的抗体价测定上，（731 部队）进行了全力的研究，并开发出妥当的抗原体。从鼠疫菌中提取抗原体，进行皮肤反应的研究，调查患者或感染者对鼠疫细胞免疫的反应。在农安和新京鼠流行中，对患者和居民实施了血中抗体价的测定和皮肤反应实验，并得出结论，即血中抗体价如果呈阳性，2—3周后发病，阳性率低时鼠疫感染的诊断性价格也低。

4. 关于鼠疫疫苗的研究

关于鼠疫疫苗，进行了死菌疫苗和弱毒生菌疫苗的两项研究，（731）部队队员给流行地区居民接种，并参考该范围的研究结果，进行疫苗接种次数及抗体持续时间的效果研究，进而改良疫苗。

日本从事鼠疫免疫研究的春日忠善等人，在 1940 年曾对野外弱毒生菌疫苗的效果进行了调查，调查的地域是龙江省、兴安省、奉天省（均伪满时期的建制——编译者注）内鼠疫流行的 8 个县，人口 145 万。春日等人在 1937 年至 1939 年间专门利用死菌疫苗，1940 年以后开始使用生菌疫苗，并在 1940 年至 1943 年间，对 150 万居民使用了生菌疫苗。生菌疫苗的接种量为成人一次 1.0ml。用弱毒鼠疫菌株在 37 摄氏度，经过两天的琼液培养后，菌株浮游在 3mg 的盐水中，这样，150 万人接种一次就需要 4.5mg 鼠疫菌。春日等人在野外接种的结果，生菌疫苗同死菌疫苗对比，虽然微量却有强大的免疫力，比起接种一次生菌疫苗，死菌疫苗或者生菌疫苗接种后再次追加，其免疫效果会大幅提高。

（三）常德实施细菌战后对于鼠疫的研究

731 部队在 1940 年通过对农安、新京流行鼠疫的详细疫学解析，搞清了感染鼠疫的老鼠、跳蚤同鼠疫流行的关系，所以，在常德投下了感染鼠疫的跳蚤，使该地区发生了鼠疫。

如前所述，对感染鼠疫的研究，世界各国很早就开始了，但多是为了保护人类不受恐怖的鼠疫的威胁，所以在研究感染鼠疫的跳蚤、感染的组织和感染的线路方面花费了时间。但731部队却反其道而行之,它与南京荣字1644部队却在研究感染鼠疫的跳蚤的重力、旋转次数及在低温下的抵抗力等,多是昆虫学常识之外的研究内容。1942年以来,他们的一系列研究是把感染鼠疫的跳蚤作为兵器来进行开发,有关跳蚤的研究计有11项报告:

①特别是从腺状鼠疫疫学的观点上进行研究

②带有鼠疫菌跳蚤的饥饿天数别的感染实验

③带有鼠疫菌跳蚤的饥饿天数别的有毒性

④鼠疫感染跳蚤的下代、三代是否有继承性的研究

⑤23种跳蚤的感染实验以及这些跳蚤对大黑鼠的感染实验

⑥温度别鼠疫跳蚤的寿命和毒性

⑦低温下鼠疫跳蚤的寿命和毒性

⑧夏季野外跳蚤的寿命和毒性

⑨跳蚤的繁殖

⑩凯奥俾斯(音译)跳蚤的繁殖

⑪跳蚤特别是鼠疫跳蚤的强韧性

以上的报告内容,有些也是外国研究者研究报告过的内容,但另一方面如⑥中,根据温度差异对鼠疫菌的研究,详细查清了把鼠疫跳蚤放在10度的温度里保存一周,其生存率和鼠疫菌的保存率最好,鼠疫跳蚤在10度低温保存一周后,移到22—27度保存两周,鼠疫菌的保存率和对老鼠的传染率最好等,详细研究了由于温度的变化鼠疫菌的寿命和感染情况。在⑦的报告中,分别调查了低温10度、5度、0度以及零下5度、零下10度鼠疫菌的生存率,明确了随着温度的下降,鼠疫菌的死亡率增加,鼠疫菌的保存率也下降。另外,还进行了一些奇怪的实验,即把低温保存的鼠疫菌以300转的速度进行15分钟的离心运转,研究鼠疫菌的活性和细菌保存情况。在⑪中,详细报告了鼠疫跳蚤的坚韧性,并通过对鼠疫跳蚤的离心运转实验,发现其转数分别为每分钟1000转、2000转、3000转,时间为5分、10分、20分、30分等。另外,还研究了跳蚤由于孵化时间的长短是否有别等。通过这些研究,可以确认了离心运转的时间、转数等几乎不影响鼠疫菌的生存。

（四）细菌部队开展研究的保密性和疑问点

从 1940 年到 1942 年，731 部队以及南京荣字 1644 部队所进行研究的情况看，特别是高桥的报告《农安及新京鼠疫流行的疫学研究》，为什么加盖"丸密"二字呢？如果农安和新京的鼠疫是自然流行的，发表其调查研究的成果本来是正常的。还有，患上鼠疫而死亡的患者的解剖报告，为什么要用"Q 报告"的形式向美国陆军提供呢？所以，1940 年农安和新京鼠疫的流行系 731 部队人为所致的疑点极大。在农安和新京鼠疫流行期间，731 部队所进行的鼠疫菌的研究，更增加了上面的疑点。在细菌感染症的疫学上，考虑到它的流行要用各种材料分离细菌，再对这些细菌进行比较。分离的菌类越多，调查的种类越多，菌类状态的一致率越高，它们的相互关联就越紧密，感染源就可以集中在一点上。

对农安和新京流行的鼠疫，分别从人体、老鼠和跳蚤分离出总计 101 株鼠疫菌，用 21 株进行"糖分解性状"处理，结果完全一致，又同 731 部队保存的强毒鼠疫的菌株性状一致。在疫学上，可以将感染源、感染线路和患者连成一线，而且，因为 731 部队保存有强毒鼠疫的菌株，系人为的疑点就更不能抹杀。

关于鼠疫菌坚韧性的研究，作为坚韧性的指标采用离心运转（对重力的抵抗性）实验的目的，是为了把带有鼠疫菌的跳蚤用到实战上，这样的考虑是很自然的。

731 部队也进行了鼠疫预防的研究（疫苗），但没有看到关于治疗的研究，正像牧中佐说的那样，细菌战最重要的是"攻击与预防"，这就是他们的研究中心。

三　鼠疫菌用于细菌战的残虐性

不论以什么形式的细菌为武器，细菌散布后，人并不会立即感染或发病，而是在使用的病原微生物经过固有的潜伏期后才发病，所以，"攻击"的起因和结果的"被害"并不是攻击后就立即表现出来。

使用病原微生物进行攻击时，将持续发生传染病。传染病是现代社会最忌讳和最扰人的，患病者常常隐瞒病情，结果隐匿的患者将传染病扩散到周边地域，扩大了受害的范围。1944 年印度西部苏拉特发生了震撼世

界的肺鼠疫,导致部分感染居民的逃亡,当局倾注全力搜寻患者并予以治疗,才制止住鼠疫的蔓延,

常德流行的鼠疫,是日军投下感染鼠疫菌的污染物而引起的。从1941年到1942年,在常德及近郊发生的鼠疫,报告的患者仅仅是一部分,肯定还有许多患者隐匿没讲,当时作为防疫鼠疫的对策之一是焚烧被污染的房子,为了保护祖祖辈辈居住的房子,患者有意地掩盖是情有可原的。

把鼠疫用在细菌战上的残虐性,比起患者患上这种致死率极高的鼠疫而带来的个人肉体、精神的痛苦更甚者,是地域居民的恐怖。因为对于地域居民而言,即要面临着被传染的危险,还要承担看护病人的恐惧。在出现患者的家庭里,受到地域或社会的孤立,因为传染病的流行,很明确地显示出"被害"和"加害"的关系,酿成鼠疫流行地区居民之间的相互怀疑,破坏了人们的正常生活。

细菌战最大的残虐性,也许就是造成地域社会的崩溃。

《常德师范学院学报》2003年第2期,第6—12页

《井本日志》的发现及其内容
的真实性和价值[*]

[日] 吉见义明　著　罗建忠　译

一　关于日本方面的细菌战文献史料

有关日本陆军细菌战部队（以下简称 731 部队）的文献资料，目前在日本已经发现的有：（1）庆应义塾大学图书馆收藏：署名"加茂部队"的 731 人体试验报告《因流弹射击伤害皮肤及一般临床症状观察》，731 军医池田苗夫和技师荒木三郎署名的人体试验报告《破伤风毒素及芽胞接种时的关系》等。（2）国立公文书馆收藏：《陆军中将远藤三郎日记》，通过该日记可以知道一些 731 部队的前身"东乡部队"的创建及其业务内容。（3）防卫厅防卫研究所图书馆收藏：第一，关东军司令官梅津美治郎 1939 年 9 月 23 日签署的《关东军部队编成及编制改正的报告》，其中有 731 部队的编制等。第二，1944 年 4 月 1 日—9 月 30 日的《北支那防疫给水业务详报》，已部分公开。第三，4 名日本陆军中央将校的工作日志：参谋本部作战课参谋井本雄男的《井本日志》，陆军省医务局医事课长金原节三的《金原摘录》，金原的后任者大塚文郎的《大塚备忘录》

---

　　* 本文是作者（《井本日志》的发现者）2000 年 12 月 8 日在东京"731 部队细菌战诉讼案"一审法庭上为中国受害者出庭作证（证明 731 部队在中国实施细菌战是历史事实）的证词（鉴定书），当时证词题为《从日本方面的文书·记录看 731 部队和细菌战——以井本熊男〈业务日志〉里出现记述细菌兵器的使用为中心》。我们选取翻译了该证词中的主要部分介绍给中国读者，并另拟现文题。（原文见 [日] 731 细菌战被害国家赔偿请求诉讼律师团、731 细菌战裁判宣传委员会、ABC 企划委员会出版：《细菌战裁判资料集》第 3 集，2001 年 2 月发行，第 9—47 页）。——编者注

参谋本部第一部部长真田穰一郎的《真田日记》。他们的工作日志中，都包含了731部队的记述。此外还有中国派遣军第13军司令泽天茂的《阵中记录》，其中涉及1942年731部队在浙赣作战中实施的细菌战。

以上资料对于防卫厅防卫研究所图书馆的全部收藏来说，只是极少一部分。根据防卫研究所《有关战史资料公开的内部规定》，"细菌兵器和细菌战的资料"属于"可能引起社会不良反应"的"不予公开"的范围。以上公开的资料只是"漏网之鱼"，大量"网内"的资料未予公开，包括美国返还的731部队等的资料。

在目前日本方面发现的有限的731部队的文献史料中，《井本日志》是最为重要的史料，因为它是日本陆军统帅部曾参与联络和计划细菌战的高层人员的有关工作日记，它直接记述了1940—1943年日军一系列的细菌战活动。

二　《井本日志》的偶然发现

1991年，韩国原日军随军慰安妇金学顺向东京地方法院起诉，要求日本政府谢罪和补偿。于是，我于1991年12月开始调查日军随军慰安妇的最初资料，次年1月，公开发表了那个调查成果（见《朝日新闻》1992年1月12日）。日本政府不得不承认曾创立并实施了随军慰安妇制度。以此为契机，我也在那之后继续调查太平洋战争时期日军的其他资料，也包括日军实施细菌战的资料。

1993年，在防卫厅防卫研究所图书馆，我闻知原陆军中央将校井本雄男大佐、金原节三军医大佐、大塚文郎军医大佐、真田穰一郎少将等的业务日志已公开。于是，我去阅读了这些日志。结果发现，这些日志的一些部分极其重要地记述了旧日本军有关为了开发细菌兵器而进行人体实验、在实战中使用细菌兵器的计划以及使用的事实等。

由于防卫研究所图书馆不允许复制，因此，我与立教大学研究生（当时）伊香俊哉一起对这些日志进行了摘抄，并共同对这些日志内容进行分析研究和解释说明，于1993年12月整理成《日军的细菌战》的论文，发表在《战争责任研究季刊》1993年（冬季号）上。1995年又以两人署名，对这些内容进一步整理，出版发行了《731部队与天皇·陆军中央》一书，由岩波书店出版。①

三　井本雄男及其与日军细菌战的关系

井本雄男，1903 年出生于山口县，1925 年陆军士官学校毕业，1934 年陆军大学毕业，任大尉。1936 年任参谋本部部员，1937 年在任参谋本部参谋，1938 年升少佐。1939 年 10 月又调回参谋本部任作战课课员，1941 年升中佐。1942 年 12 月调任第八方面军参谋。1943 年任大本营参谋，同年任陆军大臣秘书官。1944 年升大佐，任军务局副局长。井本一步步荣升，可以看出他是陆军的优秀将校。战后，他把自己的作战业务日志赠送给防卫厅防卫研究所。

井本雄男和细菌兵器在实战中使用发生关系开始于 1940 年他任中国派遣军参谋的时期。1940 年 6 月 5 日，他与参谋本部作战课荒尾兴功中佐、关东军副参谋长秦彦三郎少将、华中防疫给水部队增田知贞军医中佐，一起商定了实施浙江细菌战的计划，他是以中国派遣军作战课参谋的身份参与这一实施细菌战的计划的。

1940 年 10 月，井本少佐又调回参谋本部作战课，在这一职位上，实施细菌战成为他负责的事项之一。细菌战的实施，必须得到参谋本部参谋总长的命令"大陆指"的颁布。从一些迹象看，这项"大陆指"命令的颁布也是井本少佐的任务。

井本雄男不只从事有关细菌战实施时的联络，而且积极推进细菌战的实施。例如，1940 年实施细菌战时，井本少佐当时作为中国派遣军参谋积极与实施部队"奈良部队"进行了攻击目标的确认：

　　　与奈良部队的联络
　　1. 延迟开始的理由。
　　2. 弹药在空中和陆地一起运送。
　　3. 福岛雇员战死情况。
　　4. 日生产量：（C）10k、（T）在（C）之上。

---

① 1993 年 12 月《井本日志》中细菌战的相关内容被公开后，防卫厅防卫研究所图书馆以"私人日记"为由停止了对该日志的公开。

5. 目标:宁波附近(附近村庄,每平方公里 1.5 公斤)。金华、玉山每平方公里 2 公斤(附近村庄每平方公里 0.7—0.8 公斤)。

山本参谋说:低浓度弹药大面积投下,高浓度弹药集中投下。因为后者,目标越定在温州(台州、温州、丽水)。

《井本日志》第 9 卷 1940 年 9 月 18 日

另外,这个事实从其他资料中也得到了证实。例如,在 1942 年的浙赣作战之初,中国派遣军司令部因顾虑细菌作战伤及自身部队而反对实施,但参谋本部强行发布"大陆指"命令实施。对此,中国派遣军第 13 军司令官泽天茂中将曾在其《阵中记录》记述道:"与其开诚布公地陈述反对意见而受到总军的处分,还不如听从总军的命令使用石井部队。但如果这命令是作战课的年轻人动用总长(参谋总长)的权力而颁布,那就太惨了,也十分遗憾。"(泽天茂《阵中记录》,1942 年 6 月 25 日,藏防卫厅防卫研究所图书馆)

因此,井本雄男当时成为推进细菌战的作战课年轻人中的中心人物,他并不是没有权力的联络官。而且井本手里集中了很多有关细菌战的极其重要的机密情报,其日志的可信度相当高。

四　《井本日志》的特性

《井本日志》现存 1937 年 9 月 27 日至 1943 年 12 月 12 日的日志共 23 卷,它是井本雄男的业务(工作)日志。据防卫厅战史室长岛贯武治介绍,该日志于昭和 34 年(1959 年)9 月由井本雄男本人赠送给战史室。

岛贯武治曾担任参谋本部铁道课长、第一方面军参谋等职,战后任防卫厅战史室长。像这样的人不应该会将《井本日志》的性质弄错,正如岛贯室长所说,这不是井本大佐的私人日志,而是公共的业务日志。以下几点可以充分证明:

首先,该日志没有记述私人日记一定会出现的有关家庭和家庭生活的内容,有关离开公务活动时的私有行为、兴趣、游戏、游玩等内容也一概没有,而有的是公务活动,且其记述贯穿始终。其次,在该日志第 3 卷(1938 年 8 月 19 日至 1939 年 6 月 16 日止)的封面上写着"业务日志",这是井本人写上去的。另外,在日志第 18 卷封面上写有:"军事绝密"、"业务日志"、"大本营"、"井本雄男"等字，这也是井本写上去的。

这些证据表明《井本日志》是一部"业务日志"，是井本在中国派遣军作战课和参谋本部作战课时期写下的作战机密日志。

以上可以看出，《井本日志》是有关日军细菌战的可信度极高的第一手资料、公文书（官方记录）。

五 《井本日志》中有关细菌战的秘匿代号

为了防止细菌战秘密计划泄露出去，日军使用了很多秘匿代号。这些秘匿代号甚至出现在陆军统帅部的命令书中。例如，在参谋本部"大陆指"命令第 178 号中，就使用了"特种瓦斯"的秘匿代号，以指代"细菌战"。所谓"大陆指"是根据天皇的"大陆命"命令，而由参谋总长发布的命令。以下是"大陆指"第 178 号的内容：

> 中国派遣军总司令官西尾寿造殿下
> 关东军司令官梅津美治郎殿下
> 大陆指第 178 号
> 指 示
> 根据大陆命第 439 号作如下所示：
> 一、中国派遣军总司令官根据大陆指第 690 号目前实施中的特种瓦斯试验应于 11 月底完成。
> 二、试验结束后，所有的人员、器材尽快地返回原单位。
> 3. 有关机密事项要注意严格保密。
> 参谋总长杉山元
>
> 昭和 15 年（1940 年）11 月 25 日

《井本日志》中出现的秘匿代号如下：（1）"ホ"、"ホ"、"ホ号"、"ホ号"、"保"、"保号"，这些都是"细菌作战"的意思。（2）"谷子"、"粟"，这是带鼠疫菌的跳蚤的意思。（3）"PX"：鼠疫菌液；"P"：鼠疫；"C"：霍乱；"T"：伤寒菌；"PA"：副伤寒菌或副伤寒菌 A。

六 《井本日志》的内容及其真实性

《井本日志》主要记录了日军1940—1942年在华中地区实施的3次重要的细菌兵器作战等活动,其真实性是毋庸置疑的。

1940年9月至11月,731部队远征队与南京的1644部队共同组成的细菌战实施部队"奈良部队",在浙江宁波、衢县、金华、玉山等地实施了细菌攻击。1940年10月7日的《井本日志》中有如下记录:

一、听取奈良部队的状况([由]山本参谋、福森少佐、太田中佐、金子大尉、增田大尉[报告])

1. 运送:目前6次(其中船运2次),空运当天到达,船运约6天,以后决定用飞机。

2. 目前已进行6次攻击(列表另说明)。跳蚤1克约1700只。

3. 正期待攻击效果好坏,在秘密侦察中。

4. 考虑到气象等原因在杭州进行了现场测定的实验,如何在空中投下(仅针对宁波)。

5. 温州作为雨下法投放目标可行,台州等不适合,但攻击温州时要视气象等因素而定,如不使用伞将会很困难。

6. (山本参谋提出)目标以及攻击方法可以灵活具有通融性,可以使用重复攻击法。

《井本日志》第9卷1940年10月7日

从以上记录看,到1940年10月7日奈良部队已经进行了6次细菌兵器攻击(附表没有保存)。另外,可以判断:从运送次数和攻击次数一致来看,细菌运到后就马上实施了攻击。攻击方法是用空投(从安装在飞机上的撒布器投下去的方法),使用的是鼠疫跳蚤,1克跳蚤有1700只。

将哈巴罗夫斯克审判中731部队有关战犯的供词与《井本日志》的记述对照,可以得到相互佐证:第一,731部队第四部(细菌生产部)的柄泽十三夫班长说,1940年下半年,他们被命令生产了副伤寒70公斤、霍乱50公斤,鼠疫跳蚤5公斤,这些都被运往南京去使用。第二,731部队教育部部长西俊英供述,他曾经在731内部看到过一部记录1940年宁波鼠疫战的电影纪录片，这部电影是为了在日军内部秘密宣传宁波鼠疫战攻击效果而制作的示范电影。

另外，中国方面也有相关文献档案可以佐证《井本日志》的记述：第一，1940年10月4日，日军一架飞机在衢县城区散布了谷物和跳蚤等。第二，1940年10月下旬，日军飞机在宁波城内投下大量的麦子和棉花，之后，发现了鼠疫病患者。

以上苏联和中国的资料，都证实了《井本日志》记录1940年日军对中国浙江宁波等地实施鼠疫跳蚤攻击的真实性。

1941年对常德的细菌攻击，在《井本日志》里有详细的记录，因此其实情很容易搞清楚。井本雄男中佐于11月25日收到中国派遣军负责组织实施常德细菌战的作战参谋长尾正夫的报告：

> 来自长尾参谋的"保"号情报
>
> 11月4日早上，接到目标方向天气良好的报告，一架97式轻型飞机，5点30分出发，6点50分到达，雾浓，降低高度搜索，因800米附近有云层，于是在1000米以下实施，增田少佐驾机，一侧菌箱开启不充分，将其在洞庭湖投下。谷子36公斤，其后村岛参谋进行了搜索。
>
> 11月6日，常德附近中毒流行（［据中方资料］日军飞机在常德附近投下异物，与之接触的人引起剧烈中毒）。
>
> 11月20日，常德鼠疫已猛烈流行：从各战区收集的卫生情报［反映］。
>
> 结论：如果命中，确实将引发疫病。
>
> 《井本日志》第14卷1941年11月25日

《井本日志》的这个记录是不容置疑的鼠疫跳蚤攻击的记录。"谷子"是"鼠疫跳蚤"的秘匿代号；"谷子36公斤"，就是鼠疫跳蚤36公斤。原计划攻击高度在1000米，但因800米有云层，且雾浓，故只能降低高度投放细菌。增田驾机投放时一侧菌箱开启不充分，顾忌有残留跳蚤带回基地引起传染危险，故将其投入洞庭湖中。

1942年浙赣作战中，日军731和1644部队再次在浙江以及江西铁路沿线地区实施了细菌战。采取在日军从占领区撤退后散布细菌的方法，制造疫病流行。1942 年 8 月 28 日的《井本日志》中记录，井本雄男当时接到中国派遣军作战参谋长尾正夫关于本次"保号作战"情况的报告：

"保"实施状况

广信〔上饶〕PX〔鼠疫菌液〕（1）毒化跳蚤（2）施放染疫老鼠

广丰（1）〔毒化跳蚤〕

玉山（1）〔毒化跳蚤〕（2）〔施放染疫老鼠〕

（3）将 P〔鼠疫〕干燥菌混于大米中，目的：〔造成〕鼠—蚤—人感染流程

江山 C〔霍乱〕（a）直接投入井内（b）染于食物之上（c）注射于水果中

常山 T〔伤寒〕PA 跳蚤

丽水 T〔伤寒〕PA 跳蚤

《井本日志》第 19 卷 1942 年 8 月 28 日

从以上记录可以看出，日军在广信、广丰、玉山撒布了鼠疫；在江山、常山撒布了霍乱；在衢县、丽水撒布了伤寒、副伤寒。撒布的方法多种多样，其中从江山来看，撒布的方法是三种：一是将霍乱菌投入井内；二是将霍乱菌染于食物之上；三是将霍乱菌注射到水果之中。这样在日军撒退后，重返居住地的居民饮用井水、吃了染有霍乱菌的食物和水果后就感染了。《井本日志》记录的在浙赣上述各地实施细菌攻击造成的祸患，今天都可以从中国的资料和受害调查中得到证实。

七 《井本日志》的价值

《井本日志》的价值不仅在于因作者的高层身份和工作职务的涉密性而使其内容具有极强的真实性和可靠性，还在于它揭示了日军细菌战实施的指挥命令系统，从而证实日军细菌战是日本最高当局的战争行为。

如前所述，1940 年浙江宁波等地的"保号作战"是根据"大陆指第690 号"实施的，又根据"大陆指第 781 号"中止的。如果没有日本陆军统帅部参谋本部的长官参谋总长颁布"大陆指"是不可能实施的，而

"大陆指"是根据天皇命令"大陆命"所颁发，

1941 年在常德实施的鼠疫攻击，正如《井本日志》1941 年 5 月 30 日记录：这天石井四郎少将、村上隆中佐、增田知贞中佐、小野寺义男中佐、增田美保少佐被召集到参谋本部，由参谋本部第一部部长田中新一少将传达了"大陆指令以及注意事项"，同样也是获得"大陆指"命令后组织实施的。

从《井本日志》上述记录看，1940 年浙江、1941 年常德、1942 年浙赣三次细菌战，均由日本大本营参谋本部下达"大陆指"命令而实施，因此，这是日本最高当局的战争行为，是一种国家犯罪行为。

《武陵学刊》2010 年第 2 期，第 42—46 页

《金子顺一论文集》的发现及其意义[*]

[日] 奈须重雄　著　罗建忠　译

一　《金子顺一论文集》发现的背景

2007 年日本最高法院认定了 731 部队进行人体实验及细菌战在中国各地造成的受害事实，但驳回中国受害者索赔和道歉的要求后，731 部队细菌战受害者的活动仍一直持续。2009 年左右，在日本开始再次掀起了一场有关 731 部队实施了人体实验和细菌战而追究日本政府责任的市民运动。作为该运动的一部分，围绕有关 731 部队资料发掘的活动，通过市民、研究人员的努力也正式开始了。

从 2010 年 2 月以来，"究明 731 细菌战部队实态会"（代表：松村高夫，应庆义塾大学名誉教授）与防卫厅进行了交涉，要求防卫厅公开其所藏有的 731 部队的资料，并取得了一定成果。另外，2011 年 4 月"NPO 法人 731 部队细菌战资料中心"（代表：近藤昭二记者、松井英介医师、小野板弘教授）成立了。该资料中心一边与中国的 731 部队细菌战受害者共同开展活动，一边又进行将有关 731 部队从事人体实验和细菌战事实的多种资料公布于众的活动，同时，着手进行有关 731 部队资料的发掘工作。

　＊　原 731 部队军医少佐金子顺一 1943 年 12 月写成的一篇封面标有"军事秘密"字样，题为《PX（鼠疫跳蚤）效果测算法》的细菌战研究论文，2011 年 7 月在日本国立国会图书馆被发现，10 月 15 日发现者奈须重雄先生将其公之于众。该论文中为计算 731 部队鼠疫跳蚤的杀人效果，以统计表的方式列举了日军 1940 年至 1942 年在中国农安、大赉、衢县、宁波、常德、广信、广丰、玉山 8 个县城散（撒）布鼠疫跳蚤所造成的死亡人数的数据，成为侵华日军在中国实施细菌战的新铁证。——编者注

我是以上两个组织的成员，一边参与这些组织活动作为自己的研究课题，一边努力从事发现以前在 731 部队的医师们的医学论文的事情。在这样的活动中，最近，我发现了保存在国立国会图书馆关西分馆（京都）的一位帝国陆军军医名叫金子顺一的博士论文集。

该论文集里面记述了 731 部队是怎样开发研究细菌战的实战方法，并且何时实际在中国哪些地方实施了细菌战等内容，记录很详细，是一份重要的资料。

二　关于金子顺一

金子顺一，1913 年出生，1936 年毕业于东京大学医学系，1937 年至 1940 年 4 月 1 日大约 3 半时间供职于日军中国哈尔滨的 731 部队。之后，被调到东京新宿陆军军医学校防疫研究室。1945 年陆军军医学校防疫研究室迁移到新潟，金子顺一在新潟接受战败，最终官职是陆军军医少佐。

从金子顺一的陆军军医学校防疫研究报告看，陆军军医学校防疫研究室时代的金子顺一，好像很受石井四郎的器重。战后，金子顺一受到美军关于 731 部队活动的调查，1945 年 10 月 7 日他在接受美军细菌战情报官桑德斯中校的取证调查中，将有关 731 部队所实施的细菌战的被隐瞒的真相都供述了出来（其供述内容在美国已解密的档案《桑德斯报告》里）。

战后金子顺一在武田药品工业株式会社光工厂工作，从事疫苗和动物实验的研究。

三　关于《金子顺一论文集》的组成

金子顺一 1949 年为取得医学博士学位，将自己战时在陆军军医学校防疫研究室工作期间，从 1940 年 6 月至 1944 年 7 月所撰写的 8 篇细菌战研究论文收集整理成《金子顺一论文集》，作为博士论文提交给东京大学，取得了博士学位。这部博士论文集这次在国立国会图书馆所藏的若干万部博士论文中被找到了。

《金子顺一论文集》封面记录为《秘·金子顺一论文集·昭和 19 年》，它被编纂成包括以下 8 篇陆军军医学校防疫研究报告：

（1）《雨下法撒布的基本考察》。陆军军医学校防疫研究报告：第 1

部·第 41 号，于昭和 16 年 8 月 11 号。

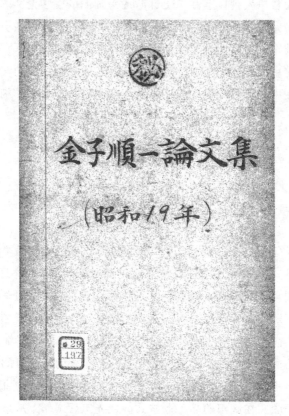

《金子顺一论文集》封面扫描件

图片来源：由奈须重雄先生提供。

（2）《低空雨下法撒布的试验》。陆军军医学校防疫研究报告：第 1 部·第 42 号，于昭和 15 年 6 月 7 号。

（3）《PX 效果测算法》。陆军军医学校防疫研究报告：第 1 部·第 60 号，于昭和 18 年 12 月 14 日。

（4）《通过分离白鼠的"肠炎沙门氏菌"的菌型》。陆军军医学校防疫研究报告：第 2 部·第 791 号，于昭和 19 年 1 月 17 日。

（5）《X. Cheopis 落下状态的拍摄情况》。陆军军医学校防疫研究报告：第 1 部·第 63 号，于昭和 19 年 22 月 4 日。

（6）《关于滴粒菌在纸上的斑痕》。陆军军医学校防疫研究报告：第

1 部·第 62 号，于昭和 19 年 2 月 7 日。

（7）《X·在高空撒布后落在地上的浓度测算》。陆军军医学校防疫研究报告：第 1 部·第 81 号，于昭和 19 年 6 月 16 日。

（8）《通过发射后液体的飞散状况》。陆军军医学校防疫研究报告：第 1 部·第 82 号，于昭和 19 年 7 月 1 日。

以上记录的从（1）到（8）的号码在《金子顺一论文集》的原文中没有，这里是为了方便说明标上的。（5）中的月份 22 是误写，应是 2 月，号码的顺序和年月日的顺序也有不吻合，现在还不知道是什么原因。金子顺一 1942 年（昭和 17 年）没有写论文，这个问题今后可以研究一下。

四 关于防疫研究报告的"第 1 部"和"第 2 部"

《金子顺一论文集》里收入的 8 篇论文全部属于陆军军医学校防疫研究报告，即 731 部队的内部文件。731 部队的军医的一般医学论文大都在《军医团杂志》上发表，而金子的这种陆军军医学校防疫研究报告是内部秘密资料，属非公开发表。

陆军军医学校防疫研究报告分为"第 1 部"和"第 2 部"。"第 1 部"的防疫研究报告封面上写有"军事秘密"字样，"第 2 部"的防疫研究报告封面上没有写这些字样，这是"第 1 部"和"第 2 部"的防疫研究报告内容不一样的原因。"第 2 部"的研究报告一看就知道是跟细菌战关系很一般的医学论文。但是，"第 1 部"的防疫研究报告写有将接受实验的人作人体实验后到死的全过程，而且，无论是谁看了都很明白是实施了细菌战的记述。在这之前 731 部队另一名军医平泽正欣写的有关鼠疫的 1 篇细菌战论文在"第 1 部"的防疫研究报告里发现。这次《金子顺一论文集》里收集的 8 篇论文中，有 7 篇是在"第 1 部"防疫研究报告里新发现的。另外，在美国发现了 800 篇左右"第 2 部"的防疫研究报告，已由东京出版社翻印出版，但其中没有"第 1 部"的防疫研究报告。《金子顺一论文集》"第 1 部"的这些防疫研究报告，是我们新发现的论文。

五　《金子顺一论文集》概要

《金子顺一论文集》的篇（1）《雨下法撒布的基本考察》的论文是金子顺一单独撰写，页数非常多。这篇论文开头如下记述：

> 在各国的文献资料里，关于从空中撒布细菌的细菌战手段有不少记载，但也有很多是下的否定结论。不过，应该靠自己亲自反复实验判断才知道到底是否有效。731部队继创建以来的研究，于昭和13年完成了《雨下法的撒布方法的草案》。

从上面记录来看，我们知道金子顺一是受石井部队长的命令于昭和13年（1938年）秋，负责那个理论（雨下法）研究的。

篇（2）《低空雨下法撒布的实验》是作者与731部队航空班的增田美保药剂大尉以共同名义完成的。另外，从篇（4）到篇（8）的论文也有共同写下的。

从《金子顺一论文集》的8篇论文中，我们知道金子研究了什么。金子为了开发使用鼠疫菌的细菌战方法，着手研究了"像下雨"一样从空中撒布细菌的方法——"雨下法"。降落下来的细菌兵器是注入了鼠疫菌的液体，还有粟、小麦以及感染了鼠疫的鼠疫跳蚤。另一方面，制造成撒菌状态、像下雨一样可直接进人们的口中的、在空中爆炸的爆弹兵器也研究出来了。

从金子论文集我们知道金子对细菌兵器"合理的"使用方法进行了努力的研究并得出了确切答案。作为细菌作战的方法，如何尽量使用最少的细菌兵器而达到可以杀死更多的人的效果？如何通过研究气象状况和菌液的液体使菌苗像颗粒状落下？从多少高度落下到地上才不会使效果受到影响？

金子的这些研究，无疑最终获得了成功，如果看过金子论文集，就能具体了解有关731部队细菌战的研究是怎样进行的。可以说，金子论文集是一部关于细菌战方法研究的最具体的论文集。

六 本次发现的最重要的论文:《PX 效果测算法》

金子论文集的《PX 效果测算法》可以看作是这次发现中最重要的论文。所谓"PX","P"指鼠疫、"X"指跳蚤,"PX"指"感染了鼠疫的跳蚤"。这种感染了鼠疫的跳蚤是向人类传播鼠疫效果最好的媒介。

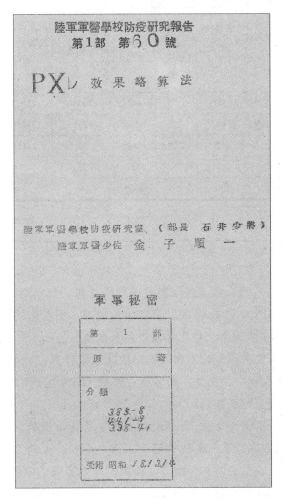

《PX (鼠疫跳蚤) 效果测算法》一文封面复印件

图片来源:〔日〕奈须重雄先生提供。

在这篇《PX 效果测算法》的论文里，有以往作战，即进行过的细菌战的统计表，在这份统计表里记录了 731 部队曾经在中国使用鼠疫跳蚤攻击的 6 处地方及时间和攻击效果等。以下是"既往 PX 作战效果概见表"。

既往 PX 作战效果概见表

攻击（时间）	（攻击）目标	PX　kg（鼠疫跳蚤/公斤）	效果（死亡人数）		1.0 kg 换算值（1 公斤鼠疫跳蚤的换算值）		
			一次（感染）	二次（感染）	Rpr（首次感染 1 公斤跳蚤可造成的死亡人数）	R（1 公斤跳蚤可造成的总死亡人数）	Cep（1 公斤跳蚤的流行系数）
15.6.4	农安	0.005	8	607	1600	123000	76.9
15.6.4—7	农安大赉	0.010	12	2424	1200	243600	203.0
15.10.4	衢县	8.0	219	9060	26	1159	44.2
15.10.27	宁波	2.0	104	1450	52	777	14.9
16.11.4	常德	1.6	310	2500	194	1756	9.1
17.8.19—21	广信广丰玉山	0.131	42	9210	321	22550	70.3

编者注：表中括号内文字在原表没有，是我们为了说明而加上去的。

表中"攻击时间"即实施细菌战的日期，如"15.6.4"指昭和 15 年 6 月 4 日，昭和 15 年是 1940 年。看该表中的第 4 项细菌战记录：1940 年 6 月 4 日，攻击了农安县，使用了鼠疫跳蚤 0.005 公斤（5 克），第一次感染死亡 8 人，第二次感染死亡 607 人，按此效果计算，1 公斤跳蚤首次感染可造成 1600 人死亡，加上二次感染可造成 123000 人死亡，本次攻击 1 公斤跳蚤的鼠疫流行系数（R/Rpx）是 76.9。

战后，在美军调查有关 731 部队情报的《费尔报告》里有日军 731 部队在 12 个地方进行了细菌战的记录，其中至少 6 个地方通过这篇论文得到了证明。该表记录的 6 个地方，即我们知道实施了细菌战的浙江省宁波和衢州，湖南省的常德，江西省的广信、广丰、玉山。

但是，关于第 1 个地方的"农安"，731 部队是否在这里实施细菌战，过去的研究没有找到确凿证据。现在，通过这次发现的金子论文里的"既往 PX 作战效果概见表"，很清楚 731 部队在农安进行了细菌战。

　　说到表中第二个"农安、大赍"可以解释为从"农安"到"大赍"之间的地方。即从"农安"到"大赍"之间广大范围内进行了细菌战。

　　这件事从"既往作战效果概见表"中也知道，其他地方的细菌战只进行1天就结束了，而这里进行了4天。我们可以考虑从农安到大赍的几个地方在4天时间里撒布了鼠疫跳蚤。

　　像这样从"农安"到"大赍"大范围进行了细菌战的事情，这之前的研究完全没有认识到。因此，这是研究731部队活动方面一个重大的发现。

　　从这张"既往PX作战效果概见表"可知鼠疫细菌战有"一次感染"和"二次感染"。有关宁波的"一次感染"，日军进行了正确的调查。现在，宁波的受害调查证实有113人受害，几乎与上述概见表中的第一次感染数字104人相同。宁波曾被日军占领，日军有很好的调查鼠疫杀伤效果的基础。

　　这里重要的是"二次感染"。在"既往PX作战效果概见表"里，宁波"二次感染"人数是1450名，这是过去我们还完全不清楚的情况。表中其他地方"二次感染"的受害死亡人数很高，衢县和广信、广丰、玉山等地分别高达9000人以上，这个受害者的数字跟我们以前掌握的数字相比高出了很多。

　　通过这张"既往PX作战效果概见表"，我们明白了以下问题：①以前我们没弄明白的一些受害事实；②一些我们以前不知道的日军曾实施细菌战的地区；③比我们以前掌握的更广大的地区遭受过细菌战的事实。

七　关于今后731细菌战的研究课题

　　我在3个月前（2011年7月）发现了金子论文，旧731部队队员的很多论文还保留着，那些论文现在收集在国会图书馆里。为了找到这些论文，我采取了将已掌握的旧731部队队员的姓名，在国会图书馆里一个一个地检索而找寻的方法，终于发现金子论文集收藏在京都的国会图书馆中的关西馆里。从关西馆里1次只能借阅5本资料，我一共花了7—8年的时间借阅，现在终于收集到了《金子顺一论文集》、

　　将731部队队员的论文慢慢陆续发现和公开，有必要进行长年的多次检索。我想这也是今后我们必须努力的重要课题。

陆军军医学校防疫研究报告的"第1部"还远没有得到很好地发掘。目前只发现了的前面提出的平泽正欣的论文1篇和这次发现的金子顺一的论文7篇。今后,我们还将继续努力以便有更多的"第1部"的防疫研究报告被发现,从而使我们能进一步清楚地了解731部队实施的人体实验和细菌战的实情。

我希望与中国的各位细菌战受害者和研究者一起努力开展新一轮的细菌战受害调查。

(本文为作者2011年10月15日在东京新巷区举行的"细菌战受害者证言听证会"上与记者会见时的发言稿)

《武陵学刊》2012年第3期,第80—88页